貞珉千秋

——散佚遼宋金元墓誌輯録

周峰 編

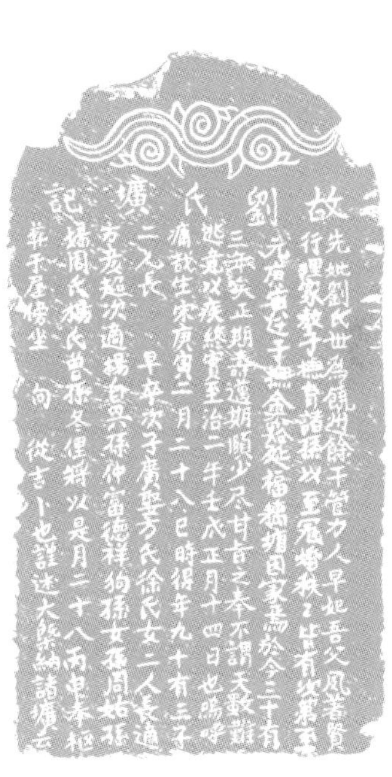

甘肅教育出版社

图书在版编目（CIP）数据

贞珉千秋 ：散佚辽宋金元墓志辑录 ：繁体字版 / 周峰编. -- 兰州 ：甘肃教育出版社，2020.10
ISBN 978-7-5423-4831-9

Ⅰ. ①贞… Ⅱ. ①周… Ⅲ. ①墓志－汇编－中国－辽宋金元时代 Ⅳ. ①K877.45

中国版本图书馆 CIP 数据核字(2019)第 295517 号

贞珉千秋：散佚辽宋金元墓志辑录
周峰 编

责任编辑 孙宝岩
封面设计 石 璞

出 版 甘肃教育出版社
社 址 兰州市读者大道 568 号 730030
网 址 www.gseph.cn E-mail gseph@duzhe.cn
电 话 0931-8773145(编辑部) 0931-8435009(发行部)
传 真 0931-8773056
淘宝官方旗舰店 http://shop111038270.taobao.com

发 行 甘肃教育出版社 印 刷 兰州人民印刷厂
开 本 890 毫米×1240 毫米 1/16 印 张 15.5 插 页 3 字 数 230 千
版 次 2020 年 10 月第 1 版
印 次 2020 年 10 月第 1 次印刷
印 数 1~2 000
书 号 ISBN 978-7-5423-4831-9 定 价 68.00 元

前　言

近些年來，隨著大規模經濟建設的進行以及城市化的迅速進展，大批歷代墓葬被發現但未經考古工作者科學發掘整理，不但其中的文物大量流失，而且墓内的墓誌、買地券等石刻資料也散佚於民間，而未被文物部門所藏。各代墓誌中尤以唐代墓誌數量最巨，也引起了廣泛關注。除了流散於民間的之外，一些公共機構也加入到搜集行列中，如西安碑林博物館、洛陽千唐志齋博物館、洛陽師範學院都收藏了大量唐代墓誌。隨之，對於唐代墓誌的整理刊佈也成為近年來學界的盛事，大量著録圖録問世。新資料的出現，也無疑大大推進了唐史研究的進展。

相對于唐代來說，其他各代，尤其是遼宋金元這一大歷史時期的墓誌的出土與發現的數量不是那麼巨大。但日積月累，其數量與價值也不容小覷。對於宋代墓誌的集中搜集整理，近年來出版了《宋代墓誌輯釋》（收録宋代墓誌 226 件）、《宋代墓誌》（主要收録浙江地區的宋代墓誌 161 件）、《新出宋代墓誌碑刻輯録》（北宋卷，收録宋代墓誌碑刻 451 件）。而對於遼、金、元三代墓誌進行系統整理，並以圖版加録文的形式予以刊佈的，現在還未見其成。

本人曾供職于文博機構，較早掌握了傳拓技術，早年曾對北京地區的一些遼金碑刻進行過傳拓，也收藏了一些遼金碑刻拓片。但是，對於遼宋金元四代的石刻拓片收藏，則始於 2016 年。得益于當代網絡的發達，大量歷代石刻拓本出現於網絡市場，只要拥有足够的甄别力，足不出户就可以实现自己的收藏愿望。由於個人財力有限，本人關注的目光只能放在治學所在的遼宋金元四代。在不到三年的時間内，收

藏了大量已刊未刊的四代石刻拓本。在這一過程中，本人得到了鄭州大學何新所先生的大力幫助，在此，敬致謝忱！

本書收録了作者本人近年搜集的散佚於民間的103件四代墓誌，大部分是未曾著録發表過的，尤其是金元兩代的墓誌，堪稱首次系統整理刊佈，其學術價值不可低估。20件宋代買地券的集中刊佈，堪稱最大量的一次。山西晉東南地區出土的一批金代墓誌，較為全面反映了當時農村基層社會的風貌。元代墓誌中除了有首次發現的漢人世侯萬戶謝堅的墓誌外，還有大量基層民眾的墓誌，為瞭解當時的社會狀況提供了第一手的寶貴資料。本書的出版，相信會推動遼宋金元史相關領域研究的進展。

假以時日，本書的續編也會問世。

凡　例

一、本書所收遼宋金元四代的墓誌、買地券及個別墓碑（以下統稱為墓誌）的拓本皆為編者所藏（元鄧謙妻王氏壙記原石為編者所有），大部分沒有公開發表過。部分發表過的都寫明著録情況。

二、本書内容包括墓誌拓本、墓誌録文以及簡單說明。簡單說明包括墓誌拓本的尺寸、行數字數、撰寫書寫刊刻者以及著録情況等。

三、所收墓誌皆另行命名，以避免原題煩瑣缺名的情況。墓誌原題皆在録文中出現。

四、録文采用通行繁體字，對於字庫中有的繁體字異體字徑直採用，字庫中沒有的繁體字異體字則不再另行造字，徑用通行繁體字。墓誌中現在通行的簡體字徑用原字。個別避諱字一律改為正體。個別俗字一律改為正體。筆劃上略有增減的别字一律改為正體。個別錯字照録原文，在字後括弧内標注正字。

五、原字不全，但能辨明者，在該字外加框。殘缺不識者，用缺字符號“□”代替。缺字不詳具體字數的，用省略號“……”代替。録文每行後用分行符號“ / ”表示換行，文尾不再用分行符號。

六、墓誌原來的行文格式不再保留，徑用現行文章體例。

七、墓誌排列順序以墓主卒葬日或刻石日前後為序。

目　録

一　遼劉鑄墓誌　統和十八年（1000）十月二十七日 …………… 001
二　宋阮珗墓誌　天禧三年（1019）十二月二十四日 …………… 004
三　宋康懷理墓誌　天聖十年（1032）八月二十一日 …………… 006
四　宋徐万平墓誌　景祐二年（1035）十一月四日 …………… 009
五　宋謝五郎地券　寶元二年（1039）十二月四日 …………… 012
六　宋任述墓誌　慶曆二年（1042）七月二十日 …………… 013
七　宋錢曖墓誌　慶曆七年（1047）七月十八日 …………… 015
八　宋髙惟正墓誌　至和元年（1054）四月十三日 …………… 018
九　宋蘇通墓誌　至和二年（1055）十月十三日 …………… 020
十　宋李大娘地券　嘉祐四年（1059）三月二十二日 …………… 022
十一　宋裴七郎地券　嘉祐七年（1062）十二月九日 …………… 024
十二　宋張子建墓誌　治平二年（1065） …………… 026
十三　宋天水翁墓誌　治平二年（1065）十月十一日 …………… 028
十四　宋宋貴臣墓誌　治平二年（1065）十一月十六日 …………… 032
十五　宋蘇通妻王氏墓誌　熙寧二年（1069）十月二十八日 …………… 035
十六　宋崔府君妻李氏墓誌　熙寧二年（1069）閏十一月二十七日 …………… 037
十七　宋揭四郎地券　熙寧三年（1070）十一月五日 …………… 039
十八　宋黃十娘地券　熙寧四年（1071）十二月十日 …………… 041
十九　宋周畋墓誌　熙寧八年（1075）十一月八日 …………… 043
二十　宋□□郎地券　熙寧九年（1076）十一月七日 …………… 046
二十一　宋彭八郎地券　熙寧十年（1077） …………… 048

二十二　宋王宗則墓誌　元豐三年（1080）三月二十六日 ……… 050
二十三　宋嚴文政墓誌　元豐四年（1081）二月十五日 ………… 051
二十四　宋羅二十五郎地券　元豐五年（1082）正月七日 ……… 054
二十五　宋尹渭墓誌　元豐七年（1084）正月六日 ……………… 055
二十六　宋張仲綰墓誌　元豐七年（1084）十月三十日 ………… 057
二十七　宋邢圓墓誌　元祐四年（1089）十月三日 ……………… 060
二十八　宋蘇暉妻雷宋二氏墓誌　元祐四年（1089）十二月二十四日 ………………………………………………………… 062
二十九　宋甯麟夫人許氏墓誌　元祐四年（1089）十二月二十五日 ……………………………………………………………… 064
三十　宋游府君夫人張氏墓誌　元符二年（1099）正月三十日 ……………………………………………………………… 066
三十一　宋范正己母馬氏墓誌　建中靖國元年（1101）四月十日 ……………………………………………………………… 069
三十二　宋鞏彦國墓誌　大觀元年（1107）十月二十一日 ……… 071
三十三　宋田氏家族墓誌　大觀三年（1109）正月四日 ………… 073
三十四　宋王安墓誌　大觀四年（1110）十二月二十七日 ……… 074
三十五　宋王安夫人閻氏墓誌　大觀四年（1110）十二月二七日 ……………………………………………………………… 077
三十六　宋焦士安墓誌　政和六年（1116）十二月二十六日 …… 079
三十七　宋焦士安妻蘇氏墓誌　政和八年（1118）七月四日 …… 081
三十八　宋劉唐工墓誌　宣和二年（1120）二月二十五日 ……… 083
三十九　宋魏椿年墓誌　靖康元年（1126）正月十九日 ………… 087
四十　宋涂一娘地券　靖康二年（1127）三月二日 …………… 091
四十一　宋周五十四秀才墓券　紹興五年（1135）正月十二日 ……………………………………………………………… 093
四十二　宋許廿四娘地券　紹興十二年（1142）九月二十日 …… 095
四十三　宋鄔賡墓銘　紹興十七年（1147）十月三十日 ………… 097

四十四　宋周氏九娘地券　紹興二十二年（1152）十二月二十四日 ······ 099
四十五　宋李孺人墓誌　乾道元年（1165）九月十四日 ············ 101
四十六　宋方七郎地券　淳熙十二年（1185）正月二十五日 ······ 103
四十七　宋胡五十秀才墓券　淳熙十六年（1189）九月十五日 ······ 105
四十八　宋范防之母墓券　紹熙四年（1193）十二月三日 ·········· 107
四十九　宋林約墓銘　慶元二年（1196）十一月十五日 ············ 109
五十　宋吴琦墓誌　慶元二年（1196）十一月二十一日 ·········· 111
五十一　宋范防之父母地券　嘉泰元年（1201）十二月二十日 ······ 113
五十二　宋程二公地券　嘉定九年（1216）二月十九日 ············ 115
五十三　宋羅氏墓碣　嘉定十一年（1218）九月二十七日 ·········· 117
五十四　宋吴五二郎地券　紹定元年（1228）十二月二十一日 ······ 119
五十五　宋故方氏孺人壙記　淳祐四年（1244）九月二十二日 ······ 121
五十六　宋裴天錫墓誌　淳祐十年（1250）四月一日 ·············· 123
五十七　宋丁公濟壙記　淳祐十二年（1252）十一月四日 ·········· 125
五十八　宋黄公地券　寶祐元年（1253）十二月二十八日 ·········· 127
五十九　宋吴五九公地券　咸淳二年（1266）八月二十四日 ······ 129
六十　宋熊幼静壙記　咸淳五年（1269）八月二十九日 ·········· 131
六十一　宋馮如松壙記　咸淳十年（1274）十二月十八日 ·········· 133
六十二　金李思彦墓誌　天會六年（1128）十二月十日 ············ 135
六十三　金范宗立墓誌　天會十五年（1137）十月十一日 ·········· 137
六十四　金韓氏墓誌　正隆三年（1158）十月二十三日 ············ 139
六十五　金張通墓銘　大定三年（1163）十月二十八日 ············ 142
六十六　金劉正墓銘　大定四年（1164）四月十九日 ·············· 145
六十七　金暴益墓誌　大定十年（1170）十月三日 ················ 148
六十八　金任和墓誌　大定十九年（1179）十月十三日 ············ 151
六十九　金郭周墓銘　大定二十三年（1183）正月七日 ············ 153
七十　金王説墓碣　大定二十八年（1188）八月九日 ············ 156

七十一　金邵均墓誌　大定二十九年（1189）十月十一日 ……… 159
七十二　金侯隨墓誌　明昌二年（1191）十月九日 ……… 163
七十三　金劉福等墓誌　明昌六年（1195）正月十一日 ……… 167
七十四　金周元誌　泰和三年（1203）六月十八日 ……… 169
七十五　金王琳墓銘　泰和三年（1203）十一月八日 ……… 170
七十六　金劉時遇墓誌　泰和七年（1207）四月四日 ……… 173
七十七　元謝堅墓誌　中統四年（1263）二月九日 ……… 175
七十八　元徐妙真墓誌　至元二十六年（1289）十二月八日 ……… 179
七十九　元危公千二承事地券　至元二十七年（1290）十一月 ……… 181
八十　元成氏山祖林記碑　至元二十八年（1291）三月二十二日 ……… 183
八十一　元陳廣墓道表　至元三十一年（1294）三月六日 ……… 186
八十二　元鄒氏壙記　至元三十一年（1294）十一月十三日 ……… 189
八十三　元吴妙珍壙記　元貞元年（1295）十月四日 ……… 191
八十四　元范祖文墓誌　大德四年（1300）正月二十日 ……… 193
八十五　元周益壙記　大德九年（1305）十一月三十日 ……… 196
八十六　元陳夢雷壙記　大德十一年（1307）八月二十七日 ……… 198
八十七　元萬必聰壙記　延祐五年（1318）十一月三日 ……… 200
八十八　元張璧墓誌　至治元年（1321）十一月一日 ……… 202
八十九　元劉氏壙記　至治二年（1322）正月二十八日 ……… 205
九十　元胡妙倖墓誌　泰定二年（1325）十一月二十七日 ……… 207
九十一　元陳文子壙記　泰定三年（1326）十月十三日 ……… 209
九十二　元闆氏墓誌　泰定四年（1327）十月二十八日 ……… 211
九十三　元熊淑端墓誌　天曆二年（1329）九月二十八日 ……… 214
九十四　元湯柔則壙記　天曆二年（1329）十二月十四日 ……… 216
九十五　元宋淑智壙記　至順三年（1332）九月二十五日 ……… 218
九十六　元鄧謙妻王氏壙記　後至元五年（1339）五月二十七日 ……… 220

九十七　元易子清壙記　後至元五年（1339）八月六日 ………… 222
九十八　元王德璋壙記　至正元年（1341）十一月二十四日 …… 224
九十九　元韓立墓誌　至正元年（1341）十一月三十日 ………… 226
一百　元姚氏壙記　至正元年（1341）十二月十八日 ………… 229
百一　元黃宗信墓誌　至正六年（1346）十二月十二日 ……… 231
百二　元鍾文聰墓誌　至正八年（1348）十一月十日 ………… 233
百三　元黃猷妻張氏墓誌　至正二十五年（1365）四月八日 ……………………………………………………………… 235

參考文獻 …………………………………………………… 237

一　遼劉鑄墓誌

統和十八年（1000）十月二十七日

誌蓋楷書三行：故彭城劉府君墓誌銘。高 25.5 釐米，寬 25.5 釐米。

故綾錦使、銀青崇禄大夫、撿挍工部尚書兼御史大夫、上柱國、彭城劉府君墓誌銘并序。/

府君諱鑄，字子良。其先漢魏已來，迄於皇唐，則俱刋于我故右相之碑。/高曾之後，逮乎烈考，則抑在于我先少傅之誌，又何煩叙之有哉。/府君即少傅諱守敬之第五子，故左相、贈太子太師諱可𠂇，水部郎諱鎔，/懷柔令諱鈞，今良鄉令錕之第。故供奉官諱銑，今度支判官、比部郎鎬，故六/宅使諱鐕之兄也。景宗皇帝御極之始，廕補東頭供奉官、銀青崇禄大夫、國/子祭酒。保寧八年，授牛羊副使。乹亨改元，超右散騎常侍。昭聖皇帝嗣位，加/工部尚書兼御史大夫、上柱國。統和二年，拜內園使。十二年，遷綾錦使。其間，受天子之/命，轉運軍糧，通差二匠，均度錢帛，監督倉儲。難事備經，壯圖方展。無何，十三/年歲次癸未四月十三日，遘疾，終于孝慈坊之私第，春秋五十。尋以卜未協兆，/乃至十八年歲次庚子十月甲辰朔二十七日庚午，葬于薊北縣柳村，祔先塋，/禮也。府君娶故左千牛衛大將軍、大（太）原郡太公諱承祚之女。府君之物化也，未/亡情苦，不數月而奄忽，亦烈女之儔矣。有子二人：長曰係孫，次曰張十，二俱孩抱/而夭。有女七人：三人在室；一人適永寧軍節度使、清河張公諱繼斌第九子，/相次早亡；一人感父□之冈極，削髮為尼；次三人並幼。府君幼承餘慶，長/負遠至。涉獵六籍，承宣尼之庭訓；周旋五善，得養由之射法。加/以奉親以孝，事兄以謹，待第以悌，撫姪以愛。歷官無曠，許國有/忠。宜乎繼祖宗，享富貴，延令嗣，保遐齡。豈啚□者如斯，秀而不/實。既遺恨以永抱，忍芳塵而杳息。哀哉哀哉！當佳城之閅處，但紀吁/嗟；

虞古塚以發時，兔為冥寞。銘曰：悲府君之志願未兮有恨，/叙府君之名實可稱兮無愧。欷歔欷歔！千秋百世之後，知府君姓字。

高 21.5 釐米，寬 21.5 釐米。正書 21 行，滿行 29 字。拓本及錄文見周峰：《遼代劉鑄墓誌考釋》，《西夏研究》2018 年第 1 期，第 83—88 頁。

故綾錦使銀青崇祿大夫檢校工部尚書兼御史大夫上柱國彭城劉府君墓誌銘并序
府君諱鑄字子良其先漢魏已來迄於皇唐則具刊于 我故右相之碑
高曾之後遠乎 烈考則抑在于 我先少傅之誌又何煩叙之有哉
府君即 少傅諱守敬之第五子 故左相贈太子太師諱可大水部郎諱鎔
懷柔令諱鈞今良鄉令諱錕之第 故供奉官諱銃今度支判官比部郎[illegible]
宅使諱鍇之兄也 景宗皇帝御極之始蔭補東頭供奉官銀青崇祿大夫國
子祭酒保寧八年授牛羊副使乾亨改元超右散騎常侍 昭聖皇帝嗣位始
工部尚書兼御史大夫上柱國統和二年拜內園使十二年遷綾錦使[illegible] 天子之
命轉運軍糧通差三匠均度錢帛監督倉儲雜事備經壯圖方康無何十三
年歲次癸未四月十三日遘疾終于孝慈坊之私第春秋五十[illegible] 尋以卜來[illegible]兆
乃至十八年歲次庚子十月甲辰朔二十七日庚午葬于薊北縣柳村祔 先塋
禮也 府君娶故左千牛衛大將軍太原郡太公諱承祿之女 府君之物化也[illegible]
[illegible]月而奄忽亦烈女之儔矣有子二人[illegible]孫[illegible]曰張十二俱孩[illegible]
而爰有女[illegible]一人適永寧軍節度[illegible]清河張公諱繼斌第[illegible]
相次[illegible]閔極削髮為尼[illegible]夫人並幼 府君幼承餘慶[illegible]
負遠至淡獵六籍承宣尼之庭訓周旋五善得養由之射法加[illegible]
以奉 親以孝事兄以謹待弟以悌撫姪以愛歷官無曠許國有
忠宜乎繼 祖宗享富貴延令嗣保遐齡豈圖[illegible]者如斯秀而不[illegible]
實既遺恨以永抱忍勞塵而杳息哀哉哀哉當[illegible]緘之閑處但紀吁
嗟虞古塚以發時免[illegible]為[illegible]宜[illegible]其銘曰[illegible]悲[illegible] 府君之志[illegible]未伸兮有恨
叙 府君之名實可稱兮無愧歔欷歔欷[illegible]千秋百世之後知 府君姓字

二　宋阮垙墓誌

天禧三年（1019）十二月二十四日

故陳留阮府君墓誌銘并序/

夫立家立國，克勤克儉者，書之所稱。府君曾祖諱賓，祖諱玗，先君諱忠。/立性温恭，為仁雅愼。府君諱垙，祖祢迭代居乎振藻鄉新昌里漢衫保。褒嗣/紹續，皆仕宦之宗。府君丱角之年，嚴君逝矣。府君隨慈氏而立，於此年方/弱冠，獨守行藏。力勤勵而榮家，得其百趣。連枝雖五，各守孝廉。實郡縣之梯/航，乃鄉閭之柱礎。次房弟温，其登科聖朝，知韶州節推，歿於斯邑。/府君鏗鏘揖讓，挺特昂藏。玉貫風姿，儼然人畏。或曰："先君輕爵禄而富於家。/府君重耘耕而致於菌，故得衣豊食足，又何假爵禄之位哉！所謂農為政夲，食為民/天，今時之尚也。"府君娶潁川陳氏，道合絲蘿，和如琴瑟。生四子五女焉。長曰/德達，婚潁川陳氏。次曰德通，不幸先，婚汝南周氏，有男仁政、仁慶等三人，次男仁義，婚/隴西李氏。次曰德謙，婚濟陽江氏。諸子皆以孝悌全身，趍庭受訓，攀結乃仁義之家、/令望之族。長女大娘，適隴西李君。次二娘、四娘，俱適太原易君。三娘適太原温君。五/娘適豫章熊君。皆傅粉之衬，氷清之兒。男孫仁政、仁智、仁隽、仁羾等七人。女孫十一娘/已下十一人。男女曾孫五人，眾多之慶也。府君再娶武陵龔氏，有女六娘，適/京兆敖君，實坦腹之名，擲菓之婿，纔居他室，便喪容華。府君惟謙惟讓，克剛克/柔。接盃舉觴，既醉已飽。惟酒无量沉湎，未嘗怡然。鼓腹高歌，悦乎謔浪。笑懒幼少，近/狎激揚。寧倦於蘭言，親友奉陪，談論不傷於和氣。餘糧南畝，大增家給之懽；逝水東/奔，俄起夜台之釁。忽縈小疢，起扁難醫。遽迫大期，隟駒易失。於天禧三年八月十五/日歿於私弟，享年七十有八。壽至扵斯，胡不云考。致子孫之大業，舉束帛以盈/門。終始有期，脩短何限。風悲霧慘，將帰壠上之程；桂實蘭芳，炫耀/庭前之美。於其年十二月癸未朔二十四日丙午，卜地葬於臨江軍新喻縣擢秀/鄉善政里荊藍保李田山，坤山丁向，禮也。/靈轜不駐，幽窆斯臨，綵繪盈庭，衲漿溢器，送終盡礼。塵乎！奠酹之儀，命丹翰以/奚難，寫/清風而不易。乃為銘曰：/

秀木竒姿，荊山美璧。德行汪洋，胷襟洞闢。/幸遇清朝，久居草澤。放曠煙霞，優遊泉石。/鸞姿儼若，鶴壽可惜。忽構沉痾，予生間寂。/壠草萋萋，川雲幕幕。陳留君子，千秋誌額。/

習進士歐陽明字至光撰并奉書。/

松栢山小師裴義明刋字。

歐陽明撰並書，裴義明刋。高 56 釐米，寬 55.5 釐米。正書 31 行，滿行 32 字。

三　宋康懷理墓誌

天聖十年（1032）八月二十一日

大宋故左侍禁、代州崞縣寨兵馬監押康公墓誌銘并序 /

士有稟公侯之裔，生富貴之門，立朝無纖咎，處世垂令名，守節不囬，中立不倚者有康 / 公焉。公諱懷理，字孟陽，夲開封祥符人也。其先盖夏后氏之苗裔，自分枝刋泒，代不伐人。曾祖 / 諱嗣，皇任蔚州沓漢都知兵馬使，累贈太子太師。祖諱福，任皇朝河中節度使、撿挍太尉、/ 兼侍中，贈太師，謚曰武安。考諱延澤，任晉州剌史、右衛將軍，致仕。公即將軍弟五子。母，鳳翔秦 / 王之女，封成紀郡君，李氏。咸平中，以父任起家，補充三班借職。初陳 / 王爵，賞延帝命。景德二年，考績夲班，人見蕒陛，遷奉職。出入内外，祗掌事權。或 / 監總軍旅，或榷以錢刀。事無巨細，職乏曠遺。景德三年，奉宣差，赴西京永凞陵，部轄 / 修築。河澗兵承說，以工靡告勞，都部署吳都尉稱之，尋賜勑書奬諭。其年奉 / 宣，監西京緱氏縣塩酒稅。祥符三年，移差監河南府都商稅、市買二務。伏遇 / 先帝有事汾脽，囬鑾蒼闕，覃恩，例遷右班殿直。秩滿，受代歸，朝奏課增羨。六年，/ 宣差忻州忻口寨兵馬監押。總臨禁旅，防守疆陲。政洽窮邊，再耑一載。天禧二年，入 / 朝，復奉命監修西京大内，事材塲、内園司、金水河、皇城巡檢。公完葺紫禁，警巡 / 厳城。握使權而恭恪，掌宮鑰以凝肅。凣興一事，統領眾司，動必有成，舉無遺策。大為耑府 / 王太尉之深知，飛章以舉，俞詔甚渥，改左班殿直。乹興初，/ 皇帝即位，慶頒天下，復轉右侍禁。天聖元年，奉宣差，充隰州兵馬監押，兼在城巡撿。地隣 / 北鄙，常偹軍儲，兼掌平糴之司。再歲，收粜軍粮數萬，羨餘百斛。時值郡闕其守，外計採聞公之 / 幹蠱，兩命權知郡事。公數遣獄訟，勸誘農桒。冤濫無不決，耒耜無不興。事無滯淹，務皆簡肅。雖 / 露冕觀風，二天賦政。克布六條之化，允符六使之知。陟狀爰事，舉賢斯稱。/ 金口記其姓字，善績録拴夲班。四年，及爪帰朝。復監在京廣濟倉，以至紅粟因腐，出納 / 惟允。五年，移監河南弟一草塲，受納畿内數縣人户秋草。物無滯峀，動必增盈。尋奉 / 詔考課，轉左侍禁。六年，奉恩命，差充代州崞縣寨兵馬監押。公方施餘刃，厳布 / 詔條。未及朞年，沉痾縈骸，差藥勿眩，厥疾弗瘳。九年三月廿六日，遂捐舘于公舍，享年六十 / 有六，難兄難弟，或居官禁庭，或俻職上閤，各喧令问，並播徽名。蚤奄幽泉，遽傷先 / 露。嗣子泣血扶喪。十年八月廿一日，帰葬雒陽金谷鄉北張里，附先太保之塋，禮也。公娶吳氏。/ 有子二人：長曰賛寧；次曰賛弼。皆稟過庭之訓，未諧干禄之心。有女二人：長適李太保長子三 /……方嬰，冄娶阮氏。嗚呼！金玉無玷，松筠後凋。既許國以憂勤，復盡忠而 /……二十餘。内則掌握金穀，外則董領兵柄。未盡事君之節，遽興蚤 /……其萎。令子賛寧觀志弥謹，罔極疚懷，哀戚致誠，求諸誌状。以富久在文塲，熟 /……誄，叙德懿以抽毫。靡獲牢讓，敢為銘云：

□□□□，□□□門。將軍之子，太師之孫。文武稟粹，公忠節源。/□□□□，□□道尊。董戎敬恪，滌民雪冤。命殂先露，慶鍾後昆。/□□□□□□，□□天兮何云。扶代北之神柩，葬雒陽之坟原。宅佳城兮協兆，掩夜臺兮招魂。/□□□□□，令問兮長存。

鄉貢進士石富譔并書篆盖，太原翟文會刋字。

石富撰、書並篆蓋，翟文會刊。高 64.5 釐米，寬 64 釐米。正書 34 行，滿行 36 字。

大宋故左侍禁代州崞縣寨兵馬監押康公墓誌銘 并序

士有稟公族之裔，生富貴之門，立朝無纖咎，處世垂令名，守節不回，中立不倚者，[illegible]康
公焉。公諱懷理，字孟陽，本開封祥符人也。其先蓋夏后氏之苗裔，自[illegible]枝列派，[illegible]代[illegible]。曾祖
諱[illegible]，皇任蔚州番漢都知兵馬使，累贈太師。祖諱福[illegible]，皇朝河中節度使、檢校太尉
兼侍中，贈太師，謚曰武安。考諱延澤，任[illegible]州刺史、右衛將軍致仕。公即將軍第五子，母鳳翔秦
王之女，封成紀郡君李氏。咸平中，以父任[illegible]補三班借職，初陳
王爵當延[illegible]帝命。景德二年考績序班入[illegible]，[illegible]陛遷奉職，出入內外，祇掌事權。或
監總筦榷，或[illegible]錢刀事，當臣細職，乏贍遺[illegible]。景德三年奉宣差赴西京永興陵部[illegible]
修築，所涸兵承[illegible]以工[illegible]告勞，都部署吳[illegible]尉稱之，尋賜敕書獎諭。其年奉
宣監西京[illegible]氏縣鹽酒稅，祥符三年移差監河南府都商稅、市買二務。[illegible]遇
[illegible]有事汾脽，[illegible]鑾[illegible]，覃恩例遷右班殿直，秩滿受代歸。朝奏課增羨，六年
宣差忻州忻口寨兵馬監押[illegible]臨[illegible][illegible]防守，疆陲改治，窮邊每苗一載。天禧二年入
朝，復奉命監修西京大內事，村[illegible]內園司金水河皇城巡檢公宇，[illegible]禁[illegible]巡
嚴城，握使[illegible]掌[illegible]宮鑰，以凝肅無一事。[illegible]領衆司，動必有成，舉無遺策，大為當[illegible]
王太尉之所知，飛章以舉，[illegible]俞詔，甚[illegible]改左班殿直。乾興初，
皇帝正位，[illegible]頒天下，[illegible]遷右侍禁。天聖元年奉[illegible]差充監[illegible]兵馬監押，兼在城巡檢地[illegible]。
北[illegible]帑[illegible]掌平余之司，每歲收余軍糧數萬[illegible]條石斛。時值郡闕其守，外計[illegible]以[illegible]
幹盡兩命，權知[illegible]事，公[illegible]道撫[illegible]，勸誘農桑，寬[illegible]不[illegible]未[illegible]吾不興，事無滯淹，務皆[illegible]雖
[illegible]冕觀風，二天賦政，[illegible]布[illegible]條之化，允符以使之知，[illegible]狀愛[illegible]奉[illegible]賢[illegible]
金口，記其姓字，[illegible]錄於奉班。四年及[illegible]歸朝，復監在京廣濟倉，以至紅粟因[illegible]出納
惟允。五年移監河南第一[illegible]場，受納歲內數縣人户秋草，物無滯[illegible]，動必[illegible]，[illegible]年奉
詔考課，轉左侍禁。六年奉[illegible]命差充代州崞縣寨兵馬監押，公方施餘刃，嚴布
詔條，未及期年，[illegible]縈體，[illegible]藥勿[illegible]，[illegible]疾弗瘳，九年三月廿六日遂捐館于公舍，享年六十
有六。[illegible]難兄難弟，或居官[illegible]，[illegible]或倍職，上閤[illegible]喧，今問[illegible]播[illegible]名，[illegible]奄幽泉。[illegible]
[illegible]子[illegible]血扶喪，于[illegible]年八月廿一日歸葬雒陽金谷鄉北張里，附于太保之塋，禮也。公娶吳氏
有子二人，長曰[illegible]，次曰贊，[illegible]皆稟[illegible]遵[illegible]訓，未[illegible]千[illegible]之心。有女[illegible]人，長適李太保長子三
[illegible]嬰，再娶阮氏。嗚呼！金玉[illegible]，[illegible]松[illegible]後凋，既[illegible]國，以[illegible]勤[illegible]
[illegible]二十餘，內則掌握金穀，外則董領兵柄，[illegible]盡事君之[illegible]遠[illegible]
且[illegible]今[illegible]觀志[illegible]謹因極疚，懷哀戚，致誠求諸[illegible]狀，以[illegible]文[illegible]
[illegible]敘之德懿，以抽毫[illegible]獲[illegible]讓，敢為銘云：
[illegible]門[illegible]將軍之子，太師之孫，文武稟粹，[illegible]源
道尊，董戎[illegible]，[illegible]命[illegible]，[illegible]鐘[illegible]
天[illegible]何[illegible]，扶代北之神[illegible]，[illegible]雒陽之故原，宅佳城兮協兆，[illegible]掩夜臺兮[illegible]
今[illegible]問兮[illegible]存。
鄉貢進士石富撰并書[illegible]蓋，太原[illegible]文會刊字。

四　宋徐万平墓誌

景祐二年（1035）十一月四日

額篆書三行：東海居士墓銘

大宋故徐居士墓誌銘

鄱陽彭儀刋字。/

鄉貢進士石珹譔，鄱江僧懷政書，鄒易表白沙門文簡篆額。/

稽夫徐氏之族嗣，迺顓頊之後，始賜姓土，實因伯益之封。曁析夲枝，遠宅番君之國。寖廣農版，/居為富侯。曾祖揆進，先考固朗，兼以義方，播在里閈。而/居士諱万平，字仲溥。純守天理，端持人操，畏涉訟愓，正肅家節。發硎割股，治母寢疾。天鑒不/遠，非鍼砭見悆。脫屣跣足，服父死喪。雖水漿不入，抑辛羶永絶（自二十二事親喪，日一饘一粥，以至終，凡四十八年）。忻慕西方之聖，高談北/菀之籍。革囊裹血，夙悟幻身。木皮為衣，衆號居士。薦離五蓋之患，勤求四種之因。延花城比丘，/則構堂三處（今妙果院經僧二堂，并安國院看經堂）；寫玉軸大藏，則建殿一座（妙果藏殿仍置經五百四十函）。起窣堵之九級，異聚沙所成；施穜稑之/百斛，與供丸相尚（妙果大聖塔、雲居院兩庄長生稻種）。皆其指廩庾而罄餘穧，傾裝槖以鮮盈賄。或聞以指畫像，以箭挑燈，/猶獲福田，兔墮悪趣。茲淑人之喜施，當眞果而必證。齒先壯室，禮迎陳氏。訓同巾几，脩睦親聯。/內言外言，喻之恭愛。佛寶法寶，素擅依向。育男二人。孟曰紹一，蚤思裕蠱，趨奉靈教，落髮受具，/頗究眞如，就木銜酸，倏入寂滅。仲曰白，潔矩敦己，富文藴學。士鄉流雅，綽高月旦之品；賢科中/第，佇享天人之琭。女二人，長適胡氏，次婦馬氏。謹事婦順，幾及梱則。孫五人，幼不好弄，如有所/立。家善增集，俗美臻盛。方將誅茆蔭宇，結跏宴坐。再新香火之社，益味清淨之觀。夢奠忽感，天/命難逃。萃宗黨，遺以

昌言；籲子孫，告之純孝。周棺周槨，戒葬事以儉薄；啟手啟足，奄寃幹而背/逝。時景祐乙亥孟秋，享歲六十有九。揆先遠日，得仲冬初四，就窆于和風鄉別墅之北隅，順也。/晨曦未止，車紖爰發。門多漬酒之族，野接動輪之客。愛而斯錄，表以成銘曰：/

番陽郡積善兮，著徐居士之名焉。鬲口山封騒兮，有徐居士之墓焉。/始消辰而窆兮，明旌抗之在前。執車紼以送兮，束芻奠之無愆。/歎骨肉藏于土兮，追精神歸之在天。善人不得見兮，漸宿草于窈埏。/伊盛事之盡在兮，刻珉石而愈堅。子孫將大門兮，顯餘慶而必然。

石堿撰，僧懷政書，僧文簡篆額，彭儀刋。高151釐米，寬77釐米。正書21行，滿行36字。括弧內文字在原石上為雙行小字。

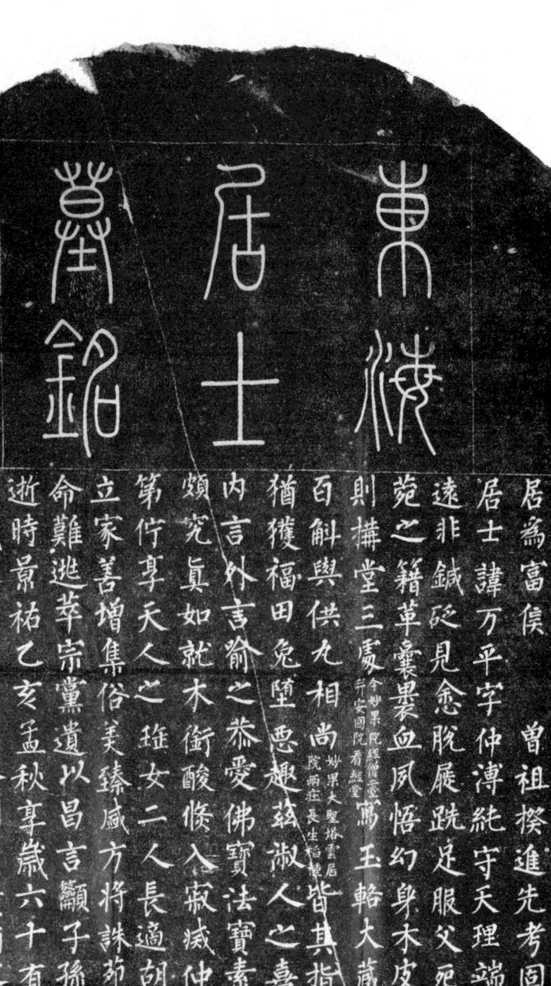

大宋故徐居士墓誌銘

鄉貢進士石珹譔　都江曾懷政書　鄱陽表白沙門文簡篆額

鄱陽章儀刊字

稽夫徐氏之族嗣遁巔頊之後始賜姓土實因伯益之封暨析夲枝遠宅番君之國寖盛農畈

居爲富侯　曾祖揆進先考固明兼以義方播在里閈而

居士諱万平字仲溥純守天理端持人操畏涉訟暢正齋家節發硎割股治毋寢疾惟夫鑒不

遠非鍼砭見愈脫屣跣足服父死喪雖水漿不入柳章糟永絕（自三十二事親喪日一饘一粥以至終凡四十八年）忻慕西方之聖高談北

菀之籍革囊畏血夙悟幻身木皮爲衣衆號居士暮離五蓋之患勤求四種之因延花城比丘

則搆堂三處（全妙果院經會一處　祈安國院看經堂）寫玉軸大藏則建殿一座（妙果藏殿內置經五百四十函）起窣堵之九級畀聚沙所成施穜稑之

百斛與供九相尚（妙果大聖塔雲居院兩莊長生稻種）皆其指廩庾而罄餘積傾裝橐以鮮盈賄或聞以指畫像以箭挑燈

猶獲福田免墮惡趣慈淑人之喜施當真果而必證齒先壯室禮迎陳氏訓同巾几偕睦親聯

內言外言踰之恭愛佛寶法寶素擅依向育男二人孟曰紹一蚤思裕蠱超奉靈教落髮受具

頗究眞如就木銜酸倏入寂臧仲曰自絜矩敦己富文蘊學士鄉流雅緯高月旦之品賢科中

第佇享天人之璲女二人長適胡氏次歸馬氏謹事婦順幾及梱則孫五人幼不好弄如有所

立家善增集俗美臻咸方將誅茆蔭宇結跏宴坐無新香火之社益味清淨之觀夢奠忽感天

命難逃萃宗黨遺以昌言顯子孫告之純孝周楯調持戒律事以儉薄啓手啓足奄寬幹而背

逝時景祐乙亥孟秋享歲六十有九揆先遠日得仲冬初四就窆于和風鄉別墅之地隅順也

晨曦未止車紼爰發門多漬酒之族野接動輪之客爰而斯録表以成銘曰

番陽郡積善兮著　徐居士之名焉　嵩口山封驤兮有　徐居士之墓焉

始消展而空兮　明旌抗之在前　執車紼以送兮　衆翁輿之無從

歎骨肉藏于土兮　追精神歸之在天　善人不得見兮　衢宿草于穹埏

伊感事之盡在兮　刻珉石而愈堅　子孫將大門兮　顯餘慶而必然

五　宋謝五郎地券

寶元二年（1039）十二月四日

維皇宋寶元二年太歲己夘十二月丁巳朔初 / 四日庚申，有撫州崇仁縣坊郭橋東保 / 殁故亡人謝五郎，行年五十八歲，命入黃泉，竜/ 歸蒿裹。并妻鄧氏二十六娘，行年五十有五歲， / 同終此壽。今於長安鄉加會里，地名南坻塘 / 西。广用銀錢一万貫，於五土冥王、開皇地主邊 / 買得离山丑癸向地兩穴。東止甲乙，南止丙丁， / 西止庚辛，北止壬癸。上止青天，下止后土。當 / 心下穴，不得有山精地霊望為侵占，請亡人 / 此地券往泰山依王法施行。/ 太上勑急急如律令。/ 保人張鏗故，見人李定度， / 書人天官道士。

高 40 釐米，寬 37 釐米。正書 13 行，滿行 18 字。

六　宋任述墓誌

慶曆二年（1042）七月二十日

大宋故承奉郎、守將作監主簿、監西京左藏庫、權知王屋縣事任述墓誌銘并序 /

述字仲明，第六。贈太子太傅璡之曾孫，贈太子太師廷芳之孫，樞密 / 副使、給事中布之中子也。由父任入仕，為人聰悟絶出，膽氣自負。妙 / 筆扎，眩古文。始業儒，即恥及章句。故不為進士禮部之辭，而潛力于 / 六科大對之學。最慕孟子、韓先生文與道正可繼聖人。每下筆，必踵 / 孟躡韓而宗諸孔氏也。捨是則空言累句，無一作者，朋友多之。自幼 / 迨長，其為益堅。著文凡七篇，大氐類子輿況雄之書。寶元乙夘，袖七 / 篇，副以大軸，往干 / 太師相國呂公于天雄軍。公一見前席，閱所贄文，驚其不倫，許之老 / 筆。是歲，述赴掌西都之左藏，呂公因以書薦於洛尹尚書宋公綬，公 / 待之如呂。王貳卿醊罷政柄，來出鎮也。述以下吏求謁，王公大奇之，/ 面稱于衆曰："兹任氏之令器矣。"康定庚辰冬，捧檄假王屋縣。以篤學 / 勞苦，甚羸得疾。越明年春，移告帰府，訪醫自治。踰旬，漸革。四月二十 / 八日，啓手足於府南紫嵩館，享年二十四。翌月，權塗于甘露院。慶曆 / 壬午秋七月辛酉，吉葬于河南縣龍門伊汭鄉中梁村任氏故阡，從 / 宮師庚穴之西，張夫人新兆之右，禮也。娶尚書駕部員外郎譚嘉言 / 弟六女，有遺腹，生男曰鐵牛奴。嗚呼！吾兒躭嗜儒雅，勉力風教，不享 / 下壽，不登顯官。人間榮事，未霑毫髮，而銜憤早世。悲夫命矣！與吾別 / 朞歲，遂為隔生。天道難忱，胡可詰也。嗚呼哀哉！吾兒見器於大臣，得 / 譽扵朋友。才如是，志如是，當清時公朝，莫能粗展其 / 有，使光大著見，為吾門寵。今乃知作善之無益，而明神可欺也。已抆 / 泣書石，以識其壙，銘曰：/

文韓孟，業周孔。幼明推，長時重。才有竒，命無寵。/ 嗟天壽之

相亂，痛仁鄙之弗殊。書遺道在，身去名敷。/ 天且侮禍，紹昌爾孤。/

姪男新授將仕郎、守河南府河南縣主簿慶之書，翟文會刻石。

任布撰，任慶之書，翟文會刊。高 75 釐米，寬 74.5 釐米。正書 26 行，滿行 26 字。《宋代墓誌輯釋》第 144—145 頁刊有拓本及録文。《新出宋代墓誌碑刻輯録》（北宋卷）第 127 頁刊有拓本及録文。

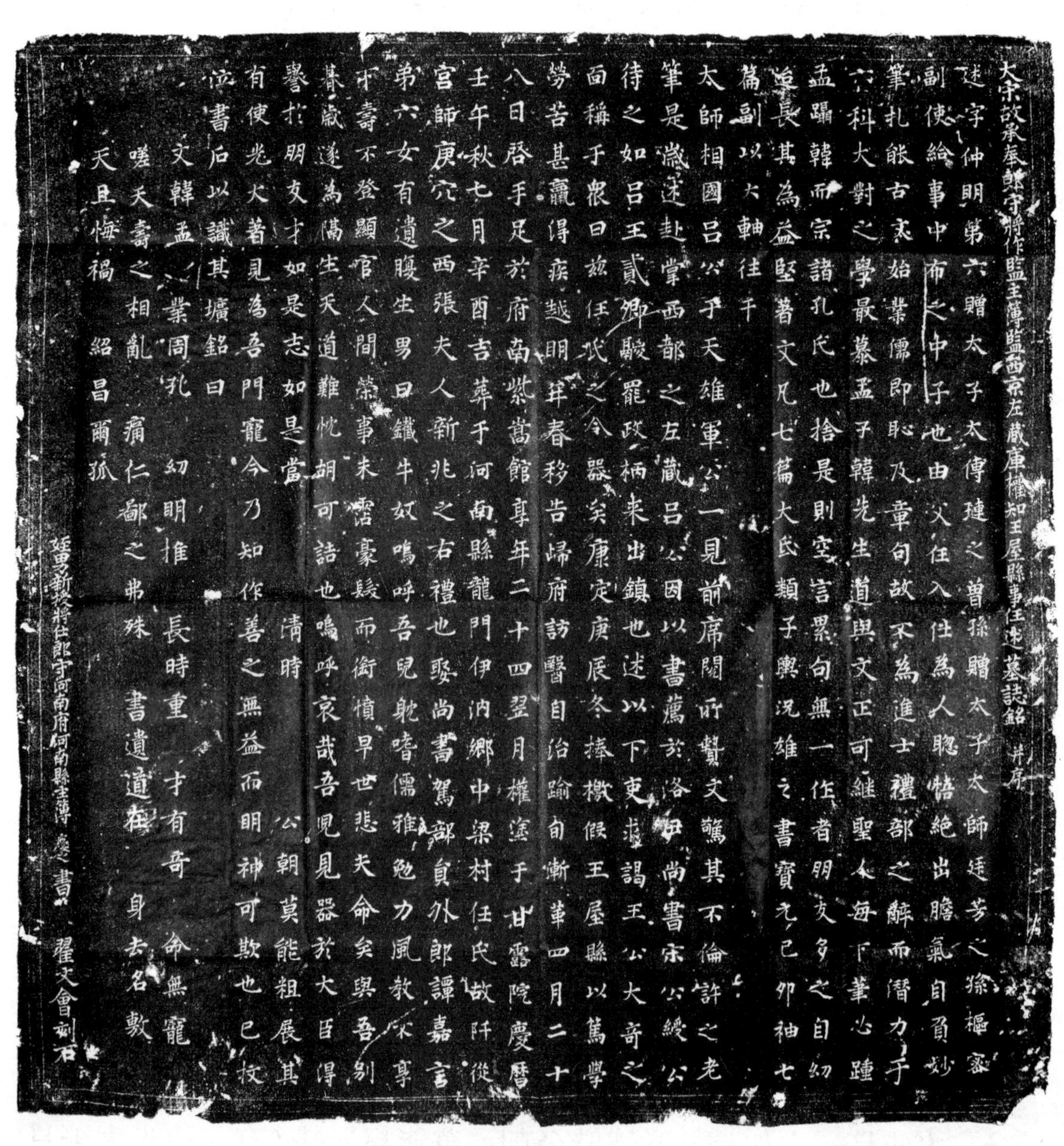

七　宋錢暧墓誌

慶曆七年（1047）七月十八日

宋故彭城錢府君墓誌銘并序 /

堂弟朝奉郎、起居舍人、直集賢院、知諫院、同判司農寺、輕車都尉彦遠撰。/

府君諱暧，字葆光，餘杭錢塘人，後徙家京師，今占籍陳留開封。曾祖元瓘，皇吴越 / 王，謚文穆。曾祖妣吴氏，順穆夫人。祖俶，皇鄧王，謚忠懿。祖妣俞氏，衛國夫人。/ 考惟演，皇泰寧軍節度使、同中書門下平章事，贈太師、尚書令、兼中書令、英國公，謚文 / 僖。妣張氏，兖國太夫人。事具五代史及夲朝日曆，此不書。府君即僖公長子，/ 髫髦顥澈，喜道文字語，佔畢吮毫，雅有勝致。成人，善逋峭，美音制。僖公貴，起家試 / 祕書省校書郎，再遷太常寺奉禮郎。僖公爲學士，對章聖，賜無畏，訪逮群從，以 / 府君名上。翌日，召試舍人院，文荨入優，横畀進士第，得光禄丞，選舘閣校勘。歷秘書 / 郎、太常丞，加五品服，爲真集賢。以博士知禮院，同判吏部南院。入尚書省爲祠部外 / 郎，超司封改祠部郎中、群牧判官。僖公謫漢東，府君飲章自劾，願解官從，縉紳 / 是之。以司封外郎行。僖公毁竈綴足，府君孺慕加禮。遺恩還祠部。練祭，再入 / 集賢。封傳，慮畿邑獄，占奏詳敏，賜三品綬，判尚書夲司，糸惣刑部案覆。滿歲，遷度支。/ 而府君酬書，九十五年不改職。朝廷知其夲末，特换刑部，直太史，升清近，旌勤 / 久。俄分判三司度支案，復判户部案，移開拆司，以才不以恩。稍進兵部郎中、太常少 / 卿。時宰相以府君名臣子，恬静慱約，敨處以諫大夫，備顧問。會府君從女爲 / 王室諸婦，任人非同族，事暴，語連下獄。獄吏卞刻自功，攟摭所饋魚蟹，論臧。朝廷 / 閔其枉，不敨緣親詘法，唯府君末减，奪官它論如律。府君既以誣罪廢，咄咄書 / 空，事寄情外。厭都下賓客，單車徑西入洛，文酒適適。居一歲，出遊還，

浴杅中得疾，遂 / 不起，享年五十有六，實慶曆七年七月十八日也。府君寬重仁恕，謙孝和友。爲子 / 弟時，侍僖公，愉色鮮裾，口不道臧否。權勢薰灼，人物迎附，處之若素門寒士，無汰 / 驁意。故廞莫唯囊衣，治棲无徤婢。嫡母韓早世，不及共養。後踰歲時，尚感咽垂涕。然 / 義訓漸漬，亦出天性。時評善人君子。在閨闈，臧隸侮迕，亦忍誚督，熟視茹蹙。咸謂吉/ 履安術，坐克桄嘏，而禍發所忽，秃巾就木，顛毛未班，官止諸司四品，勳散財朝請、護 / 軍。嗚呼！力邪！命邪！陰騭有數邪！吾不得辨已。前夫人丁氏，故相國晉公謂息女，封 / 長安縣君。今夫人郭氏，故兼中書令崇諸孫，封万壽縣君。丈夫子五人：曰景純，西頭 / 供奉官；景紳，方學；景紓，三班奉職；景綸、景紘，尚幼。女子五人：長適試將作監主簿徐 / 伸；次適皇再從姪右屯衛將軍克諶；三未笄。府君喪之明年，究國復不幸。仲 / 弟西上閤門使晦護喪合祔，乃命景純并舉府君與丁夫人之柩，葬僖公域中 / 庚地。府君窀穸經費，唯門使是力。彥遠不佞，以從祖弟，宜銘其墓曰：/

仁義禮信術安逸，君子常履或頓絀。凶很貪愎勢危疾，/ 小人天幸終迪吉。中庸不以寄得失，嗚呼葆光生事畢。/

姪將仕郎、守太常寺太祝、監國子書庫景禋書，康士宗刋字。

錢彥遠撰，錢景禋書，康士宗刋。高 51 釐米，寬 52.5 釐米。正書 25 行，滿行 23 字。李湛棟：《北宋錢暧墓誌及相關考釋》，《安陽師範學院學報》2018 年第 4 期，第 54—59 頁刊有拓本及録文。

宋故彭城錢府君墓誌銘并序

堂弟朝奉郎起居舍人直集賢院知諫院同判司農寺輕車都尉彥遠　撰

府君諱暧字禒先餘杭錢塘人後從家　京師今占籍陳留開封　曾祖瓘皇吳越

王謚文穆　曾祖妣吳氏順穆夫人　祖俶皇鄧王謚忠懿　祖妣俞氏衛國夫人

考惟濬皇泰寧軍節度使同中書門下平章事贈太師尚書令兼中書令英國公謚文

僖　妣張氏兗國太夫人事具五代史及本朝日曆此不書　府君即僖公長子

髫齔穎澈喜道文字語佔畢吮毫雅有勝致成人善通峭美音制　僖公貴起家試

祕書省校書郎再遷太常寺奉禮郎　僖公為學士封　章聖賜無畏訪遠群從以

府君名上聞日召試舍人院文等入優橫異進士第得光祿丞選館閣校勘歷祕書

郎太常丞加五品服為真集賢以博士知禮院同判吏部南院入尚書省為祠部外

郎超司封改祠部郎中群牧判官　僖公諭漢東　府君歛章自刻願解官從縉紳

是終以司封外郎行　僖公毀竈綴足　府君孺慕加禮遣　恩還祠部練祭再入

集賢封傳處畿邑獄占奏詳敏賜三品綬判尚書本司參揔刑部案覆滿歲遷度支

而　府君酬書凡十五年不改職　朝庭知其本末特換刑部直太史外清近推勤

久儀凧判三司度支案復判户部案移開拆司以才不以恩稱進兵部郎中太常少

卿時宰相以　府君名臣子恬靜博約歆慮以諫大夫備　顧問會　府君從女為

王室諸婦任人非同族事暴語連下獄獄吏卞刻自功擿摭所饋魚鱉論贓　朝庭

閔其枉不欲緣親詆法唯　府君末減奪官宅論如律　府君既以誣罪廢咄咄書

空事寄情外厭都下賔客單車徑西入洛文酒適適居一歲出遊還浴杅中得疾遂

不起享年五十有六實慶曆七年七月十八日也　府君寬重仁恕謙孝和友為子

弟時侍　僖公愉色鮮褔口不道臧否權勢熏灼人物迎附覷之若素門寒士無汰

驁意故歛眞帷襃衣治棲无建婢嫡母韓早世不及共養後踰歲時尚感咽垂涕然

義訓漸漬亦出天性時評善人君子在閨閫臧隷侮遺亦忍謂督孰視茹蹙咸謂吉

履安術坐克枕瑕而禍發所忽禿巾就木顛毛未班官止諸司四品勳散財朝請護

軍嗚呼力邪命邪陰隲有數邪吾不得辨已　前夫人丁氏故相國晉公謂息女封

長安縣君今夫人郭氏故兼中書令崇諸孫封万壽縣君丈夫子五人曰景純西京

供奉官景紳方學景紼三班奉職景綸景紘尚幼女子五人長適試將作監主簿倚

伸次適　皇再從姪右屯衛將軍克諶三未笄　府君喪之明年　兗國復不着仲

弟西上閤門使晦護喪合祔乃命景純并舉　府君與丁夫人之柩葬　僖公域中

庚地　府君宅穸經費唯門使是力彥遠不佞以從祖弟宜銘其墓曰

仁義禮信祈安遂　君子常獲或頗紕　凶很貪慢勢施疾

小人天幸終迪吉　中庸不以寄得失　嗚呼梅先生事畢

姪將仕郎守太常寺太祝監國子監書庫景禮書　康宗刊字

八　宋高惟正墓誌

至和元年（1054）四月十三日

宋故東頭供奉官、閤門柢侯高君墓誌銘并序/

登仕郎、試將作監主簿、新授和州司户糸軍男利用撰。/

皇考諱惟正，字克直，先自渤海炎帝之裔，暨太公望賜履之重，寔高其孫，因以/為氏。餘載於五代史，又具於神道碑，玆不復紀焉。/

天平軍節度使、守太師、兼中書令、齊王、贈尚書令、追封楚王、謚曰武懿、諱行周，/魏國太夫人、追封楚國太夫人裴氏，君祖之父母也。武勝軍莭度使、太師、/兼侍中、同中書門下平章事、駙馬都尉、贈中書令、追封渤海郡王、謚曰武穆、諱/懷德，燕國恭懿大長主趙氏，君之父之父母也。如京使、東西班掐揮、金吾/使、諱處恭，太原縣君郭氏，即君之父母也。君鴈序四人，君即長也，生於京之道/德坊。及丱，不受門廕，樂儒敎，以學干名。同孫何上第，詮注孟州原武縣尉，以捕/獲玏，轉大理評事。尋授通利軍簽判之任，以公幹，抽赴闕，恩拔右侍禁、閤/門衹侯，授尉氏都監。逥授監在京新衣庫，廵遷左侍禁，授監在京弓箭庫。敀得/以踈傲為意，奏請乞假未任，/上許之。君素敦慜，兼通術數，凢所好尚，頗多留心。前知命之未會，彌思退處。官/之未顯，曾莫躁求。舊業園囿，得以放其情；前聖經書，得以娱其志。於是交游日/聚，朝野相過。端居十年，兩遷至東頭供奉官。甞語諸眷曰："我阨斯至，儻能度之，/則壽禄上矣。"忽枕疾數日，而終於京之私宅，時天聖元年二月十九日也，春秌/五十有二矣。君先娶祁氏，次樊氏。因男利有侍養，任洋州都監。於慶曆四季九/月十七日，歿於公署。是歲冬，男利用奔詣洋州，扶護靈柩峄。皇祐中，將卜吉以/藏焉。君有子六人。長一人未禄而終。次子右侍禁利川，次右侍禁利仁，次右侍/禁利涉，上四人早世。見二人。一試監簿，授和州司户糸軍利用，即其主者也。次/右侍禁利有，即最刼也。

有女十二人，上十人早世，見存二人。有孫頗眾，玆不更 / 録矣。是季甲午四月一日，改元至和。即十三日，葬於西京永寧縣昭化鄉大宋 / 村北約五里以營焉。事備之日，因誌其實，命堂弟河南進士遵翊而銘之曰：/

君子得中庸為美，以人之道，君亦䏌履。或王或相，亦全其終始。/ 噫！自君之召耳。/

孫，河南進士嚴書，河南康坦刻。

高利用撰，高嚴書，康坦刋。高 67 釐米，寬 60.5 釐米。正書 27 行，滿行 30 字。誌蓋拓片失藏。《新出宋代墓誌碑刻輯録》（北宋卷）第 152 頁刋有拓本及録文。

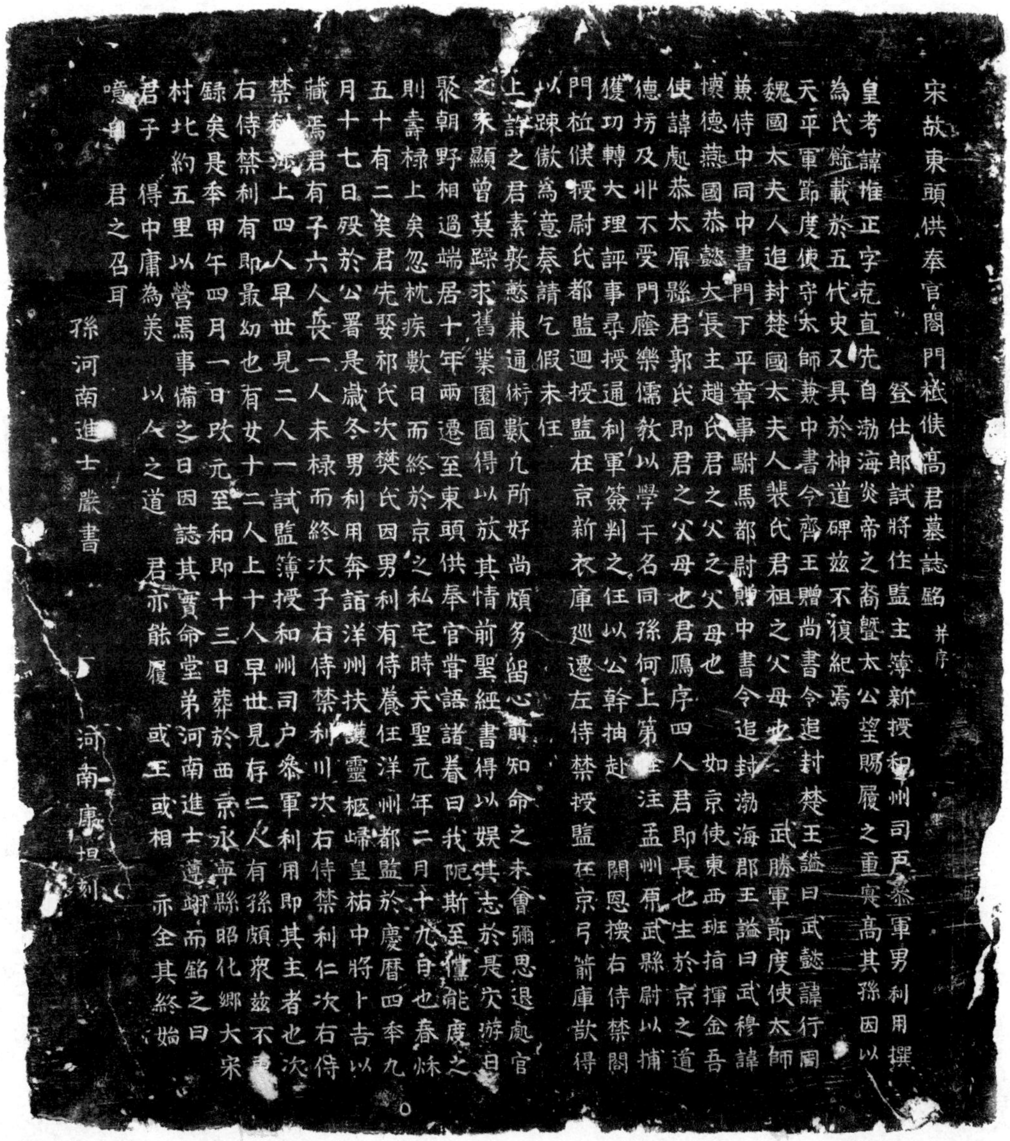

九　宋蘇通墓誌

至和二年（1055）十月十三日

宋故武功蘇先生墓誌銘并序 /

姪晦撰，試秘書省校書郎范育書。/

先生諱通，字季通，姓蘇氏，其先京兆武功人也。曾祖諱琬，始 / 避寇居豳。祖諱毅。父諱仲舒，贈大理評事，皆潛遁不 / 仕。先生廷評之季子也。少博學，性沈默而有大志。不喜談章 / 句，樂文武治世之道，故不肯從鄉里貢，其視榮利憺如也。好延四方 / 遊學之士，至皆館之，日講道五經，交語以大趣而不畸碎。明韜謀而 / 僻於言兵，其旨以正守權施權，正循相生，終復無窮極。嘗曰："使吾雖 / 日迎百敵，無殆焉。"康定中，元昊內寇，西帥連討未平。先生興曰："時矣，/ 盍求之乎。"遂東遊京師，歷謁公卿間，能吐言論時事而深究利病，且 / 久於志無所合，歎曰："吾道故已已者邪！於吾復何傷，然終不能與碌 / 碌者俱。"因從道士遊，即其宮學老子說，而多蓄丹砂、諸寶石，庶夫成 / 不死之藥。乃歸，買山於鄠杜之間，將退處以卒其志焉。慶曆中，二兄 / 繼卒。明年，母夫人甯氏亦卒。先生哀悼踰毀，久而益病，遂不/ 復交人事，日道黃老言以自娛。至和二年夏，寢疾彌篤，乃召諸宗黨。/ 語其長以慈愛，教下以順悌。於朋友故舊，一無遺焉。謂晦曰："吾茲不 / 復矣，爾業古文，其徃銘吾幽。"晦默然泣伏，再拜以退。翼日而卒，時秋 / 七月十有四日庚午也，享年四十六。是歲冬十月丁酉，葬于京兆府 / 長安縣同樂鄉之萬村。先生為人恬退，處富饒而奉己廉約，未嘗以 / 喜怒易色於人。於陰陽數術無不貫達。其為詩喜自道格意，富健沛 / 然而不繁，斯可尚也已。悲夫！年纔過四十，顧其所施為，足以昭世坐/ 不朽，而天亟奪之。噫！命矣乎。先生娶大理評事王元吉之女，生三男，/ 長曰昕，次曰暉、曰暲，皆幼。三女，二女皆適仕族，季未適人。銘曰：/

士貴以道兮道章以時，道茂時否兮古今之悲。/ 先生之才兮不逮用世，一出非心兮隐以自閉。/ 天艱其年兮維名不替，嗚呼！賢果有後兮子孫繼繼。

蘇晦撰，范育書。高 62 釐米，寬 61 釐米。正書 26 行，滿行 26 字。《珍稀墓誌百品》第 232—233 頁刊有拓本與録文。《洛陽新獲墓誌 二〇一五》第 380 頁刊有墓誌拓本，無録文。《新出宋代墓誌碑刻輯録》（北宋卷）第 156 頁刊有拓本及録文。

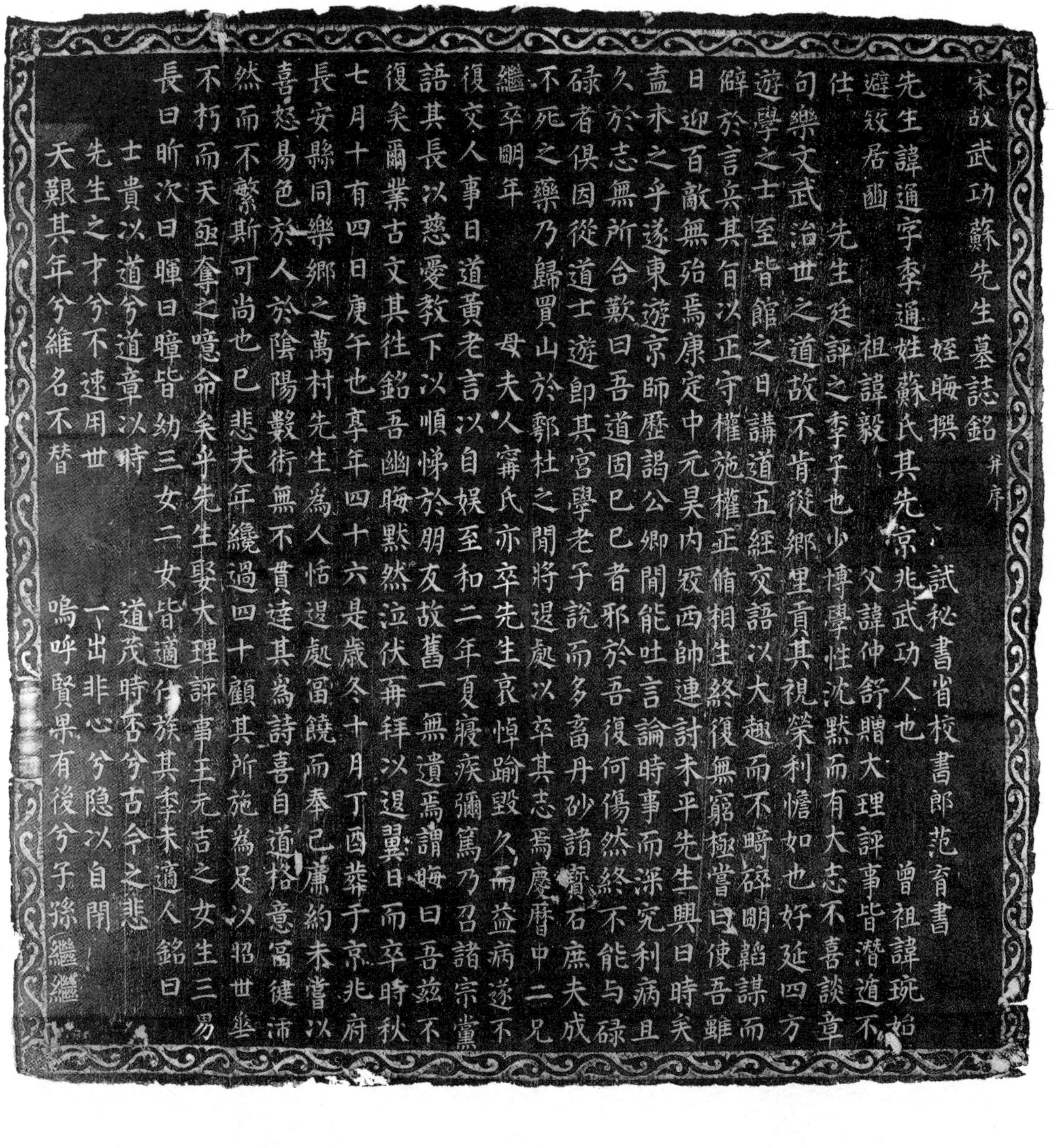

十　宋李大娘地券

嘉祐四年（1059）三月二十二日

維歲次己亥嘉祐四年三月二十二日丙辰，大宋国江南西道 / 建昌軍南城縣旌善鄉再興里威匡保歿故亾人李大娘用 / 錢玖百玖拾玖貫文扵東王公、西王母邊買得艮向地一 / 墳，安塟亾人李大娘在此，將為万年塚宅。元保見人張堅 / 固、李定度各有分明為定。東至甲乙，南至丙丁，西至庚辛，北至 / 壬癸，中至戊己為界。東有章光，南有騏驎，西有師子，北有 / 無極。左有青龍，右有白虎，前有朱雀，後有玄武。上至無 / 窮之暠，下至黄泉之地。裹有土符，父母蒿裹，父老土下，二千食 / 禄，便相和合，亾人安稳。不得妄有争奪，千年万歲為期。和 / 益子孫，代代不絶。太上老君請照。誰為書？水中魚；誰為讀？ / 天上鶴；魚何在？入深灣；鶴何在？飛上天。已後若要相尋覓， / 万万九千年。分赴太上老君，先斬後奏，急急如律。

高 48.5 釐米，寬 43.5 釐米。正書 12 行，滿行 23 字。

維歲次己亥嘉祐四年三月二十二日丙辰大宋國江南西[illegible]
建昌軍南城縣旌善鄉再興里感恩保殁故亡人李大娘
錢玖百玖拾玖貫文於東王公西王母邊買得[illegible]岡地一
墳安葬亡人李大娘在此將為万年塚宅元保見人[illegible]
固李定度各有分明為定東至甲乙南至丙丁西至庚辛北至壬
壬癸中至戊己為界東有章光南有騏驎西有師子北有
無極左有青龍右有白虎前有朱雀後有玄武上至無
窮之家下至黃泉之地裏有土府[illegible][illegible]萬裏丈去土下二千[illegible]
祿便相和合亡人安穩不得長有爭奪千年万歲為期和
蓋子孫代代不絕太上老君請照誰為書水中魚誰為讀
天上鶴魚何在入深灣鶴何在飛上天已後若要相尋覓
万万九千年分赴太上老君先斬後奏急急如律

十一　宋裴七郎地券

嘉祐七年（1062）十二月九日

額正書一行：地券如前

維嘉祐七年歲次壬寅十二月初九 / 朔壬午日，謹有撫州崇仁縣崇仁鄉宜 / 風里湖坪下保歿故亡人裴七郎，行年 / 四十四歲，忽然天降大禍，命歸泉 / 府。今用金銀錢財酒菓，於五土明 / 王及開皇地主買得此處地名鎖坑艮来山丁未向地一穴。東止甲乙青龍，/ 南止丙丁朱雀，西止庚辛白虎，北止 / 壬癸玄武。上止青天吉星，下止黄泉，/ 當心下穴，永為亡人万年山宅。急 / 急如律令。見人張堅固，/ 保人李定度，書人天官道士。

高 39 釐米，寬 35.5 釐米。正書 12 行，滿行 15 字，額、正文都從左至右書寫。

地券如前

保人李定度 書人天官道士
急急如律令 見人張堅固
當心下穴 永為亡人万年山宅 急
壬癸玄武上止青天吉星下止黃泉
南止丙丁朱雀 西止庚辛白虎 北止
艮來山丁禾向地一穴 東止甲乙青龍
王及開皇地主 買得此處地名鎖坑
府今用金銀錢財酒菓 於五土明
四十四歲 忽然天降大禍 命歸泉
風里湖坪下保 殁故亡人巢七郎 行年
朔壬午日謹 撫州崇仁縣崇仁鄉五
維嘉祐七年歲次壬寅十二月初九

十二　宋張子建墓誌

治平二年（1065）

宋故張子建墓誌銘 /

子建名立，姓張氏，吾先子諱景思之子，/ 而皇祖諱師德之孫也。其生於慶曆 / 之丁亥而卒於嘉祐之壬寅，其葬於治平之乙巳，而其兄亶為之銘曰：/

子建性剛烈，強記敏識。其自待甚高而 / 渺然視衆人，不肯少屈。其所為學，固欲 / 傑然挺出。及其病且死而不懾懼，豈非 / 明者哉！不幸其夭而所藴不施。使其磨 / 礪出頭角，駸駸然循坦途疾驅迅馳，其 / 可量哉！而忽焉税駕，嗚呼！子建，吾焉歸 / 咎哉！吾焉歸咎哉！

高 46.5 釐米，寬 43 釐米。正書 12 行，滿行 15 字。《新出宋代墓誌碑刻輯録》（北宋卷）第 179 頁刊有拓本及録文。

宋故張子建墓誌銘
子建名立姓張氏吾先子諱景思之子
而皇祖諱師德之孫也其生於慶曆之
丁亥而卒於嘉祐之壬寅其葬於治平
之乙巳而其兄亶為之銘曰
子建性剛烈強記敏識其自待甚高而
渺然視衆人不肯少屈其所為學固欲
傑然挺出及其病且死而不懾懼豈非
明者哉不幸其夭而所蘊不施使其磨
礪出頭角駸駸然循坦途疾驅迅馳其
可量哉而忽焉税駕嗚呼子建吾焉歸
咎哉吾焉歸咎哉

十三　宋天水翁墓誌

治平二年（1065）十月十一日

正面

額篆書三行：天水翁墓誌銘

大宋澤州高平縣郭下天水翁墓誌銘并序 /

汾陽叟郭逸撰并書篆額。/

翁諱滔，即世鄉里也。祖諱，父諱節。夲皆桑穡之家，後 / 乃積行累功，因商賈而成大資產。翁取四氏而失 / 三子，初取畢氏，次任氏、雍氏，皆早喪焉。有梁氏，/ 今治家也。長子宗範，继父之業，志信純孝，繩繩不 / 泯。次子宗壽，皆倣象扵兄。女適扵當縣張壁村張 / 監丞家之長子。翁今年八十五歲，時治平二年 / 也。扵六月十七日壽筭終矣，扵是卜其宅兆在縣 / 城之北約三里有餘，古塋內擇地一穴，命石工創 / 石墓以葬焉。今者棺椁完備而安厝之，表事親之 / 終矣。逸扵门中所接，辭不獲免。乃為銘曰：/

聞翁之存，能乎其人。克勤扵家，克讓扵鄰。鄉曲之 / 譽，明顯扵仁。及翁之逝，流芳未已。继嗣其昂，厥聲 / 世美。銘行在石，永播名矣。/

治平二年十月十一日記，隴西李文質刻石。

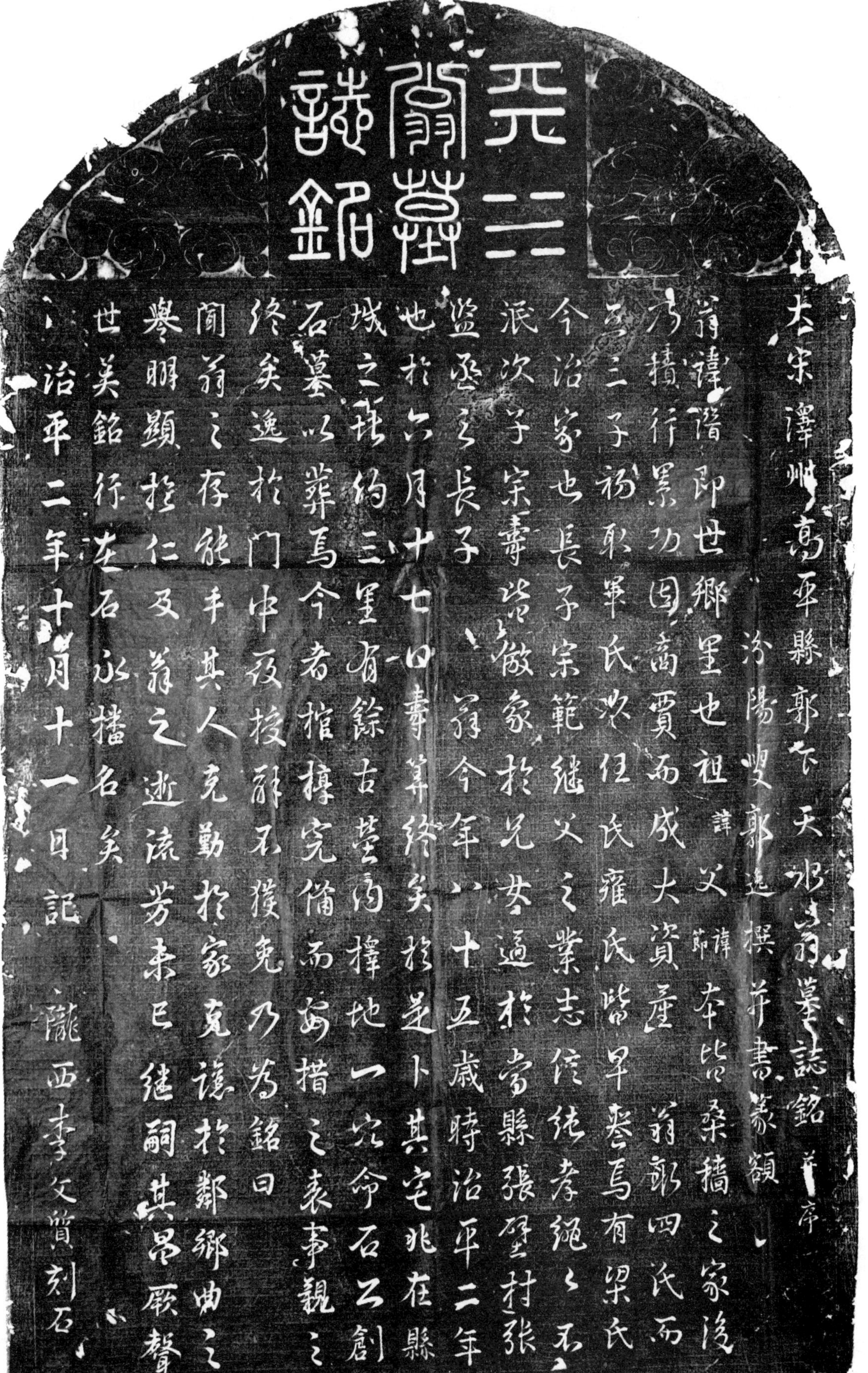
天水翁墓誌銘
大宋澤州高平縣郭公天水翁墓誌銘并序
汾陽叟郭逸撰并書篆額
翁諱諧即世鄉里也祖諱父諱節本皆桑穡之家後
以積行累功因商賈而成大資産翁娶四氏而
有三子初娶畢氏次任氏雍氏皆早卒焉有梁氏
今治家也長子宗範繼父之業志從純孝純々不
泯次子宗壽皆敬家於兄女適於當縣張壁村張
盈丞之長子翁今年八十五歲時治平二年
也於六月十七日壽算終矣於是卜其宅兆在縣
城之東約三里有餘古塋内擇地一穴命石工創
石墓以葬焉今者棺槨完備而安措之表事親之
終矣逸於門中夜投辭不獲免乃為銘曰
聞翁之存能手其人克勤於家克讓於鄰鄉曲之
譽翢顯於仁及翁之逝流芳未已繼嗣其昌厥聲
世美銘行左石永播名矣
治平二年十月十一日記隴西李文質刻石

背面

其塋約六畝，四至分明。才命石匠卜地 / 施功，東南約六十步生泉一眼，功畢，/ 泉下乃翁之所感也。/

見嗣子孫。/

石宗範，弟宗壽，男安民，姪男安湜，/ 孫男良臣，女張郎婦、范郎婦。/

母梁氏，新婦王氏、秦氏，男新婦劉氏，/ 姪女福兒、美娘。

郭逸撰、書並篆額，李文質刋。正面高 73.5 釐米，寬 46 釐米。行書 16 行，滿行 19 字。背面高 73.5 釐米，寬 46 釐米。行書 8 行，滿行 14 字。《新出宋代墓誌碑刻輯録》（北宋卷）第 178 頁有拓本及録文。

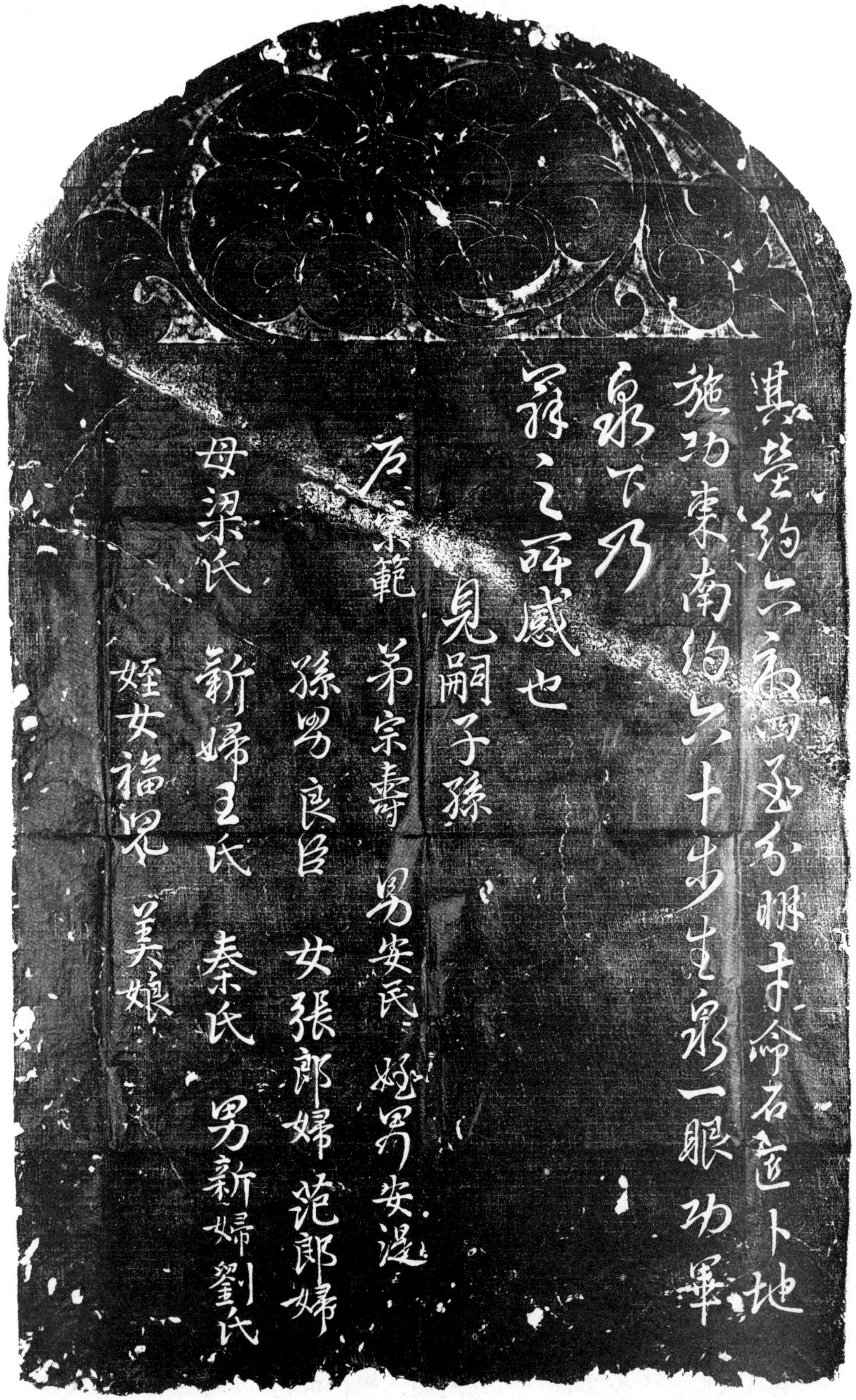

其塋約六歲西丞務耕于命石匠卜地
施功東南約六十步生泉一眼功畢
泉下乃
孝之所感也
見嗣子孫
兄宗範 弟宗壽 男安民 姪男安湜
孫男良臣 女張郎婦 范郎婦
母梁氏 新婦王氏 秦氏 男新婦劉氏
姪女福兒 美娘

十四　宋宋貴臣墓誌

治平二年（1065）十一月十六日

誌蓋篆書三行：宋故長史宋公墓誌銘。高 42 釐米，寬 41.5 釐米。

宋故奉寧軍長史宋公墓誌銘并序 /

神穌王同撰并書，姪男進士宋延孫篆蓋。/

公諱貴臣，字良輔，其先魏之館陶人也。宋惟有商之後，微子之封，繇 / 以為氏焉。曾祖諱操，贈將作少監。曾祖母呂氏，東平郡太君。祖諱旻，/ 贈太師。祖母王氏，京兆郡太夫人。父諱炎，職方負外郎，贈户部尚書。/ 母王氏，琅邪縣君。以葢鄭州管城縣海灘里。公齒將立，因伯 / 父文安公奏，受舒州懷寧縣尉，再調蘄州蘄水縣尉。一旦，火沿公舍，/ 不可向邇，遺失命書，因抱㾕而退官。朝廷復授奉 / 寧軍長史。既居私第，不顧市朝。常萃有名之士數十人，藉之以經史，/ 日游心於聖賢之塗。逍遥融怡，磊落自負。後著謌詩一千餘首，嘗覽 / 者談不容口。公即尚書之長子也，令弟五人：堯臣，内殿丞制、/ 閤門祗侯；舜臣，早卒；禹臣，比部負外郎；唐臣，比部郎中；信臣，不仕。並 / 傳誦公之謌詩及子孫秘藏，乃為之規範。於天聖三年四月 / 十九日寢疾，終於鄭州管城縣之私第，享年四十有五。以治平二年 / 十一月壬申，窆穸于京兆府萬年縣洪固鄉小楊村鳳棲原貴胄里，/ 不袝先君，從吉卜也。公娶程氏，亦逝，今舉以袝。男二人：長仲 / 孫，嘉州夾江縣令，早卒；叔孫，不仕。女二人：長適進士任涇；次女。皆卒。/ 孫男二人：長希傑，次希古，皆進士。孫女四人：長適虞部負外郎男張 / 沔；次適太常博士男李師正；次二女並幼。噫！公之名不達于 / 崇顯而道學卓立於當世，幸子孫輩出，不徙儒風，治家豐阜，亦 / 公之餘慶也。同與公之次子交朋之分久矣，見託紀述，乃以 / 直筆銘曰：/

生為人傑，天委文質。名列罔顯，德行可述。/ 乃終有慶，黃裳元吉。去華務實，守而勿失。/ 公之稟性兮，如玉之温。公之徽績兮，安乎子孫。/ 二宅雖邈兮，芳名固存。風雲黯鬱兮，隴首煙昏。

梁孝恭刊。

王同撰並書，宋延孫篆蓋，梁孝恭刊。高 59 釐米，寬 57.5 釐米。正書 26 行，滿行 26 字。

宋故奉寧軍長史宋公墓誌銘并序

神龢王同撰并書　姪男進士宋延孫篆蓋

公諱貴臣字良輔其先魏之館陶人也宋惟有商之後微子之封錄

以爲氏焉曾祖諱操贈將作少監曾祖母呂氏東平郡太君祖諱旻

贈太師祖母王氏京兆郡太夫人父諱炎職方員外郎贈户部尚書

母王氏琅邪縣君以塋鄭州管城縣海灘里　公齒將立因伯

父文安公奏受舒州懷寧縣尉再調蘄州蘄水縣尉一旦火災　公舍

不可向邇遺失命書因抱疾而退官　朝廷復授奉

寧軍長史既居私第不顧市朝常華有名之士數十人藉之以經史

日游心於聖賢之塗逍遥融怡磊落自負後著詩三十餘首書覽

者談不容口　公即尚書之長子也令弟五人竟臣內殿丞制

閤門祗候舜臣早卒禹臣比部員外郎唐臣比部郎中偕臣不仕並

傳誦　公之諷詩及子孫秘藏乃爲之規範於天聖三年四月

十九日寢疾終於鄭州管城縣之私第享年四十有五以治平二年

十一月壬申窆于京兆府萬年縣洪固鄉小楊村鳳棲原貴貴里

不祔先君從吉卜也　公娶程氏亦逝今舉以祔男二人長仲

孫嘉州夾江縣令早卒叔孫不仕女二人長適進士任淫次女皆卒

孫男二人長希傑次希古皆進士孫女四人長適虞部員外郎男張

沔次適太常博士男李師正次二女並幼噫　公之名不達于

崇顯而道學卓立於當世幸子孫輩出不從儒風治家豐阜亦

公之餘慶也同與　公之次子交朋之分久矣見託紀述乃以

直筆銘曰

生爲人傑　天委文質　名列罔顯　德行可述

乃終有慶　黃裳元吉　去華務實　守而勿失

公之稟性兮如玉之温　公之徽績兮安乎子孫

二宅雖殊兮芳名固存　風雲黯鬱兮龍首煙昏　梁孝恭刊

十五　宋蘇通妻王氏墓誌

熙寧二年（1069）十月二十八日

額篆書一行：王氏墓誌銘

宋故武功蘇先生妻王氏墓誌銘并序 /

外甥前陝州陝縣令范育撰，/ 鄉貢進士丘君卿書。/

王氏，邠州三水人也。曾祖賛，贈光禄卿。祖祚，不仕。父元吉，贈衛 / 尉少卿。王氏十四歲嫁蘇先生諱通，先生少有美才，其家 / 為邑大姓，合屬百人。王氏為稚婦，下身循矩，不敢自同扵長姒。舅 / 姑愛之，常稱曰："此吾家有德婦也。"先生既強，絶意仕進，自肆扵山水 / 之遊以卒。長子昕，克治家產，未幾亦亡。二季及諸孫皆幼，王氏撫 / 誨有方，温而飭肅。歲時享薦，親治饔廩，帥其子婦，愉愉以進，常若少奉 / 舅姑之禮，族黨賢之。以熙寧元年四月二十七日卒，享年五十九。三男：/ 曰昕，先卒；曰暉、曰暲，皆學進士。二女：長適太廟齋郎周敏脩；次適保安 / 軍判官安師孟。孫，二男，曰林、曰兟，一女。先生卒于至和二年，是歲十 / 月葬于長安縣同樂鄉之萬村。後十三年而王氏卒，萬村之地下 / 隰，嗣子暉患宅兆未安。遂以熙寧二年十月二十八日改葵先生於 / 萬年縣神禾原之楊村，以王氏袝焉。其甥范育為之銘曰：/

卑順以恭，孝德之庸。鞠而能訓，慈愛之終。/ 婦哲而才，維生厲階。銘告爾後，先懿之懷。

武德誠刻。

范育撰，丘君卿書，武德誠刋。高 81 釐米，寬 45 釐米。正書 17 行，滿行 27 字。《珍稀墓誌百品》第 234—235 頁刋有拓本及録文。《洛陽新獲墓誌 二〇一五》第 382 頁刋有拓本，無録文。《新出宋代墓誌碑刻輯録》（北宋卷）第 188 頁刋有拓本及録文。

王氏墓誌銘

宋故武功蘇先生妻王氏墓誌銘 并序

外甥前陝州陝縣令范育 撰

鄉貢進士丘 君卿 書

王氏邠州三水人也 曾祖贊贈光祿卿 祖祚不仕 父元吉贈衛尉少卿 王氏十四歲嫁 蘇先生諱通 先生少有美才其家爲邑大姓合屬百人 王氏爲稚婦下身循矩不敢自同於長以舅姑愛之常稱曰此吾家有德婦也 先生既強絕意仕進自肆於[illegible]水之遊以卒長子昕克治家産未幾亦亡二季及諸孫皆幼 [illegible]氏撫誨有方溫而能肅歲時享薦親治饔廩帥其子婦愉愉以進[illegible][illegible]奉舅姑之禮族黨賢之以熙寧元年四月二十七日卒享年五十[illegible] 三男曰昕先卒曰暉曰曈皆學進士 二女長適太廟齋郎周敦脩次適[illegible][illegible]安軍判官安帥孟孫 二男曰林曰甡 一女 先生卒于至和[illegible]年[illegible][illegible]十月葬于長安縣同樂鄉之萬村後十三年而 王氏卒[illegible]村之兆下隱嗣子暉患宅兆未安遂以熙寧二年十月二十八日改葬 先生於萬年縣神禾原之楊村以 王氏祔焉其甥范育爲之銘曰

卑順以恭 孝德之庸 鞠而能訓 慈愛之終

婦哲而才 維生厲階 銘告爾後 先懿之懷

安正[illegible]誠刻

十六　宋崔府君妻李氏墓誌

熙寧二年（1069）閏十一月二十七日

宋許州長社縣令崔府君夫人李氏墓誌銘 /

壻東頭供奉官、邕州太平寨監押侍其瓘撰并書。/

夫人，故侍御史李君諱峴之女也。纫以慧淑聞，而親黨尤稱其 / 孝。御史竒之，為擇其配，得長社府君而歸之，奉其舅姑如事 / 親禮。久之，執府君喪，動不逾矩，撫存諸孤，上下如一。其子程以王 / 父延賞，筮仕之初，夫人戒之曰："而父以清白自持，汝其 / 早夜無忽。"故程効官逾四十年而無大過，非夫人之教 / 歟！程向罷永康青城尉，道卒於峽。夫人環視纫孤，無以 / 為北歸計。會 / 大丞相韓魏公安國夫人崔氏與長社府君有親從之愛，遂出 / 力挈維至畿内陳留卜居焉。夫人亦以夫青城之養，哀 / 疚成疾，以熙寧元年八月十日終扵所居之正寢，享年八十，不 / 為不壽矣。夫人樂誦浮圖書，積數萬卷。疾革之際，命諸 / 子録其數置懷袖間，恬無怛化。彼釋氏之言良，亦不為無益矣。/ 子男四人：長即程也；次曰積；曰穎，舉進士；次早卒。女二人：長適 / 太廟齋郎周愼言；次適供奉官侍其瓘。孫男十人、女三人。卜以 / 明年閏十一月廿七日，葬夫人於西京偃師縣祁村北邙 / 之原長社府君之塋。而穎之二子曰婆壽，曰喜壽，相継而夭，遂 / 以附焉。銘曰：/

宜家以德，實婦之則。五福之首，八十其壽。/ 夫人之歸兮，其原北邙。来昆詵詵兮，後不可量。/

中書省玉冊官蹇憶鐫。

侍其瓘撰並書，蹇憶刊。高 59.5 釐米，寬 59 釐米。正書 22 行，滿行 24 字。《新出宋代墓誌碑刻輯録》（北宋卷）第 191 頁有拓本與録文。

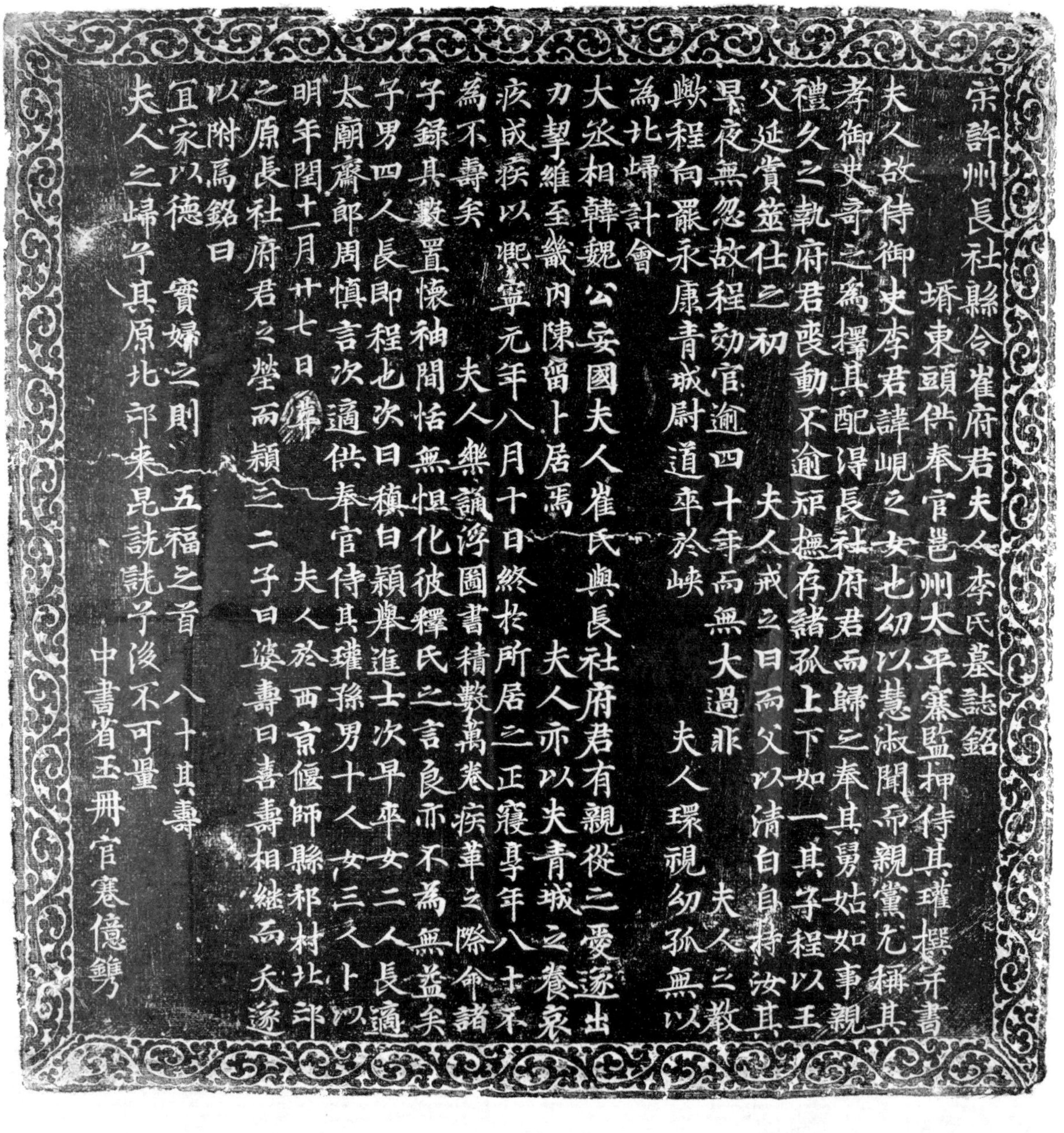

宋許州長社縣令崔府君夫人李氏墓誌銘
壻東頭供奉官邕州太平寨監押侍其瓘撰并書
夫人故侍御史李君諱峴之女也幼以慧淑聞而親黨尤稱其
孝御史奇之爲擇其配得長社府君而歸之奉其舅姑如事親
禮久之執府君喪動不逾矩撫存諸孤上下如一其子程以王
父延賞筮仕之初 夫人戒之曰而父以清白自持汝其
夙夜無忽故程効官逾四十年而無大過非 夫人之教
歟程向罷永康青城尉道卒於峽 夫人環視幼孤無以
爲北歸計會
大丞相韓魏公安國夫人崔氏與長社府君有親從之憂遂出
力挈維至畿內陳留卜居焉 夫人亦以夫青城之養哀
疚成疾以熙寧元年八月十日終於所居之正寢享年八十不
爲不壽矣 夫人樂誦浮圖書積數萬卷疾革之際命諸
子録其數置懷袖間恬無怛化彼釋氏之言良亦不爲無益矣
子男四人長即程也次曰積曰穎舉進士次早卒女二人長適
太廟齋郎周慎言次適供奉官侍其瓘孫男十人女三人卜以
明年閏十一月廿七日葬 夫人於西京偃師縣邢村北邙
之原長社府君之塋而穎三二子曰婆壽曰喜壽相繼而夭遂
以附爲銘曰
宜家以德 實婦之則 五福之首 八十其壽
夫人之歸兮其原北邙來昆詵詵兮後不可量
中書省玉冊官蹇億鐫

十七　宋揭四郎地券

熙寧三年（1070）十一月五日

額正書一行：謹具地券

維熙寕三年歲次庚戌十一月戊子朔初 / 五日壬辰，有大宋洪州豊城縣長寕鄉 / 先賢里張熌保般德社歿故亡人揭四郎，甲戌生，行年 / 三十七歲。天降大禍，命歸泉府。今用金銀 / 錢財酒果扵五土明王及開皇地主邊買得 / 土名高塘坑南离山頭吉地一穴，作癸向加壬，三分其地。/ 東止甲乙青龍，南止丙丁朱雀，西止庚辛 / 白虎，北止壬癸玄武。上止青天吉星，下止黃 / 泉水口，中央戊己當心下穴。墓內若有金 / 銀寶貝，並是亡人所管，不干外神之事。永 / 為亡人万年山宅。急急如律令。/ 見人張堅固，保人李定度，書人天官道士。

高 51 釐米，寬 43.5 釐米。正書 12 行，滿行 21 字，额、正文都從左至右書寫。

謹具地券

維熙寧三年歲次庚戌十一月戊子朔初

一五日壬辰即有大宋洪州豐城縣長寧鄉

先賢里張坑保殁禮社役故亡人揭四郎甲戌生行年

三十七歲天降大禍命歸泉府今用金銀

錢財酒果私五土明王及開皇地主邊買得

土名高塘坑南岸山頭吉地一穴作癸向丁[illegible]其地

東止甲乙青龍南止丙丁朱雀西止庚辛

白虎北止壬癸玄武上止青天壹星下止黃

泉水口中央戊己當心下穴墓內若有金

銀寶貝並是亡人所管不干外神之事不

為亡人乃年山宅急急如律令

見人張堅固保人李定度書人天官道士

十八　宋黃十娘地券

熙寧四年（1071）十二月十日

額正書：地券如前

維大熙寧四年歲次辛亥十二月庚申朔/初十日，即有撫州臨川縣延壽/常豊里土舍保歿故亡人黃十娘，/行年七十歲。天降大禍，命帰泉府。/今用錢才酒果扵五土明王、開皇地主/買得陂頭山坤山頭癸向地。/東止甲乙青龍，南止丙丁朱雀，西止/庚辛白虎，北止壬癸玄武。上止青天吉星，/下止黃泉，中心下穴永為亡人万年山/宅。急急如太上律令。見人張堅固，/時保人李定度，書人天官道士。

高38釐米，寬35釐米。正書11行，滿行16字，額、正文都從左至右書寫。

十九　宋周畋墓誌

熙寧八年（1075）十一月八日

誌蓋正書三行：宋大理寺丞周君墓銘。高 59.5 釐米，寬 58.5 釐米。

宋故將仕郎、守大理寺丞、新知商州洛南縣事周君墓誌銘 /

宣德郎、守祕書丞張大中撰。/

公諱畋，字渭卿，其先鄆州人也。曾祖元懿，贈太子洗馬。/ 祖脩，贈工部侍郎。考植，贈吏部尚書。公世以儒術顯名，故 / 常力學，思篤前烈。及冠，名聞於時。三以進士舉充賦，惟伯仲 / 接武登科，公命獨不偶。慶曆初，以恩例賜出身，調彭州 / 司理參軍。人誠以理獄之官，非所試者。公曰："余家世効官，不 / 為煩苛，皆飭忠以濟時，察而能恕。理獄之効，正所試者。"至官 / 三歲，具獄且千，一境號無冤民。上官外薦，移慶成軍榮河縣 / 令。時軍使以提點刑獄乞守此軍，素聞莅下威嚴，官吏恐懼，/ 皆欲引去。公獨坦然無疑，凡莅事不吐剛茹柔，無貴勢委賤 / 之来，槩一以公直處之。邑政清明，民心和悅。使君特加寵異，/ 由是政多助焉。比至朞年，軍亦大治。夲道奏課，以公為最。歸 / 闕，改大理寺丞、知商州洛南縣。公生平交游多賢者，將出都，/ 如司馬君實光、陸子履經十數人為謌詩送行以顯之。翌日，/ 感疾終于滎陽之傳舍，享年四十八。公天姿粹和，重義輕施，/ 不問家之有無，周急振窮，如慷慨大豪之為者。及終之日，孑 / 無餘財。惜乎！胷包古今，纔即以試，一旦吁絶於羈旅中，可哀 / 也哉！公初娶高氏，先卒。次娶黃氏，後公二十年卒，今皆祔焉。/ 黃氏生三女：長適殿中丞王宗愈；次早夭；幼適門山縣令高 / 正臣。熙寧八年十一月八日，公之諸弟以公之靈從先塋，歸 / 葬于華陰縣保德鄉望仙原。銘曰：/

德即明允，奄終令嘉。豈曰不顯，聯芳棣華。/ 似不以續，流光清芬。豈曰不嗣，儒風一門。/

姪將仕郎、守京兆府涇陽縣主簿敏脩書。

張大中撰，周敏脩書。高 60 釐米，寬 63 釐米。正書 25 行，滿行 23 字。

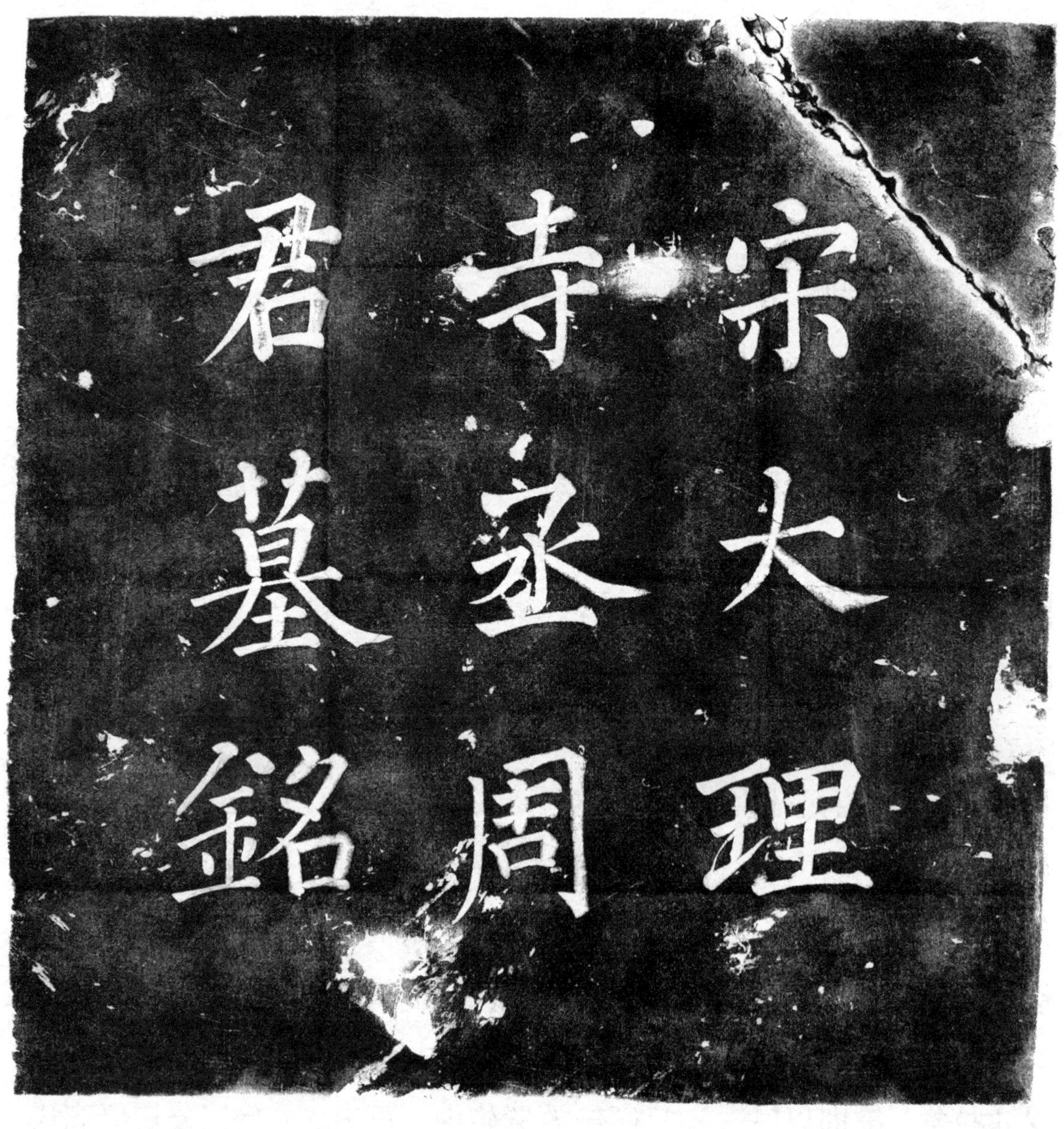

宋故將仕郎守大理寺丞新知商州洛南縣事周君墓誌銘
宣德郎守秘書丞張　大中　撰
公諱畋字渭卿其先鄆州人也　曾祖元懿贈太子洗馬
祖積贈工部侍郎　考植贈吏部尚書　公世以儒術顯名故
常力學思篤前烈及冠名聞於時三以進士舉充賦惟伯仲
接武登科公命獨不偶慶曆初以　恩例賜出身調彭州
司理參軍人誠以理獄之官非所試者　公曰余家世効官不
爲煩苛皆能忠以濟時察而能恕理獄之効正所試者至官
三歲具獄且千一境號無冤民上官外薦移慶成軍榮河縣
令時軍使以提點刑獄乞守此軍素聞蒞下威嚴官吏恐懼
皆欲引去公獨坦然無疑凡蒞事不吐剛茹柔無貴勢妥賤
之來槩一以公直處之邑政清明民心和悅使君特加籠異
由是政多助焉比至朞年軍亦大治本道奏課以公爲最歸
闕改大理寺丞知商州洛南縣公生平交游多賢者將出都
如司馬君實光陸子履經十數人爲譔詩送行以顯之翌日
感疾終于滎陽之傳舍享年四十八公天姿粹和重義輕施
不問家之有無周急振窮如慷慨大豪之爲者及終之日子
無餘財惜乎胷包古今纔即以試一旦呼絕於羈旅中可哀
也哉公初娶高氏先卒次娶黃氏後公二十年卒今皆祔焉
黃氏生三女長適殿中丞王宗愈次早夭幼適門山縣令高
正臣熙寧八年十一月八日公之諸弟以公之靈從先塋歸
葬于華陰縣保德鄉望仙原銘曰
德即明允　奄終令嘉　豈曰不顯　聯芳棣華
似不以績　流光清芬　豈曰不嗣　儒風一門
姪將仕郎守京兆府涇陽縣主簿　敏脩書

二十　宋□□郎地券

熙寧九年（1076）十一月七日

維皇宋熈寕九年十一月癸丑□□/七日己未，大宋国江南西道撫州金/谿縣順政鄉化全堳城居保□□/郎，行年三十六歲，命窮筭盡，捨□/黄泉。謹用錢財九万九千貫，買得/地名逢原艮山丁向大地一穴。東止甲/乙青龍，南止丙丁朱雀，西止庚辛白虎，/北止壬癸玄武。上止青天，下止黄泉，水/口為界。知見人張堅固，寫契人李定/度。所有墓中金銀財寶，盡是亡人為/主。四野鬼神不得争占。如有争占，先/斬後奏。誰為書？水中魚。魚何在？/入深淵。誰為讀？山上鹿。鹿何在？/鹿上山。急急如律令。

高 38 釐米，寬 38.5 釐米。正書 14 行，滿行 14 字。從左至右書寫。

維皇宋熙寧九年十一月癸丑
廿日己未大宋国江南西道撫
谿縣順政鄉化全耆城居保
郎行年三十六歲命窮業盡捨
黃泉謹用錢財九万九千貫買得
地名逢原艮山丁向大地一穴東止甲
乙青龍南止丙丁朱雀西止庚辛白虎
北止壬癸玄武上止青天下止黃泉水
口為界知見人張堅固寫契人李定
度所有墓中金銀財寶盡是亡人
主四野鬼神不得爭占如有爭占先
斬伯奏誰為書水中魚魚何在
入深淵誰為讀山上鹿鹿何在
鹿上山急急如律令

二十一　宋彭八郎地券

熙寧十年（1077）

維大宋撫州金谿縣順政鄉興樂□/ 歿故亡人彭八郎，行年六十三 / 歲。忽被二鼠侵藤，四蛇俱逼，命落皇 / 泉，寃帰寘道。生居浮世，死還棺郭。/ 今用銀錢五阡貫，於熙寧十年歲 / 次丁巳安葬，禮也。其地東止甲 / 乙，南止丙丁，西止庚辛，北止壬癸，中至戊己。明堂 / 上止青天吉星，下至皇泉大道。當心下穴，永 / 為亡人万年塚宅，滃子孫，代代富貴。其地 / 四止之內，宄神悪鬼不得妄来争占。如 / 有此色，分付七十二神、王子喬、丁令威。/ 保見人張堅固、李定度，書人天 / 官道士。急急如律令。

高 33.5 釐米，寬 36 釐米。正書 13 行，滿行 17 字。

維大宋撫州金谿縣順政鄉黑槊里
歿故亡人彭八郎行年六十三
歲忽被二鼠侵藤四蛇俱逼命落自
泉之魂歸冥道生居浮世死安宅兆
今用銀錢五阡貫文於熙寧十年 歲
次丁巳 安葬禮也其地東止甲
乙南止丙丁西止庚辛北止壬癸中至戊己明堂
上止青天吉星下至皇泉天道[illegible]下地求
為亡人万年塚宅蔭子孫代代富貴其地
四至之內亮神惡鬼不得妄來爭占如
有此色分付七十二神[illegible]
保見人張堅固李定度書人天
官道士[illegible]如律令

二十二　宋王宗則墓誌

元豐三年（1080）三月二十六日

宋故太原王公次三子曰 / 宗則，於元豐三年三月廿 / 六日將葬于祖塋之庚穴。/ 會葬日逼，兄宗臣感疾遽 / 亾。於是復創新塋於祖塋之 / 東南，遂移葬于壬穴，反 / 葬兄宗臣於祖塋之庚穴。/ 逼葬，其祖墳之誌不可復 / 易，乃別誌此，以明于後。男 / 豫誌。

王豫撰。高 31 釐米，寬 29 釐米。正書 10 行，滿行 10 字。《新出宋代墓誌碑刻輯録》（北宋卷）第 2247 頁有拓本及録文。

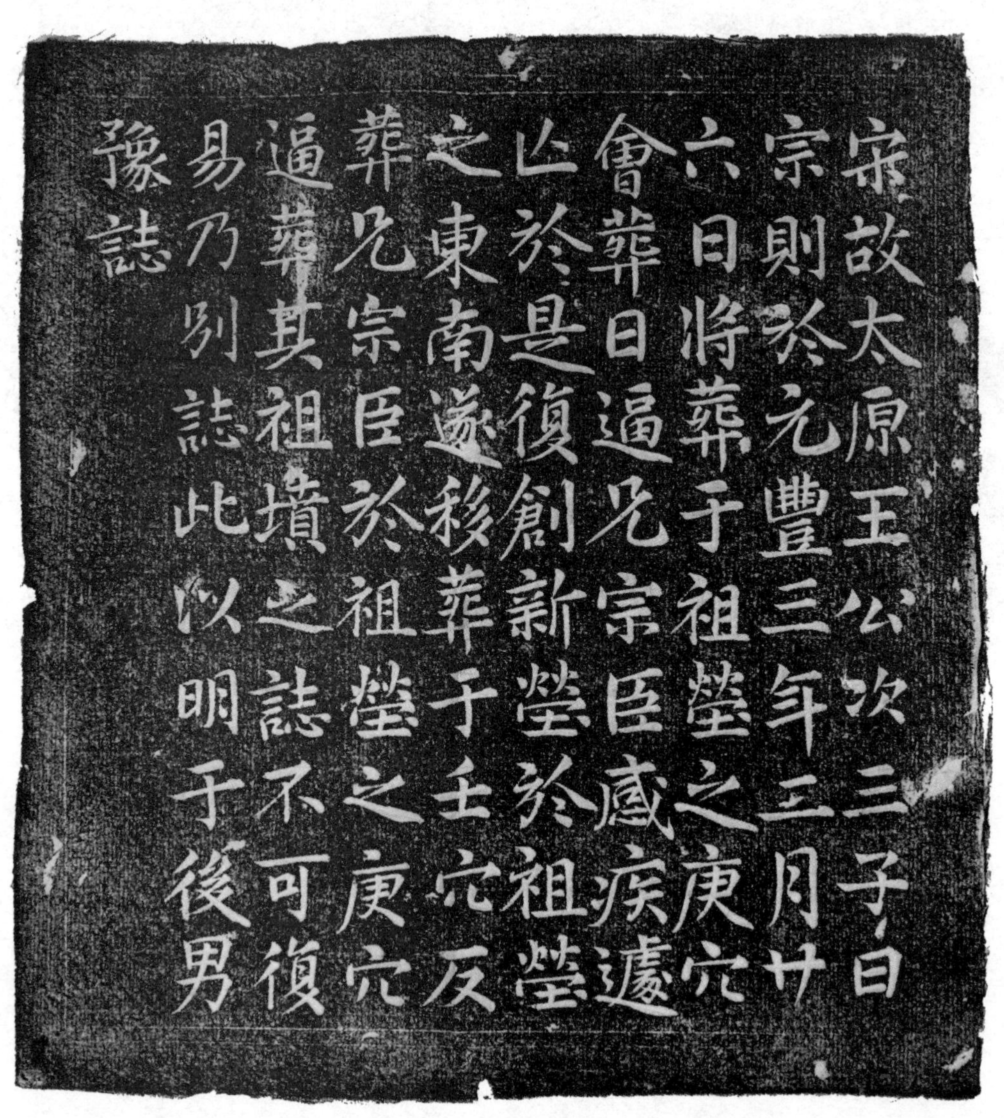
宋故太原王公次三子曰
宗則於元豐三年三月廿
六日將葬于祖塋之庚穴
會葬日逼兄宗臣感疾遽
亾於是復創新塋於祖塋
之東南遂移葬于壬穴反
葬兄宗臣於祖塋之庚穴
逼葬其祖墳之誌不可復
易乃別誌此以明于後男
豫誌

二十三　宋嚴文政墓誌

元豐四年（1081）二月十五日

誌蓋篆書三行：宋故京兆嚴君墓誌銘

宋故潞州京兆嚴君墓誌銘 /

鄉貢進士閻休復撰。/

鄉貢進士李漢傑篆蓋。/

君亡且久矣，既葬，猶未及銘。皇祐中，君堂季之子嘗歸于我，雖不數歲而卒，然 / 君之所為，余屢聞。君族人譙語間，每稱誦以為子孫治家立身法，繇是槩知其緒 / 餘。後君之継配李夫人亡，以其年卜不協吉，殯而未祔。殆及一紀，其季太廟室 / 長文範告終于家，君孫沆將秉兇，謀舉夫人喪以祔先塋。一日，持君行狀 / 遇余，求銘以誌壙。其請且勤，余不獲辭，勉為之序云：

君諱文政，字正夫，其先長平 / 人。遠祖不樂仕宦，喜從商賈游，嘗往来上黨間。久之，愛其風俗淳厚，遂徙家焉。諱 / 賛者，扵君為祖。諱継恩者，扵君為考。君生及冠，慨然有起家志，日訓諸季仲 / 以治生事。舉有成筭，性剛直難犯，廓然有量，不苟為笑語。閨門之内，威愛兼隆，故其 / 季仲率皆畏事。仲曰文嵩，卓有立志而君特誘焉。繇此，貲産日以豐盛。尤喜賔友，/ 過從遇人，和而有禮。君容貌壯偉，堂堂如也。游街衢間，未之識者，必目而異之，里 / 中惡少年亦皆憚服。雖樂人為善，而未嘗談釋氏學，故子孫皆業儒，亦以承其志也。/ 享年三十有七，天聖八年秋七月二十六日，以疾卒。利以明道改元冬十二月四日，/ 葬于郡城之西太平鄉崇仁里。君元配路氏，幼而令淑，及歸于君，曲盡婦道。生 / 男一人，曰公翼，累舉進士，有鄉曲之譽，不幸物故。夫人先君以卒，從而祔焉。継 / 配李氏，賢懿有聞，執婦禮，事舅姑至謹。終日危行側視，順承顔色而已。故跬步之間，/ 莫不

肅正容體。當時稚女幼婦，皆取以為法。晚年，紉縫之勞，且猶不怠，內外姻戚咸/稱之。生四子，三男未娶而卒。一女，適里人弓說，亦已蚤世。孫二人。男沆克紹箕裘而/詩學優長，凡兩陪方物入貢天子。繼中魁選，鄉黨稱歎，盖嘉其善継述也。女適內/殿承制、閤門祗侯、河北弟八副將李澤，封壽安縣君。夫人享年七十有三，熙寧/二年秋七月三日，卒于寢。是月癸酉，殯于城之西南隅。以元豐四年春二月十五日/壬申，孫沆自藁殯奉靈柩，以祔大皇考之墓。曾孫二人：男曰碩，幼承父學；女許/嫁余從姪申，亦習為進士。噫！嚴氏之興，君實始之。雖世傳一子，而家累鉅萬。況復/能高大其門户者，將有望于今日矣。可不偉歟！銘曰：/

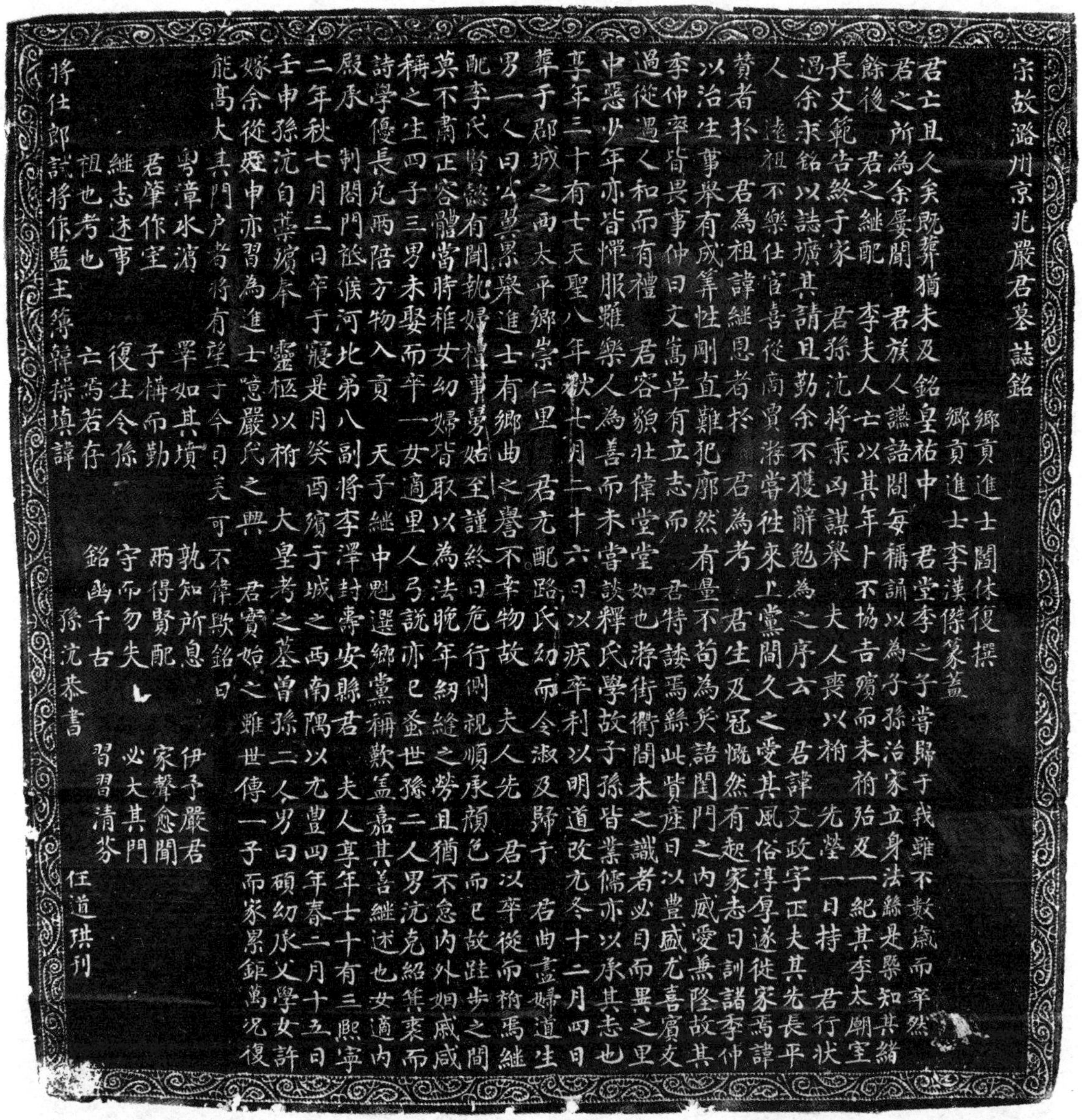

粤漳水濱，睪如其墳。孰知所息，伊予嚴君。/ 君肇作室，子構而勤，兩得賢配，家聲愈聞。/ 継志述事，復生令孫。守而易失，必大其門。/ 祖也考也，亡焉若存。銘幽千古，習習清芬。/

將仕郎、試將作監主簿韓操填諱，孫沆恭書，任道珙刊。

閻休復撰，韓操填諱，孫沆恭書，李漢傑篆蓋，任道珙刊。高 78 釐米，寬 77.5 釐米。正書 31 行，滿行 30 字。《新出宋代墓誌碑刻輯録》（北宋卷）第 229 頁刊有拓本及録文。

二十四　宋羅二十五郎地券

元豐五年（1082）正月七日

維歲次壬戌元豐五年正月七日庚子朔，/ 即有大宋国江南西道崇仁縣艮鄉□/ 祚里查林水東下保亡過羅二十五郎，行 / 五十三歲。囙往後囦菜，路逢仙人次酒一盃，/ 迷寃不返。用銀錢九千九伯貫，於開皇地主 / 買得震山丁向地一穴。東至甲乙，南至丙丁，/ 西止庚辛，北止壬癸。上止黄天，下止皇泉，永作 / 亡人万年山宅。買地章堅沽、李定度、王 / 子橋、赤從子。用錢沽酒，立契為定。/ 皇帝問是何人書？/ 水中魚何在？急急如律令。

高 34 釐米，寬 40.5 釐米。正書 11 行，滿行 15 字。

二十五　宋尹渭墓誌

元豐七年（1084）正月六日

有宋進士尹君墓誌銘 /

從子新授孟州汜水縣主簿機撰。/

承奉郎、前權知鄆州壽張縣、武騎尉張益書。/

先高祖大卿諱諠，生四子，而卅季皆無後。伯諱文化，即機 / 之曾大父，學古入仕，累官至都官郎中，贈刑部侍郎。仲諱 / 文中，以子貴，贈工部侍郎。嗣子諱仲舒，以刑部廕，累官至 / 比部負外郎。進士即比部之子，諱渭，字師望，在機為從卅 / 父。幼而願謹，七歲從師，十五成誦五經，弱冠，為進士志取科 / 苐。而比部一子，無兼侍，起居動作須進士乃安。進士亦欲任 / 煩勞於己，而不欲家事之有勤於其親也。由是，置其業，不復 / 為決科進取計。定省之餘，惟顏色旨甘之奉。故比部晚年厭 / 仕，家居宴然，無失祿之戚。歲時親賓燕聚，必旨酒嘉肴，盡其 / 歡心。進士亦獨以是為中心之樂，曾不以窮達為身之念也。/ 暨比部捐館，事其孀母循循孝謹，不失其家節。宗門之內，/ 曲有恩意，族中有急，未始不賙之，故鄉黨稱溫厚而有常者，/ 必稽焉。元豐六秊三月甲申，以疾終，享年四十有四。娶張氏，/ 太子中舍嘉言之女。婉靜孝睦，六親稱之，扵配為宜。子楫，好 / 學有立志。二女尚幼。孫曰灼。楫將以七年正月丙午葬進士 / 扵壽安之連理鄉任范里先君之墓次，故来託銘。嗚呼！機 / 與卅父雖宗同派別，而卅父自祖父而来，敦睦族親，無戚疎 / 之間，獨忍銘其壙邪！泣而為之銘，銘曰：/

待祿仕而始曰能養者，非所謂誠。身置窮達而不俟於外 / 者，茲可以悅親。燦然珪組者乞諸其隣，不順父母者不□/ 為仁。近於養志者何必拖紳，慶流不匱者在其嗣人。/

李稹刻石。

尹機撰，張益書，李稹刊。高 61 釐米，寬 61.5 釐米。正書 25 行，滿行 23 字。《宋代墓誌輯釋》第 298—299 頁刊有拓本及録文。《新出宋代墓誌碑刻輯録》（北宋卷）第 247 頁刊有拓本及録文。

有宋進士尹君墓誌銘
從子新授孟州汜水縣主簿 機 撰
承奉郎前權知鄆州壽張縣武騎尉張 益 書
先高祖大卿諱誼生四子而叔季皆無後 伯諱文化即機
之曾大父學古入仕累官至都官郎中贈刑部侍郎 仲諱
文中以子貴贈工部侍郎 嗣子諱仲舒以刑部蔭累官至
比部員外郎 進士即比部之子諱渭字師望在機為從叔
父幼而愿謹七歲從師十五成誦五經弱冠為進士志取科
第而比部一子無兼侍起居動作須進士乃安進士亦欲任
煩勞於己而不欲家事之有勤於其親也由是置其業不復
為決科進取計定省之餘惟顔色旨甘之奉故比部晚年厭
仕家居宴然無失祿之慼歲時親賓燕聚必旨酒嘉肴盡其
歡心進士亦獨以是為中心之樂曾不以窮達為身之念也
暨比部捐館事其 孀母循循孝謹不失其家節宗門之內
曲有恩意族中有急未始不賙之故鄉黨稱溫厚而有常者
必稽焉元豐六年三月甲申以疾終享年四十有四娶張氏
太子中舍嘉言之女婉靜孝睦六親稱之於配為宜子楫好
學有立志一女尚幼孫曰灼楫將以七年正月丙午葬進士
於壽安之連理鄉任范里 先君之墓次故來託銘嗚呼機
與叔父雖宗同派別而叔父自祖父而來敦睦族親無慼踈
之間獨忍銘其壙邪泣而為之銘銘曰
侍祿仕而始曰能養者非所謂誠身宜窮達而不俟於外
者茲可以悅親燦然珪組者乞諸其隣不順父母者不
為仁近於養志者何必拖紳慶流不匱者在其嗣人
李稹刻石

二十六　宋張仲縮墓誌

元豐七年（1084）十月三十日

誌蓋篆書三行：宋故奉議郎張君墓銘。高 69 釐米，寬 69.5 釐米。

宋故奉議郎、知邛州軍州、兼管內勸農事、賜緋魚袋張府君墓誌銘 /

兄朝奉郎、致仕、賜緋魚袋仲詡撰。/

東頭供奉官、新差雄州兵馬監押陳仲良篆蓋。/

門人、鄉貢進士史先之書。/

伯緒諱仲縮，予之從父弟也，河南人。曾祖諱齊賢，守司空致仕，贈太師、尚書令、英 / 國公，謚文定。祖諱宗禮，累贈吏部尚書。考諱子奭，刑部員外郎，贈朝請大夫，以 / 文學議論有大名於時。慶曆中，兩從富文忠公報聘北虜，寔叅謀畫。趙元昊復請稱 / 藩，亦再使朔方，俾脩臣節。及捐舘於京師，朝廷録將命之勤，賜一子官，伯緒授 / 太廟齋郎，非例恩也。皇祐四年，調河南府洛陽縣主簿。時邑令孱暗，又為黠吏持其 / 短長，赴訴者不得其平。於是一邑之政，悉聽伯緒裁處，然後人以為當。再調建州右 / 司理叅軍，移漳州長泰令，與太守議事不合，拂衣以歸。又為澶州頓丘令。熙寧四年，/ 用舉者薦，改大理寺丞，監在京百萬倉。遷太子右贊善大夫，賜五品服。是時，/ 天子作新政事，百廢俱興，搢紳之士往往奔走權勢，衒鬻干進。伯緒非職事未嘗及 / 二府之門，蓋於聲利澹如也。出知懷安軍，遷奉議郎。屬瀘南征討蠻蜑，檄旁郡以乾 / 餱餉軍。蜀人恬於無事，始甚恟懼。伯緒課冗兵舂磑麵粟，躬視烝蹂，一物不擾於民。/ 事皆先期應辦，公私蒙其利。秩滿，移知邛州。舊以井鹽色下而價高，累政務及歲額，/ 皆抑配富民，有破産而不能輸其直者，人甚苦之。伯緒以事白監司，即散諸縣稅務，/ 以平價鬻之，人人以為便。未幾，伯緒感疾，州人晝夜請禱於

塔廟。聞疾小間，則相慶 / 以悅。元豐五年八月初五日，終於官舍之正寢，享年五十三。及輀車東歸，吏民號送 / 塞道，有終日不能去者。伯緒性剛毅寡言笑，年甫成童，主幹家事，有成人風。逮束髮 / 從仕，周知民間細務，故所至有聲名，士大夫多所稱薦。惜乎！降年不永，不得施其所 / 蘊，甚可悼也。母壽安縣太君陳氏，有宜家令德，善教諸子，今康寧壽考，時罕其比。/ 娶馮氏，先伯緒亡。三男子，三女子，惟長女適郢州京山縣主簿林永，餘早卒。七年 / 十月三十日，舉朝請并伯緒之喪，葬於河南府河南縣教忠鄉積慶里，從吉卜也。將 / 葬，弟右侍禁仲紳以書來，且列其行事，求文以識其墓。銘曰：/

山有木，挺然而秀。養其材，可以勝棟梁之任。/ 不幸遇大風雨而折，悲夫！

李稹刋字。

張仲詡撰，史先之書，陳仲良篆蓋，李稹刋。高 69.5 釐米，寬 68 釐米。正書 25 行，滿行 32 字。

二十七　宋邢圓墓誌

元祐四年（1089）十月三日

額篆書一行：宋故邢君墓誌銘

宋故邢君墓誌銘并序 /

琅琊王恕撰并書。/

邢君既終之三十六年，其子希夫因母夫人卒，將以祔葬，囑予誌且銘之。予以 / 先考嘗從君游，辭不獲已，因書平日所聞者。予先考嘗見語曰："識不遠大不足以賢扵人，弃人之所競取，取人之所共棄，非識有過扵人者能之哉！此吾扵邢 / 君有所取云耳。夫天下之所趍者財利，而君踈之；天下所棄者善道，而君好之。孳 / 孳焉，渠渠焉，不顧人之所謂背馳，而獨以義方教諸子，期大其門。吾扵邢君 / 有所取云耳。"初，君以幼嘗從學，志奮扵事，不竟。慨然出所貯畜，招延四方名儒，以 / 教諸子。居市邑之衝，不逐錐刀。日具酒殽，以待學者。士有可以諮範，必厚館饋，/ 俾其子從之游，觥觴期扵盡歡。留無久近，不有懈倦之色。士亦以是歸心焉。君 / 四子：曰衮；曰建中；曰希夫；曰玠。不十數年，衮與建中相継以明經中第。希夫也，/ 玠也，雖未仕，然皆卓立克家，不忝其所生，是非教之有素然哉。嗚呼！力田為 / 生之夲也，人有棄本而逐末者，黃金滿籯不如以一經教子也。人有逸居無教 / 者，以至角逐禽䖵而不知其為汙，争勝桀跖而不知其為浼。曾與夫鋭扵為善 / 者異矣。君諱圓，性嚴明。父祖皆有隱德，予前既已銘之矣。君至和元年八月二 / 十三日終于家，享年四十有五，娶王氏，再娶張氏，皆漸君化，有淑德，以元祐四 / 年十月初三日，祔葬于縣南皇考之塋次。女四人：長適趙春；次適劉珣；次適楊 / 茂先；季適范宗。孫男八人，曰清臣、宋臣、良臣、堯臣、舜臣、正臣、唐臣、純臣，皆業儒，/ 清臣、宋臣、舜臣亡。孫女十二人，皆適縣之右族。銘曰：/

人思至美，故濟厥世。焦勞其心，返嗜以利。君扵其家，獨不事事。/乃以義方，陶燻後嗣。人利未豐，君世已隆。人云所趣，誰與君同。

王恕撰並書。高 100 釐米，寬 57.5 釐米。正書 21 行，滿行 30 字。《新出宋代墓誌碑刻輯録》(北宋卷) 第 269 页刊有拓本及録文。

二十八　宋蘇暉妻雷宋二氏墓誌

元祐四年（1089）十二月二十四日

額正書六行：宋故蘇氏婦雷宋二夫人墓銘

元祐己巳冬十有二月庚申，武功蘇暉德明舉其二妻之喪，/葬扵萬年縣洪固鄉神禾原之先塋。前期録二夫人之行，告/扵友人孫求曰："葬有日矣，子其為我銘之。"求與德明為青衿/之友，雖愧言之不信，銘其可以辭乎？謹案雷氏世家馮翊，曾/祖吏部侍郎諱孝先，其後益大，徙居為長安人。夫人明慧清/烈，不妄言動，以端莊取敬扵族人。歸蘇氏，執婦道，得上下之/心。太夫人春秋高，将謝家政，疑夫人尚少，召與語，以觀志，其/言率皆中禮。歎曰："為婦如是，足矣！"及主中饋，貧益歸，疎益親，/是可窺夫人之所存也。他日疾革，或問□，囑曰："生無愧行，死/無後悔，復何求哉！"以元豐七年三月十三日卒扵家，享年三/十有八。宋氏世以儒學仕河東，曾祖諱仁輦歸朝，為/華州渭南縣令，子孫因家焉。夫人歸蘇氏為継室，聰懿温良，/工容修飭。精音律，喜讀書，取古賢妃正女之行，以自警戒。盡/母道，鞠其子女三人，莫知其継也。元祐三年冬歸寧，生一子，/因感疾卒於母家，閏十二月十八日也。即以喪歸，享年二十/有五。二夫人凡四男三女，存者女子二人，皆雷出也。求昔同/德明學，居其舘，终日未甞聞門中聲，知雷氏之齊其家。其死/也，德明慎所以娶，曰："恐無復継。"及宋氏歸，益賢。蘇大族，族人/皆譽之。德明喜曰："吾家自爾復完矣。"親族朋遊咸為之慶。今/又且死，悲夫！銘曰：/

粤古内治，正自婦德。二子言歸，咸宜家室。/賢哉二子，可與晤歌。今也不淑，傷如之何。/

太原王持書，安化陳正輔題額，姚文刋。

孫求撰，王持書，陳正輔題額，姚文刋。高 73 釐米，寬 55 釐米。正書 23 行，滿行 23 字。《洛陽新獲墓誌 二〇一五》第 387 頁刋有墓誌拓本，無録文。《新出宋代墓誌碑刻輯録》（北宋卷）第 271 頁刋有拓本及録文。

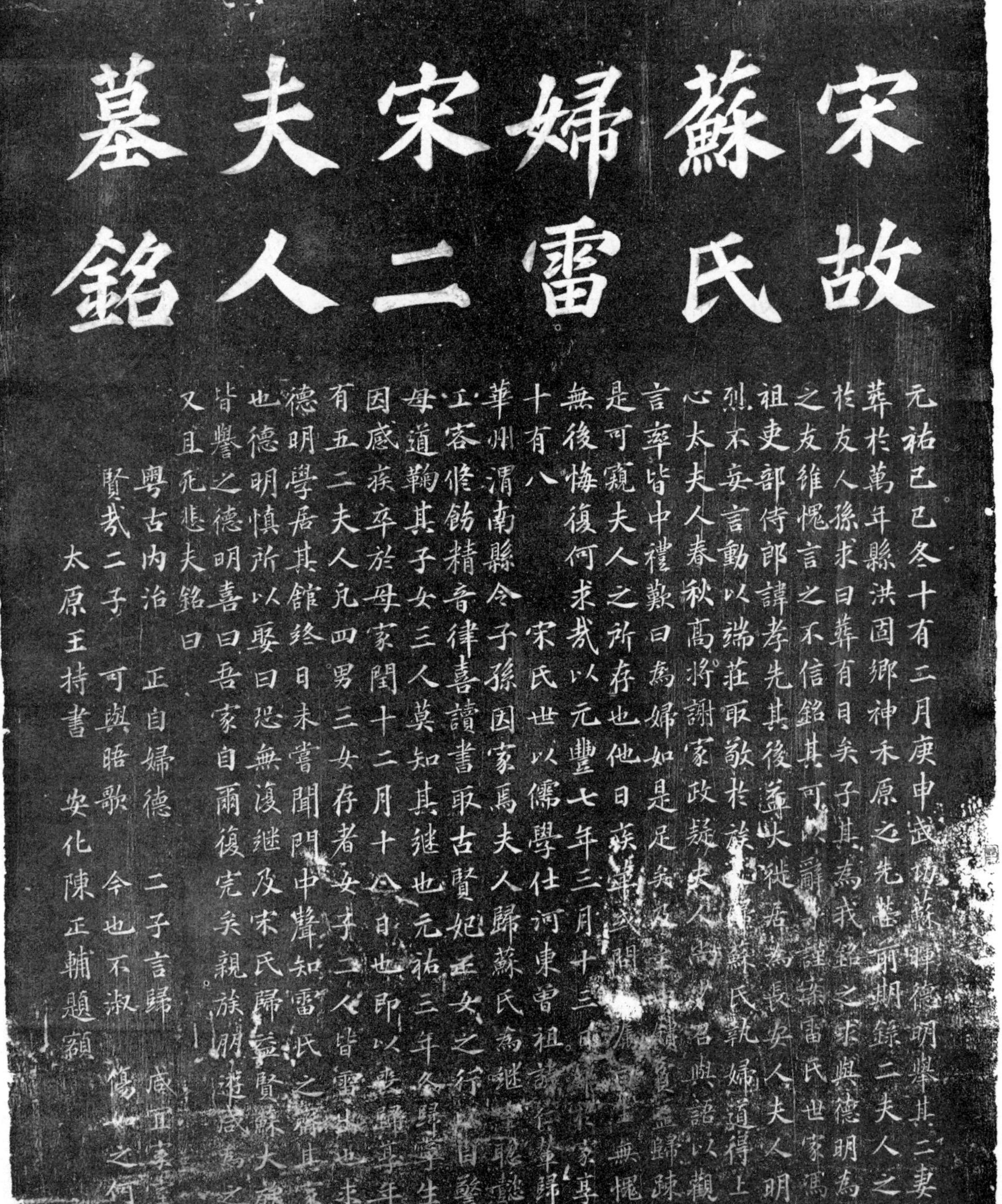

宋故蘇氏婦雷宋二夫人墓銘

元祐己巳冬十有二月庚申武功蘇君德明舉其二妻之喪
葬於萬年縣洪固鄉神禾原之先塋前期録二夫人之行告
於友人孫求曰葬有日矣子其爲我銘之求與德明爲青衿
之友維愧言之不信銘其可辭謹按雷氏世家馮翊曾
祖吏部侍郎諱孝先其後遂徙居爲長安人夫人明慧清
烈不妄言動以端莊取敬於族自蘇氏執婦道得上下之
心太夫人春秋高將謝家政疑夫人尚少召與語以觀志其
言率皆中禮歎曰爲婦如是足矣及主中饋益歸誠益親
是可窺夫人之所存也他日疾革或問□曰無愧行死
無後悔復何求哉以元豐七年三月十三日卒於家享年三
十有八 宋氏世以儒學仕河東曾祖諱□□□□歸朝爲
華州渭南縣令 子孫因家焉夫人歸蘇氏爲繼聰慧温良
工容修飭精音律喜讀書取古賢妃正女之行自警戒晝
母道鞠其子女三人莫知其繼也元祐三年冬歸寧生一子
因感疾卒於母家閏十二月十八日也即以□□享年二十
有五二夫人凡四男三女存者一女子二人皆雷出也求昔同
德明學居其館終日未嘗聞門中聲知雷氏之□其家其死
也德明慎所以娶曰恐無復繼及宋氏歸益賢蘇大族族人
皆譽之德明喜曰吾家自爾復完矣親族□□爲之慶今
又且死悲夫銘曰
粤古内治 正自婦德 二子言歸 咸□□□
賢哉二子 可與晤歌 今也不淑 傷如之何
太原王持書 安化陳正輔題額

063

散佚遼宋金元墓誌輯録

二十九　宋甯麟夫人許氏墓誌

元祐四年（1089）十二月二十五日

宋故奉議郎甯君夫人仙居縣君許氏墓誌銘并序 /

晉州洪洞縣主簿劉介山撰。/

廬州司法叅軍劉奕書。/

夫人許氏，故奉議郎、通判楚州甯公諱麟之妻。家於 / 濉陽，世有顯人，朝議大夫諱中正之長女也。夫 / 人柔惠而龢和，莊靜而有禮。凡女工之事無所不精，而性 / 識明潁，尤善音律，以故家人皆愛之。許氏，奉議 / 君之外族也。榮德太君捐館舍，光禄公敦叙不 / 忘，俾其子厚母黨，世聯親好，遂納夫人以為婦，時 / 夫人年二十有一。自歸夫家，上承下撫，不懈以勤。閨門雝 / 雝，內外順治。舅姑稱其孝，宗族稱其和，妾御稱其仁。/ 闔户百口譽夫人之德者，一無異辭，其賢盖可知矣。/ 至和三年七月五日，以疾終於河南嘉善坊之第室，享年 / 二十有五。夫人歿既久，加號未及。元豐新 / 制，妻亡者許以追封。其夫陞朝，遂請於 / 上，誥賜仙居縣君。嗚呼！夫人生雖不及同夫之榮，死 / 猶得以被夫之寵。使其休顯褒揚於後，豈非德善之所致 / 歟。元祐四年十二月辛酉，祔其夫之喪，葬于河南府河南 / 縣洛苑鄉龍門里之新塋。男一人，宗約，舉進士。女三人，二 / 先卒，季適進士楊獬。將葬，其泣涕來属以銘，銘曰：/

猗歟夫人，閨壼儀則。歿而追榮，/ 寵踰於昔。衍封脂田，以賁幽穸。/

河南呂密刊。

劉介山撰，劉奕書，呂密刊。高 56 釐米，寬 55 釐米。正書 23 行，滿行 22 字。

宋故奉議郎甯君夫人仙居縣君許氏墓誌銘并序

晉州洪洞縣主簿劉介山撰

廬州司法參軍劉奕書

夫人許氏　故奉議郎通判楚州甯公諱麟之妻家於
濉陽世有顯人　故朝議大夫諱中正之長女也　夫
人柔惠而能和莊静而有禮凡女工之事無所不精而性
識明穎尤善音律以故家人皆愛之　許氏　奉議
君之外族也　榮德太君捐館舍　光禄公敦叙不
忘俾其子厚母黨世聯親好遂納　夫人以為婦時
夫人年二十有一自歸夫家上承下撫不懈以勤閨門雝
雝内外順治　舅姑稱其孝宗族稱其和妾御稱其仁
闔户百口咨　夫人之德者一無異辭其賢蓋可知矣
至和三年七月五日以疾終於河南嘉善坊之第室享年
二十有五　夫人歿既久加號未及元豐新
制妻二者許以追封其夫陞　朝遂請於
上詔賜仙居縣君嗚呼　夫人生雖不及同夫之榮死
猶得以被夫之寵使其休顯襃揚於後豈非德善之所致
歟元祐四年十二月辛酉祔其夫之喪葬于河南府河南
縣洛苑鄉龍門里之新塋男一人宗約舉進士女三人二
先卒季適進士楊獬将葬其孤泣涕來屬以銘銘曰
猗歟夫人　閨壼儀則　歿而追榮
寵踰於昔　衍封脂田　以賁幽穸

河南呂𥨊刊

三十　宋游府君夫人張氏墓誌

元符二年（1099）正月三十日

額篆書六行：宋故游府君夫人張氏墓誌銘

宋故廣平游府君夫人墓誌銘 /

鄉貢進士張惠夫譔。/

新授嵐州軍事推官張願夫書。/

宣義郎、前知寧州定平縣事郭琳題額。/

余之祖父金紫光禄大夫有二女焉，其一適游氏，即其長也。考其平生操履，殆如古 / 人。今不幸捐館，且葬有期矣。子煥狀其行實求銘于余，余謂銘夫人，始可無愧於 / 是論。次之，夫人天資純厚，不妄言笑，治家有法度，聚指數百，閨門之內，肃如也。昔 / 常聞父祖之美言善訓，每道以教人。內外宗姻，咸所尊憚。方余之先人暨諸父，早以 / 詞學登巍科，継登朝列。而游氏積產甚厚，為郡族之豪。夫人不以門地自矜，誠信 / 謙退，若天性然。其待物，貧富率皆以禮。一話一言，不敢少欺。由是，人人得其懽心。財 / 甚豐，能以恭儉自處。服飾朴素，不逐時好。逮游氏家貲稍損，夫人盡出奩中物且 / 直數百金，以佐所須，靡有難色。始歸游氏，時舅姑歿已久，孤惸滿前，夫人勤勞撫 / 養，甚於慈母。諸叔既長，輙求分異，後稍豐腆，乃藐然相視如路人。夫人曾不以是 / 介意，居無何，復淪替，夫人猶損所有以賙給之。雖室無長物，恬不為戚，亦未嘗少 / 肯降詘。獨教其子業儒，復延師友，俾朝夕淬礪。未幾，果登進士第。其器識賢於婦人 / 女子遠矣。初游氏自曾祖以来，未葬者将六十年。夫人一日語其子煥曰："爾之先 / 今尚在藁殯，吾瞑目後，誰復辨其昭穆，此吾朝夕繫念而不釋也。"遂命煥竭力營辦，/ 既克葬，然後夫人之心始寧。以元符元年十月二十三日寢疾終于家，享年八十。/ 夫人性識穎悟，每一聞見，輙終身不忘。凡鄉黨間里巷之委曲，族姓之流泒，以至人/事之盛衰，咸能歷陳而具道之。夫人動循規矩，罕出閨閾，日誦釋氏書以自適。神/宇恬泰，未始以外累攖拂。肾中雖當緩急之際，起居氣貌無異平日。隨事裁處，悉有/條理。年踰縱心，鬒髮無二毛，視聽猶不衰，蓋所養者然也。生子男三人：長曰炤；次曰/焕，寧州定平縣主簿、前麟府路軍馬司管句機宜文字；次蚤卒。女三人：長適元茂嵩；/次適張宗槩。皆先夫人而亡。次適劉元澤。孫男四人：曰助；曰勉；曰勸，舉進士；曰勷，/尚幼。孫女三人：長蚤卒；次適盖士元，卒；次在室。曾孫男三人，曾孫女一人，並幼。卜以/元符二年正月三十日祔於先府君之墓，禮也。銘曰：/

孰不有美，夫人則全。信厚恭儉，得之自天。/鞠育諸孤，其恩靡偏。属望賢嗣，其教惟專。/追葬累世，神寧九泉。均惠親舊，我後人先。/為善享報，豈惟耄年。將見高門，慶緒綿綿。

任道儀刋。

張惠夫撰，張願夫書，郭琳篆額，任道儀刋。高 84 釐米，寬 60 釐米。正書 30 行，滿行 32 字。《洛陽新獲墓誌 二〇一五》第 389 頁刊有墓誌拓本，無録文。《新出宋代墓誌碑刻輯録》（北宋卷）第 315 頁刊有拓本及録文。

宋故游府君夫人張氏墓誌銘

宋故廣平游府君夫人墓誌銘

鄉貢進士張惠夫譔

新授嵐州軍事推官張愿夫書

宣義郎前知寧州定平縣事郭琳題額

余之祖父金紫光祿大夫有二女爲其一適游氏即其長也考其平生操履殆如古人今不幸捐館且葬有期矣子煥狀其行實求銘于余余謂銘夫人始可無愧於是論次之夫人天資純厚不妄言笑治家有法度聚指數百閫門之內肅如也昔常聞父祖之義言善訓每道以教人內外宗姻咸所尊憚方余之先人暨諸父早以詞學登巍科繼登朝列而游氏積產甚厚爲郡族之豪夫人不以門地自矜誠信謙退若天性然其待物貧富率皆以禮一話一言不敢少欺由是人人得其懽心財甚豐能以恭儉自處服飾朴素不逐時好逮游氏家貲稍損夫人盡出奩中物且直數百金以佐所須靡有難色始歸游氏時舅姑歿已久孤惸滿前夫人勤勞撫養甚於慈母諸叔既長輒求分異後稍豐腴乃藐然相視如路人夫人曾不以是介意居無何復淪替夫人猶損所有以賙給之雖室無長物恬不爲戚亦未嘗少肯降詘獨教其子業儒復延師友俾朝夕淬礪未幾果登進士第其器識賢於婦人女子遠矣初游氏自曾祖以來未葬者將六十年夫人一日語其子煥曰爾之先令尚在藁殯吾瞑目後誰復辦其昭穆此吾朝夕繫念而不釋也遂命煥竭力營辦既克葬然後夫人之心始寧以元符元年十月二十三日寢疾終于家享年八十夫人性識穎悟每一聞見輒終身不忘凡鄉黨閭里巷之委曲族姓之流派以至人事之盛衰咸能歷陳而具道之夫人動循規矩罕出閨闥日誦釋氏書以自適神宇恬泰未始以外累攖拂胷中雖當緩急之際起居氣貌無異平日隨事裁處悉有條理年踰縱心鬢髮無二毛視聽猶不衰蓋所養者然也生子男三人長曰焴次曰煥寧州定平縣主簿前麟府路軍馬司管句機宜文字次蚕卒女三人長適元茂嵩次適張宗槩皆先夫人而亡次適劉元澤孫男四人曰助曰勉曰勸舉進士曰勳尚幼孫女三人長蚕卒次適蓋士元卒次在室曾孫男三人曾孫女一人並幼卜以元符二年正月三十日祔於先府君之墓禮也銘曰

孰不有義　夫人則全　信厚恭儉　得之自天
鞠育諸孤　其恩靡偏　屬望賢嗣　其教惟專
追葬累世　神寧九泉　均惠親舊　我後人先
爲善享報　豈惟耄年　將見髙門　慶緒綿綿

任道儀刊

三十一　宋范正己母馬氏墓誌

建中靖國元年（1101）四月十日

宋扶風馬氏墓誌銘 /

承務郎范正己之母馬氏，瀛州河閒人。生七 / 歲，以良家子養於今尚書右丞范公純禮。恭 / 順勤恪，有志趣。公之室高平郡夫人王愛撫 / 異甚，他不得倫比。為軋己者轢蹙排擯，一不 / 與校，而終弗能閒。夫人寢疾，無強子女，獨周 / 旋奉事，憂見顏色。既薨，哭泣哀毀，弔者閔焉。/ 公察其忠實，屬以家事，内外上下，罔不賓伏。/ 於范氏宗族姻婭，雖兒女行輩，見之離立避 / 道。強之坐，必絕席降等，其律身嚴分如此。至 / 有所撓，正色執議，莫可回奪。為公生一女一 / 子，齒方少即自屏，稀復進見，推擇其餘，使奉 / 巾盥。家人沓有關決，度不得已，然後與之區 / 處，皆中節度。修西方淨土觀，稱其佛號，日數 / 千過。帷裳素縵，往往不茹葷血。元符二年十 / 二月丙辰旦，起坐如平時，呼其兒孫，唱使誦 / 佛。少焉瞑目，若將假寐，然視之，卒矣。享年四 / 十有六。建中靖國元年四月庚子葬河南萬 / 安山之麓。女適軍器少監韓跂。孫男三人：直 / 愚、直友、直内。女三人，皆幼。後五月，直友亦卒。/ 今拊于墓隧之左次。前事，其子謂王壽卿曰：/ “予以吾母銘。”銘曰：/

擢德於泰，以約處躬；祭从其子，而饗卒豐。

王壽卿撰並書。高 55.5 釐米，寬 56 釐米。篆書 23 行，滿行 17 字。《宋代墓誌輯釋》第 410—411 頁刊有拓本及録文。《新出宋代墓誌碑刻輯録》（北宋卷）第 332 頁刊有拓本及録文。研究論文有趙振華：《北宋官僚范純禮妾馬氏的家庭與生活——新見〈宋扶風馬氏墓誌銘〉》，《洛陽師範學院學報》，2013 年第 1 期。

宋扶風馬氏墓誌銘

孝孫與范正己之妻馬氏瀛州河間人生七歲以邑家子養於今尚書右丞范公純禮家順勤恪有志趣公之室高平郡夫人王氏攸畏是依不得倫比為軟己皆樂壓排擯一不與校而經史説聞夫人寢疾雖從子女獨周旋奉事專見顏色既葬哭泣哀毀者皆聞感公察其忠實屬以家事內外上下罔不寶依於范氏宗族姻婭號曰女君輩見之離立避道路之聖以紹席所慕其律身嚴方如此至有所據正名朝議莫可回夫為公生一女一子皆天之既自屏孫得維見推擇其餘使奉巾盥家人皆有關彼度不得子然後與之區處留中執度修飾方淨土觀稱其佛號日數千遍惟棠棠綢潔潔不茹葷血元符二年十二月丙辰旦起理如平時呼其男孫唱佛誦佛之聲瞑目若寐假寐然視之寂矣享年四十有六建中靖國元年四月庚子葬河南壽安山之麓其夫為宣德郎監韓城縣男三人直愚直孫直內女三人皆幼後五月直孫夭今祔于墓隧之上若直肯事其子謂王書獻曰子以吾妻銘銘曰

子權德於家以結其殷祭以其子有豐定豐

三十二　宋鞏彦國墓誌

大觀元年（1107）十月二十一日

宋封龍先生鞏君墓誌銘 /

通仕郎、前相州林慮縣令鄭藏撰并題盖。/

通仕郎、知祁州鼓城縣丞權尉康公裕書。/

先生諱彦國，字行之。曾祖諱圭，隱居不仕。祖諱继明，贈大理評事。考諱 / 孝友，累贈太尉。妣田氏，追封慶國夫人。居拎眞定之元氏，其族系所来，/ 自太尉公之上，已誌之詳矣，今不復云。先生節完而德高，其別墅在封龍山之南，故鄉里以封龍先生稱之。藏先妣蓬萊縣君寔先生 / 之姊，每語先生行自為兒童，不事戲弄。甫冠歲，已富拎學而善屬文。/ 兄彦輔固慶曆六年同舉進士第，先生益篤勵，遂有大儒器業。以詞 / 科累預貢板，然論世務多切直，少顧避，因屢黜拎春官。崇寧二年，/ 集英殿推恩，授深州助教。先生老矣，無意拎仕也。三年春，朝廷 / 大新天下郡縣學，選置師儒。邑大夫張君侁陳拎部使者堅請先生 / 掌教職，不得已而往莅之。踰年，誨人不倦，益學者為多。先生性剛正，/ 廉潔自守。雖貧甚，未嘗以一介取拎人。由是，諸豪莫不愛服。享年八十，/ 耳目聰明，精神清爽，酷暑凝寒，手不釋卷。或曰："先生坎軻平生，而春 / 秋又如此，猶篤拎學，何耶?"先生曰："貴賤，天也。好學，人也。吾不以天理 / 廢人事。"眾尤推其達云。昔東漢馬少游嘗曰："士生一世，但取衣食裁足，/ 乘下澤車，御欵段馬，為郡掾吏，守墳墓，鄉里稱善人，斯足矣。"先生性 / 純孝，松楸多手自栽植，歲時奉祭祀甚謹潔。雖不得為郡掾吏，每知其 / 亦自足也。大觀元年九月十九日，無疾卒拎家。娶鄭氏，先三歲而亡。子 / 三人，曰伯壎、仲篪、季騆，皆業進士。女五人：長適楊皋；次適許弋；次適李 / 闓；次適賈安雅；次適侯師雄。其孤以十月二十一日舉鄭氏之喪，同祔 / 拎太尉公之域，礼也。嗚呼！秦詩渭陽序曰："我見舅氏如母存

焉。”藏既失/所恃，今喪吾舅，感傷悲酸，不能自已。乃因其孤請銘而為之，銘曰：/

先生學愽行潔兮，既壽而臧。造至理之淵深兮，無心於行藏。/作善降之百祥兮，不善降殃。亨不在先生兮，子孫其昌。

鄭藏撰並篆蓋，康公裕書。高 54 釐米，寬 54 釐米。正書 26 行，滿行 27 字。《新出宋代墓誌碑刻輯録》（北宋卷）第 361 頁刊有拓本及録文。

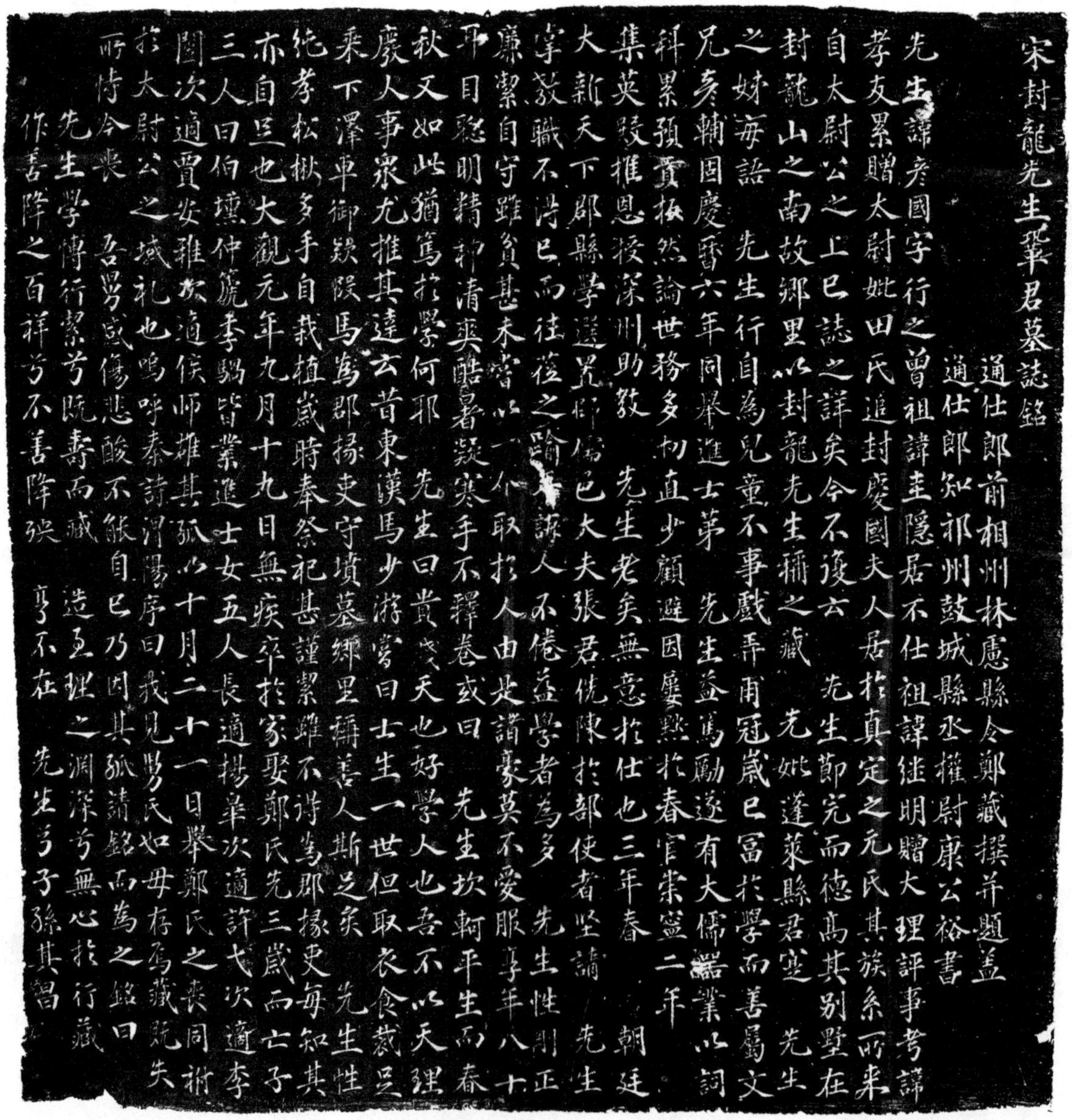

三十三　宋田氏家族墓誌

大觀三年（1109）正月四日

宋故。/ 維大宋大觀三年歲次己丑正月丙午朔初四日 / 己酉，汾州孝義縣□□郭村，乞不幸早終 / 先亡過人曾祖庚穴，祖甲穴。田清 / 生大男田誠，丙穴。二男田興，次二封庚穴。/ 小男田襄係前□□□。/

今於西南方四里已来買到田地一段，南北長九十步，/ 東西闊五十一步半，共計一十九畝。內封薗二座，/ 一名地□，作髙子頭之地。東北過一百已来，坐 / 作賈家霊之地。東南二百步已来，是徐 / 家橒樹薗一座。南有山□。西而西南荊棗 / 樹一根，北去道路五十步。東西来往，其立四 / 方地名□記。正月初四日葬。

高 34.5 釐米，寬 34 釐米。正書 13 行，滿行 19 字。磚質。

三十四　宋王安墓誌

大觀四年（1110）十二月二十七日

宋故左藏庫副使、上護軍、致仕王公墓誌銘并序 /

從仕郎、新授澤州軍事推官郭體仁撰。/

儒林郎、前守同州觀察判官趙瓌書并篆蓋。/

公諱安，字昌國，世為大梁人。曾大父清、大父乂、父慶以公貴，贈左監門衛将 / 軍。公少有大志，初甚窶困，輒歎曰："男子當自為功名，何致齷齪効轅駒廁鼠/ 而坐斃溝壑。"尋隷籍內殿直。鄉人初笑之，而公獨自信，與今騎帥徐和俱 / 事殿帥郝公質。一日，户外聞食器有聲，如有物覆之。二人相語曰："脫不毀吾 / 曹，其掉臂取貴。"及視，則器完如故，乃心俱自喜。未幾，較藝以才武充選。治平中，/ 天子臨軒，閱其能，公首中異等，授三班奉職。論其官，則累遷终左藏庫副使。/ 攷其行，則歷仕三十年，以忠義自將。雖王公貴人，未甞不以禮加焉。初，宣徽王 / 公拱辰方留守北門，一見而器之，因辟居左右。會莘縣劇賊不能下，公被命 / 討賊。既至，設方略，因盡破其黨。秩滿，移丹州都監。時守倅不協，公從容其間，/ 救弊解紛不少置，二人復相好，而一郡大治，咸喜公長者。俄遷北平軍兵馬 / 都監兼訓練河北第二将軍馬。未幾，徙鄆州駐泊都監，復移河南府河清縣兵 / 馬都監。公天資忠厚，事親以孝聞，而器識明遠。以故，所至有能名，而薦公 / 者甚眾。浸貴復恬扵仕進，未及引年而勇扵自退。崇寧初年，既休致，卜築洛城 / 之西南。葆光不耀，怡然自適，燕閑以謙晦為尚。雖少事弓劍，既退以老，頗隆好 / 儒術。甞繹味書史，且留思草聖。至扵陰陽之學，皆自其所長。每戒子浦曰："吾右 / 選入仕，竊慕忠義。汝其以此守門户，而無忘吾志。"崇寧元年九月初五日，公 / 以疾终于正寢，享年六十八。娶閻氏，封福昌縣君。子浦以公補右班殿直，復 / 以才武中優選。女四人：長適三班借職閑守中；次適皇城使、河北第十六将領 /

尹貴；次適進士喬昌裔；次適進士呂仲章。孫男二人，蚤卒。孫女一人，尚幼。卜以/大觀四年十二月廿七日葬于河南府河南縣洛苑鄉龍門里。前期，子浦以狀/来屬體仁以文。體仁曰："惟我祖先樞密太尉昔在熙寧宣撫交管，而王公/昌國實隸帳下，固甞以忠恪薦公。今其云亡，不腆之文，其何敢辞。"而為之銘，/銘曰：/

嗚呼昌國，妙齡俣俣。克保令名，無愧于古。惟孝與忠，/實資遠識。白髮丘園，終始惟德。惟德之修，知進知止。/閱禮敦書，既燕而喜。人亦有言，謂逸其老。大化密移，/奚啬之早。峩峩新封，公来其宅。嗚呼哀哉！惟公之休世無斁。/

洛陽祁處恭刋。

郭體仁撰，趙瓌書並篆蓋，祁處恭刋。高 60.5 釐米，寬 61 釐米。正書 31 行，滿行 30 字。《宋代墓誌輯釋》第 454—455 頁刊有拓本及録文。《新出宋代墓誌碑刻輯録》（北宋卷）第 388 頁刊有拓本及録

宋故左藏庫副使上護軍致仕王公墓誌銘并序

從仕郎新授澤州軍事推官郭體仁撰

儒林郎前守同州觀察判官趙瓌書并篆蓋

公諱安字昌國世為大梁人曾大父清大父乂父慶以公貴贈左監門衛將
軍公少有大志初甚窶困輙歎曰男子當自為功名何至齷齪效轅駒廁鼠
而坐斃溝壑尋隸籍內殿直鄉人初笑之而公獨自信與分騎弛徐知俱
事殿帥郝公質一日立户外聞食器有聲如有物覆之二人相語曰脫不毀吾
曹其擇肖取貴及視則器完如故乃心俱自喜未幾較藝以才武充選治平中
天子臨軒閱其能公首中異等授三班奉職論其官則累遷終左藏庫副使
攷其行則歷仕三十年以忠義自將雖王公貴人未嘗不以禮加焉初宣徽王
公拱辰方留守北門一見而器之因辟居左右會莘縣劇賊不能下公被命
討賊既至設方略因盡破其黨秩滿移丹州都監時守倅不協公從容其閒
救弊解紛不少置二人復相好而一郡大治咸嘉公長者俄還北平軍兵馬
都監兼訓練河北第二將軍馬未幾徙鄆州駐泊都監復移河南府河清縣兵
馬都監 公天資忠厚事親以孝聞而器識明遠以故所至有能名而薦公
者甚衆浸貴復恬於仕進未及引年而勇於自退崇寧初年既休致卜築洛城
之西南祿光不耀怡然自適燕閒以謙晦為尚雖少事弓劍既退以老頗隆好
儒術嘗繹味書史且留思草聖至於陰陽之學皆自其所長每戒子浦曰吾右
選入仕竊慕忠義汝其以此守門户而無忘吾志崇寧元年九月初五日公
以疾終于正寢享年六十八娶閻氏封福昌縣君子浦以公補右班殿直復
以才武中優選女四人長適三班借職閤守中次適皇城使河北第十六將領
尹貴次適進士喬昌裔次適進士呂仲章孫男二人蚤卒孫女一人尚幼卜以
大觀四年十二月廿七日葬于河南府河南縣洛苑鄉龍門里前期子浦以狀
来屬體仁以文體仁曰惟我祖先樞密太尉昔在熙寧宣撫交管而王公
昌國實隸帳下固嘗以忠恪薦公今其云亡不泯之文其可後辞而為之銘

銘曰

嗚呼昌國　妙齡偲偲　克保令名　無愧于古　惟孝與忠
實資遠識　白髮丘園　終始惟德　惟德之脩　知進知止
閑禮鼓書　既燕而喜　人亦有言　謂遂其老　大化密移
奚啻之早　峩峩新封　公来其宅　嗚呼哀哉　惟公之休世無斁

三十五　宋王安夫人閻氏墓誌

大觀四年（1110）十二月二七日

宋故福昌縣君閻氏墓誌銘并序 /

将仕郎、潁昌府法曹叅軍董百禮撰。/

儒林郎、前守同州觀察判官趙瓌書并篆蓋。/

故左藏庫副使、致仕王公諱安之夫人福昌縣君閻氏，世為 / 鄭圃右族，家累鉅萬，年十七，嬪于王公。夫人莊而和，儉而 / 莭，在父母家，父母已知其賢。為婦能自持以禮，事舅姑以孝，閨 / 門又推其賢。王公始以微從仕，歷官至使列，所在有稱。夫 / 人從容勸勉，甞曰："作官湏効勤廉謹。"族黨以是又稱其內助之 / 賢。王公以老歸休，生事甚薄。夫人盡出篋中金，買田為子 / 孫計，營治園圃，怡然自樂，其賢扵世婦人益遠矣。王公陞朝，/ 封福昌縣君。夫人自少至老，肅恭神明，夙夜不渝。尤好誦佛 / 書，遂悟性理，不忍殺生。平居雖衣褠冠履，苐務苟完，不喜華飾。/ 視娣姒有恩，弗忍加訶責。甞教其子浦曰："處家以儉约為先。"又 / 曰："與人貴和。"至戒婦每每以勤儉為言。其婦雖出自富盛，一遵 / 其訓，里中亦稱為賢婦，斯其賢固可法已。以大觀四年十月初 / 二日终于室，享年七十三。以十二月廿七日葬于河南府河南 / 縣洛苑鄉龍門里，袝于左藏之塋。子男一人浦，右班殿直，材 / 武中選。女四人：長適三班借職閞守中；次適皇城使尹貴；次適 / 進士喬昌裔；次適進士呂仲章。孫男二人，蚤卒。孫女一人，尚幼。其 / 孤奉夫人之喪，而請銘以葬。余怜其孤之哀，又得聞夫人 / 之賢，乃次其所知以為之銘。銘曰：/

猗嗟夫人，柔順静専。越相君子，內外稱賢。/ 躬服儉素，始卒罔愆。封享爵邑，壽终天年。/ 善有餘慶，嗣其永傳。銘之石刻，閟之幽泉。/

祁處恭刊。

董百禮撰，趙瓌書並篆蓋，祁處恭刊。高58釐米，寬60釐米。正書25行，滿行24字。《宋代墓誌輯釋》第452—453頁刊有拓本及録文。《新出宋代墓誌碑刻輯録》（北宋卷）第389頁刊有拓本及録文。

宋故福昌縣君閻氏墓誌銘 并序
將仕郎潁昌府法曹叅軍董百禮撰
儒林郎前守同州觀察判官趙瓌書并篆蓋
故左藏庫副使致仕王公諱安之 夫人福昌縣君閻氏世為
鄭圃右族家累鉅萬年十七嬪于 王公 夫人莊而和儉而
節在父母家父母已知其賢為婦能自持以禮事舅姑以孝聞
門又推其賢 王公始以微從仕歷官至使列所在有稱 夫
人從容勸勉嘗曰作官須効勤廉謹族黨以是又稱其內助之
賢 王公以老歸休生事甚薄 夫人盡出篋中金買田為子
孫計營治園圃怡然自樂其賢於世婦人益遠矣 王公陞朝
封福昌縣君 夫人自少至老肅恭神明夙夜不渝尤好誦佛
書遂悟性理不忍殺生平居雖衣襦冠履第務苟完不喜華飾
視婦姒有愳弗忍加訶責嘗教其子浦曰處家以儉約為先又
曰與人貴和至哉婦每每以勤儉為言其婦雖出自富盛一遵
其訓里中亦稱為賢婦斯其賢固可法已以大觀四年十月初
二日終于室享年七十三以十二月廿七日葬于河南府河南
縣洛苑鄉龍門里祔于 左藏之塋子男一人浦右班殿直村
武中選女四人長適三班借職閘守中次適皇城使尹貴次適
進士喬昌齡次適進士呂仲章孫男二人蚤卒女一人尚幼其
孤奉 夫人之喪而請銘以葬余憐其孤之哀又得聞 夫人
之賢乃次其所知以為之銘銘曰
猗嗟夫人 柔順靜專 越相君子 內外稱賢
躬服儉素 始卒罔愆 封享爵邑 壽終天年
善有餘慶 嗣其永傳 銘之石刻 閟于幽泉
祁處恭刊

三十六　宋焦士安墓誌

政和六年（1116）十二月二十六日

宋故三川焦居士墓誌銘 /

朝散郎、専切管勾永興軍耀州三白渠公事邵伯温 / 撰并書題蓋。/

居士姓焦氏，諱士安，字景仁。昔周武王有天下，封神農之後于焦，今 / 陜縣有焦城，蓋其國也。故居士之先世為陜人，後遷平陸，唐末避地，/ 又徙靈寶之三川，迨今将十世矣。曾祖諱繼能，祖諱崇美，父諱序，皆 / 隱於農。妣范氏。居士幼孤，既長，事母盡孝，尤勤稼穡，家遂以豐。為人 / 寬厚畏慎，凡徵賦調役，必先衆人。暇日，則讀經史，能通其詁訓。每及前 / 人義夫節士之行事，必欣慕之。故樂賙人急難，宗族親黨、鄉里故 / 舊貧乏者，往往依之。喪葬有不能舉者，則為之出力以襄事。疆畔為 / 人侵占，未嘗校，久而愧悔，多自歸之。鄉鄰鬬争，善言和解，人皆悅服，/ 使之無訟。盜入其家，亡失不貲，邏者得之，憐其母老，縱之使去。所居 / 在函谷之南，瀕鴻臚、王城二水，幽邃清潤，宛轉縈帶。女郎諸山煙嵐 / 雲岫，羅列其前，有若圖畫。竹樹叢萃，溪流支分，稻畦棊布，望之極目，/ 如在江鄉。乃闢館舍，聚圖書，延鄉里四方名士，教其子孫。一時賢公 / 卿亦有過之者，必盤桓稱賞，或題其壁閒。未數歲，長子煇以進士登 / 第，其餘皆嶄然見頭角，孜孜樂善，有士君子之風焉。以政和四年十 / 二月戊辰寝疾，卒于家，享年六十有四。其配蘇氏，子男七人。煇，奉議 / 郎，後居士一年卒。煒、煥、炳、燦、爟、燭，皆居學校，爟嘗以俊造預貢。女三 / 人，長適王琮，次蚤卒，次適秦州助教皇甫博聞。孫男六人，孫女十七 / 人，皆幼。煇雖通籍，未經郊祀，故居士不及官封。平時為鄉人所信愛，/ 沒之日，遠近吊哭者以千數。至於野人田婦，莫不咨嗟垂涕。余與奉 / 議為交游，煒等将以政和六年十二月乙酉葬居士于靈寶縣陳何 / 里先塋之次，請銘其墓，固辞不獲，而銘之曰：/

賢哉居士，生于田里。艱難起家，義方教子。/郁然儒風，以變後世。我為之銘，可謂無愧。/

古芮張世永摸刋。

邵伯温撰、書並題蓋，張世永刋。高 61 釐米，寬 61 釐米。正書 28 行，滿行 26 字。

三十七　宋焦士安妻蘇氏墓誌

政和八年（1118）七月四日

宋故武功蘇夫人墓誌銘/

從事郎、前華州州學教授皇甫川撰。/

選士閻兊國書并題盖。/

夫人姓蘇氏，故居士焦公諱士安之妻也。夫人世家虢略，號為冨族。其先武功人，/世系居徙，譜失其載。曾祖諱詳，祖諱清，父諱潛，皆韜晦不仕。夫人少而處室，則孝/於父母；長而從人，則欽於舅姑。祭享祖先，必盡其誠；出入閨門，必守其正。所謂能/循法度，可以承先祖，共祭祀矣。居士始勤勞於稼穡，终享豐㫐而能惠貧乏，延豪/英，訓諸子，藹然有寬厚長者之稱。而夫人於財無所私，於物無所玩，施與不吝，供/饋不懈，俾居士成美名。諸子專文藝，登科升貢，方興未艾者，夫人實有力焉。而又/治家有常法，雖飲食器皿，澣濯縫紉，小大齊肅，各有倫序而不紊。至於檢身恭儉，/宅志静專，蓋得於天性之自然，未嘗一日少異者，亦當世之賢婦人也。以政和八/年四月己夘寢疾，卒于家，享年六十有八。男七人。長曰煇，登進士第，官至奉議郎，/先夫人四年卒。次曰煒、焕、炳、燦、燿、燭，皆處學校，燿嘗貢辟廱。女三人，長適王琮，次/早亡，次適秦州助教皇甫博聞。孫男七人。孫女一十八人，一適士人皇甫申，餘皆/未嫁。昔居士每憤白屋寒微，欲廣置經史，教誨子孫。當是時也，夫人欣然奉金帛/加勸勉，卒就其志。未幾，長子一舉登科，光顯門户，則夫人之識盖亦遠矣。嗟乎！煇/雖通籍，未經郊祀，故夫人不及封，兹非命歟！觀其所積與其所嚮，必有待於来/者。其子煒等以政和八年七月甲申葬夫人于靈寳縣三公鄉陳何里，祔居士之/墓，禮也。川以姻親里閈，熟於耳目，固不敢誣飾為文，乃直序而銘之曰：/

於維夫人，武功之華。嬪于焦宗，經理其家。相夫斯何，恵貧容

衆。教子斯何，登科預/貢。皆為賢儒，益勉詩書。躬先祭祀，禮盡親踈。不矜于盈，無累于好。恭儉静専，閨門/胥傚。淑德惟馨，是宜有銘。刻于幽石，不泯休聲。/

古芮張世永刊。

皇甫川撰，閻光國書並題蓋，張世永刊。高 54 釐米，寬 39.5 釐米。正書 23 行，滿行 31 字。

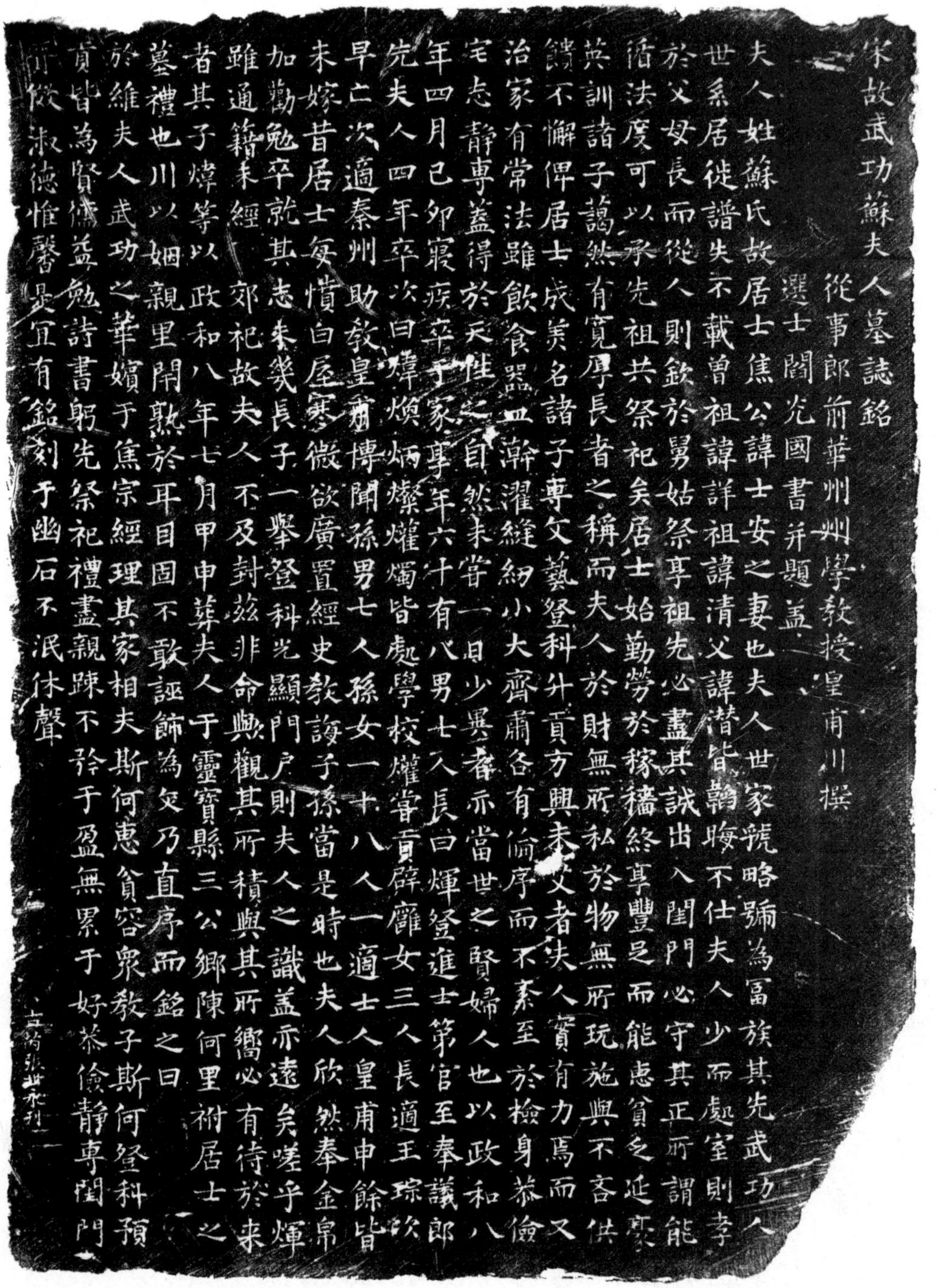

三十八　宋劉唐工墓誌

宣和二年（1120）二月二十五日

宋故朝議大夫、彭城縣開國侯、食邑一千一百户、賜紫金魚袋、致仕劉公墓誌銘 /

朝奉郎、管勾西外宗室財用許光弼撰。/

儒林郎、河南府永安軍主簿楊適書。/

通議大夫、充徽猷閣待制、致仕張杲篆蓋。/

河南萬安山之南，墳園相望，綿亘十餘里，松柏茂密，至於合抱。光弼昔者卜葬先公，過之瞻望咨嗟，詢諸父老，父老曰："劉氏墳 / 也，自隋唐以来葬于此。"光弼聞君子之澤，五世而斬。歷古名卿才大夫功德及民者多矣，其葬固皆擇地也。逮今豐碑斮缺，石 / 獸顛仆，墓冢蕪沒，委於耕夫樵牧之手者，不可勝數。劉氏獨如此其盛者，非世有令德，能保守以至於斯耶，何其更數百年而 / 常存也。光弼讀史，得劉氏世家，且同里閈又聯母鄕姻婭。開國朝議，公以才德紹休賢業，退居優游，為鄉社耆伯進見。未及數 / 而遽聞其不起，為之流涕。葬有日，諸孤以其志行来請銘。光弼曲學管見，大懼不能發揚。迫於契義，不敢輒辭。/

公諱唐工，字績臣，其先代郡人也。後魏孝文時，徙居三川，由北齊歷隋唐迄五代，至于本朝，忠賢繼出。御史中丞、贈太 / 保、諱温叟，公之曾祖也。龍圖閣直學士、贈太尉、諱燁，公之祖考也。集賢殿修撰、贈少師、諱忱，公之考也。公少以儒雅自將，屬文 / 不追時好，再黜於有司，遂不復為科舉學。以父任，補太廟齋郎，試吏秀州崇德尉，藹有能稱，部使者表移州瀍掾。屬縣鞫大辟，/ 案具赴州獄。會公兼攝獄官，淑問得其冤狀，讞疑以待。未幾，果獲實殺人者。郡守喜公能辨囚冤，議請推賞。公固辭曰："無辜者 / 免獄，吏之職也。此而受賞，奈何前鞫者罪？"眾論嘉歎，謂公過人遠甚。遷雄州防禦推官，

知郊州永壽縣。公懲遣吏催科之弊，與/民立約曰："二税有限，今不敢自逾，遣吏追呰，使因緣侵擾，吾不忍為也。"民皆信之，賦税以時而足。用薦者，改宣德郎，知蜀州永/康縣。縣久不治，公力振之，一切務以便民，民既安之矣。茶司有宿逋數萬緡，公度民力不能遽償。與為遠期，責其必輸。由是考/課為最，都大提舉茶馬陸公師閔表公本司勾當公事。陸公入奏，神考問官屬之能者，首以公對，進通直郎。/哲廟即位，覃恩遷奉議郎，加上騎都尉，監在京粳米下第十二界。進承議郎，通判河州。邊倅非止專治民事，要在通夷夏之情。/公昔為茶馬屬，往來關陝間，備知邊陲利病，帥臣監司，多見納用。秩滿，表留再任。進朝奉郎，賜五品服。俄丁外艱，陸公再領茶/馬，求為其屬者甚衆。公時未祥除，陸留闕以待公再至，禮遇有加，不復相吏。一日，與陸同至延，偶夏人寇金明。陸謂公曰："公職/非城守，可沿檄引去，無貽老親憂。"公曰："賊且至，願勠力自効。"呂吉甫時帥延，知公可當緩急，亟委公守北五城。公覩城壁頽圮，/賊至，在所必攻。乃夜調兵衆，啣枚增築。遲明，賊至，而城已完矣。特遷朝散郎，仍加護軍，進朝請郎。丁母燕國夫人呂氏憂，免喪，/除知嘉州。公為政豈弟他郡，有訟訴於部刺史曰："願得劉嘉州究治。"郡獄屢空，閲三歲，纔一決死刑。邦人德之，為立生祠。尚書/王公古帥益，或告夷人將自嘉入寇，檄公豫謹守備。公報之曰："賊御舟涉吾境，去則遡流，豈敵不及拒之利哉。"後果如公言。/上即位，覃恩，遷朝奉大夫。課最，特遷朝散大夫。自是，當塗頗有知公者。或勉公造請，公謝以不能。除通判蘭州，不赴。進朝請大/夫，加柱國，同提舉三門輦運。進右朝議大夫，官制改奉直大夫。條上十數事，多施行之。又請徙浮梁於馬村，以就河狹，省陝州/橋之半，且路直減兩驛供費。朝廷下其奏，會有私意不便者，其事遂格。上章丐宫祠，進朝議大夫，提點西京嵩山崇福/宫。秩滿，再乞，至于三請。慨然自信，無復榮利累，然亦未嘗以超脱為高。日與親朋賦詩飲酒，盡山水園池之樂。蓋其天資忠厚，/不為緣飾以自表襮。以此事親，以此事君，以和兄弟，以睦族属。舉而措之扵政事，至扵终身行之者，一扵孜孜為/善而已。甞曰："事惟勤乃有濟，勤不自己，而視人以作輟者，曾何之道。"《傳》曰："樂循禮，謂之君子。"公實有焉。平日氣貌安強，視聽不/衰。一日弗豫，遂請致政。宣和元年，郊祀，恩賜三品服。十二月初六日，终于河南嘉善坊私苐之正寢，享年七十有二。臨/终，神識不昧，訖無怛化。嗚呼！其賢扵人者乎。効官蓋五十年，無毫髪過差。開國自男至侯，食邑自三百户至一千一百户。娵王/氏，武康軍節度使、同平章事德用之孫，高州剌史澤之女也。封永福縣君，進封恭人。子男五人：長曰云，宣德郎、知邠州新平縣/事；次曰奭，假承務郎；次曰亮，奉議郎、洋州司録事；次曰商，宣教郎、知同州澄城縣事；次曰褒，将仕郎、同州馮翊縣尉。云、奭、褒並/先公卒。女二人：長適文林郎齊充國；次適文林郎吕協中。孫男十人：汝説，迪功郎、密州司工曹事；次汝諧，汝舟，汝文，汝士，汝一，/汝器。餘未名而卒。孫女十二人：長適迪功郎王長孺；未嫁者七人；餘並蚤夭。曾孫男一人，未名。諸孤卜以宣和二年二月二十/五日舉公之柩，塟于先塋之次。銘曰：/

劉氏之盛，有蔚苗裔。越數百年，世有君子。克明令德，繼膺顯仕。慶鍾于公，寔濟其羙。/移孝為忠，依仁游藝。施扵有政，政先豈弟。辨寃釋囚，明明其智。不自為功，凜凜高誼。/寬以愛民，信令滑吏。吏畏民信，用登課最。難無苟免，奮發忠義。完城捍賊，賴公協濟。/嘉人服化，立祠以事。隣訟弗直，從公求理。决策料敵，夫豈亡俻。浮梁馬村，减驛省費。/云何善謀，乃梗流議。乞身安強，高臥閭里。且歌且詠，惟酒惟醴。以介眉壽，以迓繁祉。/既俻五福，俯仰奚媿。貽厥後人，簪纓百祀。/

袁异刋。

許光弼撰，楊適書，張杲篆蓋，袁異刋。高 93 釐米，寬 92 釐米。正書 43 行，滿行 48 字。《新出宋代墓誌碑刻輯録》（北宋卷）第 416 頁刋有拓本及録文。

宋故朝議大夫彭城縣開國侯食邑一千一百戶賜紫金魚袋致仕劉公墓誌銘

朝奉郎管勾西外宗室財用許光弼撰

儒林郎河南府永安軍主簿楊適書

通議大夫充徽猷閣待制致仕張杲篆蓋

河南萬安山之南墳園相望綿亘十餘里松柏茂密至於合抱光弼昔者卜葬先公過之瞻望咨嗟詢諸父老父老曰劉氏墳也自隋唐以來葬于此光弼聞君子之澤五世而斬歷古名鄉才大夫功德及民者多矣其葬固皆擇地也逮今豐碑斷缺石獸頹仆墓冢蕪沒委於耕夫樵牧之手者不可勝數劉氏獨如此其盛者非世有令德能保守以至於斯耶何其更數百年而常存也光弼讀史得劉氏世家且同里閈又聯姻婭開國朝議公以才德紹休賢業退居優游為鄉社耆伯進見未及數而遽聞其不起為之流涕葬有日諸孫以其志行來請銘光弼曲學嘗見大慨不能發揚迫於契義不敢輒辭

公諱唐工字績白其先代郡人也後魏孝文時徙居三川由北齊歷隋唐迄五代至于本朝忠賢繼出御史中丞贈少保諱溫叟公之曾祖也龍圖閣直學士贈太尉諱燁公之祖考也集賢殿修撰贈少師諱恍公之考也公少以儒雅自將屢[illegible]丈不追時好再黜於有司遂不復為科舉學以父任補太廟齋郎試吏秀州崇德尉為有能稱部使者表楊州濠掾屬縣鞫大辟案具赴州獄會公兼攝獄官淑問得其冤狀讞疑以請未幾果獲實殺人者郡守喜公能辯因免議請推賞公固辭曰無辜者免獄吏職也此而受賞奈何前鞫者罷衆論嘉歎謂公過人遠甚遷雄州防禦推官知邠州永壽縣公遴遣吏僱耕之獎與民立約曰二稅有限令不敢自逾遣吏追督徒因緣侵擾吾不忍為也民皆信之賦稅以時而足用薦者改宣德郎知蜀州永康縣縣久不治公力振之一切務以便民民既安之矣茶司有宿逋數萬緡公度民力不能還償與為遠期責其必輸由是考課為衆都大提舉茶馬陸公師閔表公本司勾當公事陸公入奏 神考問官屬之能者首以公對進通直郎哲廟即位覃恩遷奉議郎加上騎都尉監在京粳米下界十二界進承議郎通判河州邊倅非止專治民事要在通夷夏之情公昔為茶馬屬往來關陝間備知邊隙利病帥臣監司多見納用秩滿衰留再任進朝奉郎賜五品服俄丁外艱陸公再領茶馬求為其屬者甚衆公時未祥除陸留闢以詩公再至禮遇有加不復相吏一日與陸同至延偏夏人寇金明陸謂公曰公職非城守可沿檄引去無貽老親憂公曰賊且至願勠力自効呂吉甫時帥延知公可當緩急亟委公守北五城公視城壁頹圮賊至在所必攻乃夜調兵衆銜枚增築逮明賊至而城已完矣特遷朝散郎仍加護軍進朝請郎丁母燕國夫人呂氏憂服除除知嘉州公為政豈弟他郡有訟諍於部刺史曰願得劉嘉州究治郡獄屢空闔三歲纔一決死刑郡人德之為立生祠尚書王公古帥益或告夷人將自嘉入寇檄公豫謹守備公報之曰賊御舟涉吾境去則遡流豈敢不及拒之利哉後果如公言上即位覃恩遷朝奉大夫課最特遷朝散大夫自是當塗頗有知公者或勉公造請公謝以不能除通判蘭州不赴進朝請大夫加柱國同提舉三門革運進右朝議大夫官制改奉直大夫條上十數事多施行之又請徙浮梁於馬村以就河狹省陝州橋之半且路直減兩驛供費 朝廷下其奏會有私意不便者其事遂格上章丐宮祠進朝議大夫提點西京嵩山崇福宮秩滿再乞至于三請慨然自信無復營利業然亦未嘗以超曠為高日與親朋賦詩飲酒盡山水園池之樂蓋其天資忠厚不為緣飾以自表襮以此事親以此事 君以和兄弟以睦族為衆而措之於政事至於終身行之者一於孜孜為善而已嘗曰事惟勤乃有濟勤不自已而視人以作程者曾何足道傳曰樂循理謂之君子公實有焉平日氣貌安強視聽不衰一日弗豫遂請致政宣和元年 郊祀恩賜三品服十二月初六日終于河南嘉善坊私第之正寢享年七十有二臨終神識不昧訖無怛化嗚呼其賢於人者乎勳官蓋五十年無毫髮過著開國自男至侯食邑自三百戶至一千一百戶娶王氏武康軍節度使同平章事德用之孫高州刺史澤之女也封永嘉縣君進封恭人子男五人長曰云宣德郎知鄧州新平縣事次曰勉假承務郎次曰晁奉議郎洋州司錄事次曰尚宣教郎知同州澄城縣事次曰褒將仕郎同州馮翊縣尉云褒並先公卒女二人長適文林郎齊克國次適文林郎呂協中孫男十人汝說迪功郎密州司工曹事次汝諧汝舟汝文汝士汝一汝器餘未名而卒孫女十二人長適迪功郎王長孺未嫁者七人餘並蚤夭曾孫男一人未名諸孤卜以宣和二年二月二十五日舉公之柩葬于先塋之次銘曰

劉氏之盛　有蔚當裔　越數百年　世有君子　克明令德　繼齊顯仕　慶鍾于公　寔濟其美

物孝為忠　依仁游藝　施於有政　政先豈弟　搏寬釋囚　明明其智　不自為功　凜凜高誼

寬以愛民　信令戢吏　吏畏民信　用登課最　難無苟免　奮發忠義　完城捍賊　賴公協濟

嘉人服化　立祠以事　隣訟弗直　從公求理　決策料敵　夫豈亡備　浮梁馬村　減驛省費

云何善謀　[illegible]梗流義　乞身安強　高臥閭里　且歌且詠　惟酒惟醴　以介眉壽　以進繁祉

既備五福　俯仰無媿　貽厥後人　簪纓百世

袁昇刊

三十九　宋魏椿年墓誌

靖康元年（1126）正月十九日

誌蓋篆書三行：故主簿魏迪玏墓誌銘。高 62.5 釐米，寬 62 釐米。

故主簿魏迪玏墓誌銘/

從政郎、虢州米陽縣令樂諶撰。/

迪玏郎、前信陽軍司功曹事吕岾書。/

奉議郎、賜绯魚袋、致仕趙彦遠篆蓋。/

公姓魏氏，諱椿年，大年，其字也。上世開封尉氏人。因公高祖游學，過陽翟北之萇/溪，愛其山水嘉秀，因家焉，遂為陽翟人。曾祖諱濟，晦德不仕。祖諱章，擢五經第，仕至宣/德郎，累贈至通議大夫。父諱中孚，登進士科，仕至朝請郎。通議公天資仁厚而朝請公/性稟公廉。至公，待人以仁，而持己以廉，得父祖所長而兼之焉。公平日喜學/古而無心仕進，故自童丱逮長年，黄卷無一日釋手，然足未嘗一踐場屋。常曰："吾之學/古，非谓發策決科，但吾志在脩身愼行尔。"自朝請公捐館，公雖受蔭補恩，不赴调。/久之，家人以萍居無產生，事將不継，累敦迫调官。公強勉赴部，授延長主簿。闕過/日久，公府催赴上。公猶無西行意，親舊勉之，不得已而往，中塗欲迴車者屢矣。以/此見公宦情之薄也。既到官，公飜然改曰："今日食君禄，當以忠勤報/國。"遂攄發所學而見扵行事。如延安邊面蕃漢相雜而闘訟為甚，先有歸明蕃與生蕃/争木爪山地界，上司累差官乏奪。而所差官懼入生界，投身不測，徃徃辞避，久而不能/平。一日，提舉官不欲邊面生事，而素知公為陝右能吏，特委公平之，/公不辞難。一旦，詣生界，召兩訟人問所争地，詳究契券，委曲開諭，兩平之，訟人竟以和/解。提舉官喜其能，遂稱薦於漕使。漕知公名，多委公判郡縣盤量倉斛。邊廷/倉斛多椿虚數，如判官點檢，持具不實，則百色須求，而所在曲法應副，以逃一時之責。/故不廉吏徃徃請求出外盤量者，意在規利也。公獨不然，所委之地

色色盤量，不/問官吏之區移，一切以實數申。官吏懼而曲奉之，公獨一介不取，惟不庇有過。上/位益見知焉，漕俾権邑門山，或歲施拎有政，以廉慎得譽，以仁厚臨民。會延長宰以不/法去官，邑人思公之德，乞公還任，州府從之，既迴舊任，遽得時疾，不數日而/终。逮今，兩邑俱懷去思。享年四十有四。嗚呼！仁者宜壽，公持心厚而行己廉，反不/得下壽，天意安在哉！此聞者況之，永歎也。公娶奉議郎趙彦遠之女。公以趙/氏事翁姑孝，主家整嚴，待之若賓禮。公捐館，任所去故鄉不啻數千里，趙氏津挈/竭力厚葬，報夫之心亦盡矣。公一子曰堅，一女，皆幼。卜以靖康元年正月十九日/葬公于潁昌府陽翟縣舊學鄉莨荘村朝請墳之次。前期，子堅以書遺諶曰："舅氏趙建/已狀先君之行矣，願以先子親契乞為之銘。"諶與大年親且舊，義不得辭，乃為之銘曰：/

賦性纯仁，無忝厥祖。制行公廉，善継乃父。/蕃夷質訟，往平虜疆。諭以教條，争辞兩忘。/年踰強仕，方擴施設。天嗇其壽，俄遭短折。/莨溪之北，龜山之西。卜兹嘉兆，神其永依。

聶古刊。

樂諶撰，呂岾書，趙彦遠篆蓋，聶古刊。高83.5釐米，寬83.5釐米。正書33行，滿行33字。《新出宋代墓誌碑刻輯録》(北宋卷)第444頁刊有拓本及録文。

故主簿魏迪功墓誌銘

從政郎袁州米陽縣令樂　諶　撰
迪功郎前信陽軍司工曹事呂　岵　書
[illegible]郎賜緋魚袋致仕趙　彥逺　篆蓋

公姓魏氏諱椿年大年其字也上世開封尉氏人因　公高祖游學過陽翟比之長
溪愛其山水嘉秀因家焉遂為陽翟人曾祖諱濟晦德不仕祖諱章擢五經第仕至宣
德郎累贈至通議大夫父諱中孚登進士科仕至朝請郎通議　公天資仁厚而朝請公
性寬公廉　公待人以仁而持己以廉得父祖所長而兼之焉　公平日喜學
古而無心仕進故自童丱逮長年垂老無一日釋手然忌未嘗一踐場屋常曰吾之學
古非謂獲第決科但吾志在脩身慎行爾自朝請公捐館　公雖當蔭補恩不赴調
久之家人以萍居無產生事將不繼累敦迫調官　公強勉赴部授延長主簿爾過
日久公府催赴上　公猶云西行意親舊勉之不得已而往中塗欲迴車者屢矣以
此見　公官情之薄也既到官　公飄然改曰今日食　君祿當以忠勤報
國遂慥發所學而見於行事如延安邊面蕃漢相雜而鬪訟爲甚先有歸明蕃與生蕃
爭本爪山地界上司累差官定奪而所差官懼入生界投身不測往往辭避久而不能
平一日提舉官不欲邊面生事而素知　公爲陜右能吏特委　公平之
公不辭難一旦詣生界呂西訟人問所爭地詳究契券委曲開諭兩平之訟人竟以和
解提舉官喜其能遂稱薦於漕使漕知　公名多委　公剗郡縣盤量倉斛邊廷
倉斛多椿虛數如剗官監檢持其不實則百色須求而所在曲法應副以逃一時之責
故不廉吏往往請求出外盤量者意在規利也　公獨不然所委之地色色盤量不
問官吏之匠移一切以實數申官吏懼而曲奉之　公獨一介不取惟不疵有過上
位益見知爲漕倅權邑門山就嚴施於有政以廉慎得譽以仁厚臨民會延長宰以不
法去官邑人思　公之德乞　公還任州府從之既迴舊任遽得時疾不數日而
終逮今兩邑俱懷去思享年四十有四嗚呼仁者宜壽　公持心厚而行己廉反不
得下壽天意安在哉此聞者況之亦嘆也　公娶奉議郎趙彥逺之女　公以趙
氏事翁姑孝主家整嚴待之若賓禮　公捐館任所去故鄉不啻數千里趙氏津遣
竭力厚葬報夫之心亦盡矣　公一子曰堅一女皆幼卜以靖康元年正月十九日
葬公于潁昌府陽翟縣舊學鄉長莊村朝請墳之次前期子堅以書遺諶曰勗氏趙建
已狀先君之行矣願以光子親契乞爲之銘諶與大年親且舊義不得辭乃爲之銘曰

賦性純仁　無忝厥祖　制行公廉　善繼乃父
蕃夷質訟　往平彊疆　諭以教條　爭辭兩息
年踰強仕　方擴施設　天啬其壽　俄遺摧折
長溪之北　龜山之西　卜茲嘉兆　神其永依

蘇古刊

四十　宋涂一娘地券

靖康二年（1127）三月二日

維皇宋靖康二年三月一日辛卯朔初二日壬辰，/即有撫州宜黃縣崇賢鄉康大里歿故涂氏一娘，/行年三十九歲，忽往南山採花，遇仙人賜酒，承醉不返，/命落黃泉。先用錢玖千玖佰玖拾玖文玖錢於元皇地主/邊買得土名龍□壬山丙向陰地一穴安葬。東止甲乙，南止/丙丁，西止庚辛，北止壬癸。四止內係亡人所管，內外三十八將、/丘承墓伯，封界止，千秋万歲，永無殃咎。地主張堅固，/保人李定度，見人功曹，書人玄武。地中典吏，皇神后土為左右。/鄰里地中土符，見亡人過往，不得借問，不得侵占亡人隨身/衣物。何人書，水中魚；何人讀，雲中鶴；何人裁衣，雲中織女；何/人修棺，洛陽巧匠。隨身物色，付與亡人收管。今奉/太上給地券一所，永為公據。急急如律令。

高 38 釐米，寬 39 釐米。正書 12 行，滿行 19 字。

四十一　宋周五十四秀才墓券

紹興五年（1135）正月十二日

額正書一行：送故周五十四秀才墓券。

維皇宋乙卯歲次，紹興五年正月 / 月建戊寅十二丙辰，奉大宋信州貴溪 / 縣仁福鄉永寧新豐社居住亡寃周 / 五十四秀才，年四十八歲，今来身死。偹 / 錢帛就皇天父老疰主边，買得土名鄭 / 家源巽山辛向地一穴。東止甲乙青龍，/ 南止丙丁朱雀，西止庚辛白狩，北止壬癸 /玄武。四止內外，勾陳分亭四域，道路將，/ 斉整百里。土公土母，封断界止。土家 / 子孫社稷壹祈，各令知悉。地主張堅 / 固，保人李定度。見人玏曹，書人玄武。地 / 中典史，黄神后、太上老君。墓券為㩗。

高 36 釐米，寬 33 釐米。正書 12 行，滿行 15 字，额、正文都從左至右書寫。

送故周五十四秀才墓券

維皇宋乙卯歲次紹興五年正月
月建戊寅十二丙辰奉大象信州貴溪
縣仁福鄉永寧新豐社居住[illegible]冕周
五十四秀才年四十八歲今奉禮忌備
錢帛就皇天父老莊主邊買得安厝鄭
冢原巽山辛向地一穴東止甲乙青龍
南止丙丁朱雀西止庚辛白虎北止壬癸
玄武四止內外勾陳分亭四域道路將
青熟百里土公土母封斷界止土家
子孫社稷靈祈爲令知悉地主張堅
同保人李定度見人功曹書人玄武地
中興史黃神后太上老君墓券為據

四十二　宋許廿四娘地券

紹興十二年（1142）九月二十日

維皇宋歲次紹興十二年九月初一日庚寅朔/二十己酉之□，即有大宋國江南西道撫州/金谿縣順德鄉二十五都□沿保，有歿故亡人/許氏廿四娘，行年三十三歲。忽被四蚰俱逼，二鼠侵/藤，寃帰冥道，命落皇泉，死归棺槨。今偹銀/錢一万貫，謹告開皇地主邊買得丁塘乹之/□□向大地一穴為墓宅。其地東止甲乙青龍，南/止丙丁朱雀，西止庚辛白虎，北止壬癸玄武，中止□□/□堂正穴。上止青天，下止黃泉。六極之內，並是亡者/買得，為万年陰宅，濽溢兒孫。其地見人張堅故，/保人李定度，書人功曹，讀人玄武。其地並无㓙悪，不/得妄相可喝，陰間鬼神即不得争占。如有争/占，分付十二地神丁寧珠斬，急急如令勑。/公位千万，雄□于尔懽。/坐得青龍在穴中，青龍□□一千年。兒男户拜立。

高38釐米，寬35釐米。正書15行，滿行20字。

四十三　宋鄔賡墓銘

紹興十七年（1147）十月三十日

額篆書一行：鄔君墓銘

君諱賡，字君載，姓鄔氏，世為撫州崇仁縣天授鄉人。曾祖諱 / 少營，祖諱用賢，父諱昭利，皆力田為資。君性寬雅，尚儉約，/ 待物以恕，人亦無欺。雖纂紹前業，益廣置田產，家冨羨餘。/ 晚年，子克家經榮，百计罔不克荷。日者，君自為之歎曰："隙 / 駒電火，人壽幾何！"迺飾所居廳堂樓閣，斬然一新，君唯飲 / 酒以自娱，笑談風月而已。鄉里議者咸謂，優游卒歲，非斯 / 人其誰。未幾，於紹興十六年仲春二十八日，以疾终于家，享 / 年六十有三。娶李氏，先君而亡。生男一人才邵，謹於孝養。女一人，早世。/ 男孫三人，良幹、良翰、良朝。女孫四，長適謝昱，餘處室。卜次年 / 冬十月庚申，塟于港口所居之北隅，去所居夾湍激而下。/ 前期，才邵以君之行狀来告，涕泣而求予銘，予義不得辝。/ 徐語之曰："以先丈之為人，槩古之賢士，顧非敢妄為溢 / 美而匹休之。然朴直儉約，誠有取焉。"銘曰：/

卜葬之所，臨于長川。鑱斯銘也，何千萬年。

高 62 釐米，寬 43.5 釐米。正書 14 行，滿行 23 字。

鄔君墓銘

君諱賡字君載姓鄔氏世為撫州崇仁縣天授鄉人曾祖諱
少營祖諱用賢父諱昭利皆力田為貲君性寬雅尚儉約
待物以恕人亦无欺雖纂紹前業益廣置田產家富羨餘
晚年子克家經營百計因不克荷日者君自為之嘆曰憬
駒電火人壽幾何迺飾所居廳堂樓閣斬然一新君唯飲
酒以自娛笑談風月而已鄉里議者咸謂優游卒歲非斯
人其誰未幾於紹興十六年仲春二十八日以疾終于家享
年六十有三娶李氏先君而亡生男一人手部謹於孝養女一人早世
男孫三人良幹良翰良朝女孫四長適謝昱餘處室卜次年
冬十月庚申塟于港口所居之坎偶去所居夾湍激而下
前期手部以君之行狀來告謂涕而求予銘予義不得辭
徐謂之曰以 先丈之為人槩古之賢士顧非敦妄為溢
美而匹休之然朴直儉約誠有取焉 銘曰
卜葬之所 然于長川 屋鑱 斯銘也 何千萬年

四十四　宋周氏九娘地券

紹興二十二年（1152）十二月二十四日

額篆書三行：宋故周氏地券

維皇宋紹興二十二年歲次壬申十二月辛酉朔二十四 / 日甲申，有撫州崇仁縣穎秀鄉勸農里塘陂城下保居住 / 亡人周氏九娘，行年五十五歲，扵是年九月二十三日殁 / 故。龜筮協從，相地襲吉。宜扵本里韶源保，用錢財九萬九 / 千九百九十九貫、五綵信幣詣五土冥王、開皇地主邊買 / 得陰地一穴，作西兊来龍，亥山丙向，安厝宅兆。東止甲乙 / 青龍，南止丙丁朱雀，西止庚辛白虎，北止壬癸玄武。上止 / 青天，下止黃泉。中心為亡人萬年冢宅。內方勾陳分掌 / 四域，丘丞墓伯分步界畔。道路將軍齊整阡陌，千秋永歲悉 / 無殃咎。四止之內或有古跡神壇，前亡後化，不得妄有爭 / 占，驚動亡人。若輙干犯呵禁者，將軍停長收付河伯，財地 / 交相分付工匠修塋。今以牲牢酒飯百味香饈，共惟信契。 / 安厝已後，永保休吉。知見人歲月，首保人今日直符。故炁 / 邪精，不得忤怪。先有居者，速避萬里。若違此約，地府主吏 / 自當其禍。孝宅內外存亡，同皆安吉。急急如太上律令。

高 61.5 釐米，寬 34.5 釐米。正書 15 行，滿行 22 字。

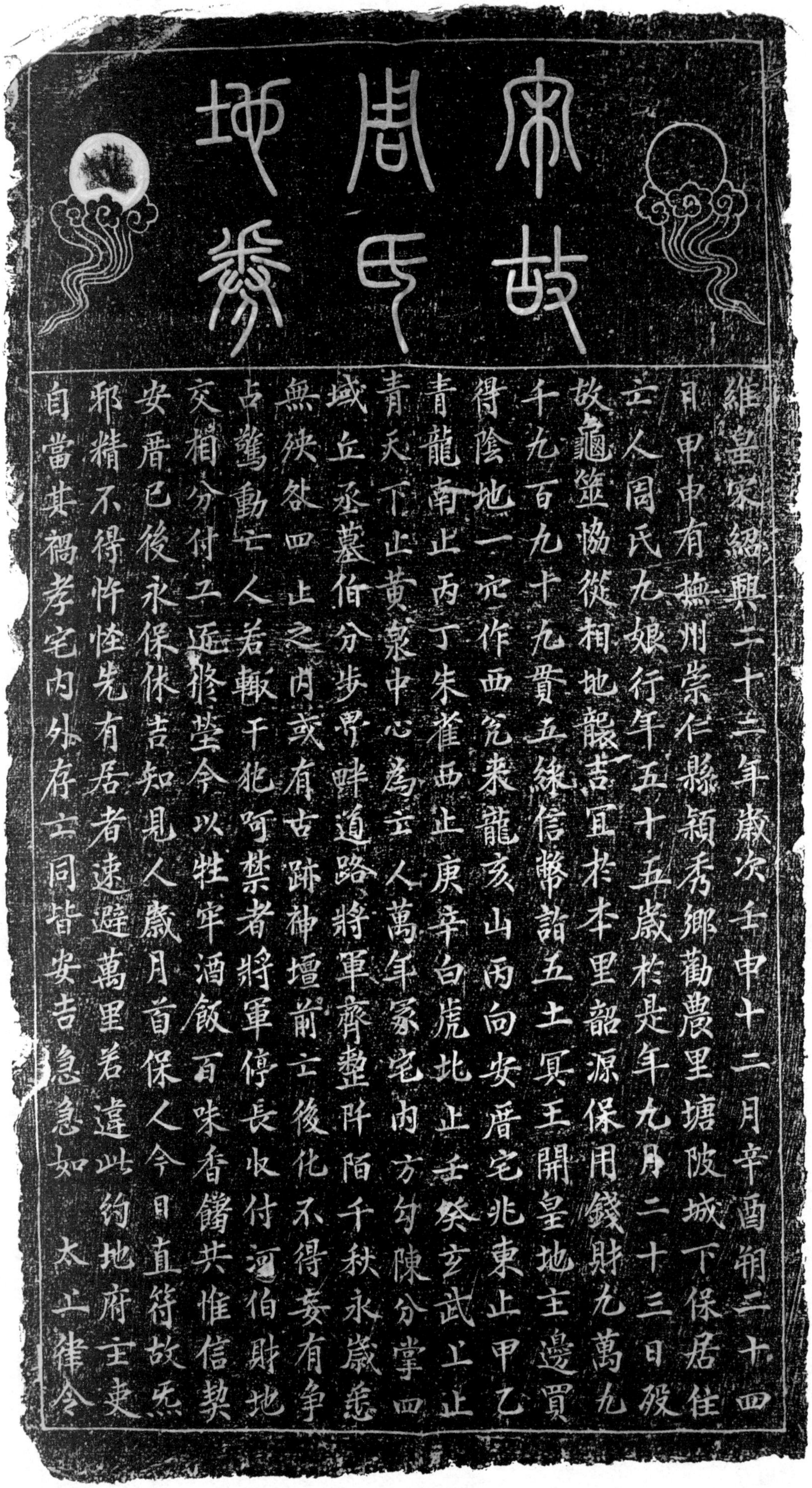

宋故周氏地券

維皇宋紹興二十二年歲次壬申十二月辛酉朔二十四
日甲申有撫州崇仁縣穎秀鄉勸農里塘陂城下保居住
亡人周氏九娘行年五十五歲於是年九月二十三日殁
故龜筮協從相地襲吉宜於本里韶源保用錢財九萬九
千九百九十九貫五綵信幣詣五土冥王開皇地主邊買
得陰地一穴作西兌來龍亥山丙向安厝宅兆東止甲乙
青龍南止丙丁朱雀西止庚辛白虎北止壬癸玄武上止
青天下止黃泉中心為亡人萬年冢宅內方勾陳分掌四
域丘丞墓伯分步界畔道路將軍齊整阡陌千秋永歲悉
無殃咎四止之內或有古跡神壇前亡後化不得妄有爭
占驚動亡人若輒干犯訶禁者將軍停長收付河伯財地
交相分付工匠修塋令以牲牢酒飯百味香饈共惟信契
安厝已後永保休吉知見人歲月首保人今日直符故炁
邪精不得忤恡先有居者速避萬里若違此約地府主吏
自當其禍孝宅內外存亡同皆安吉急急如太上律令

四十五　宋李孺人墓誌

乾道元年（1165）九月十四日

額正書一行：宋李孺人之墓

維皇宋乾道元年歲次乙酉九月丁未朔十 / 四日庚申，住撫州臨川盡安鄉黄方保孝夫鄒 / 綱并男陵、陖、隆、道士，謹以清酌庶羞之奠昭告 / 于黄武岡之神曰：亡妻李氏不幸於今年六月 / 初七日棄去，享年三十有四。卜以今晨歸復于此。/ 遂用錢財酒禮買得兊山夘向陰地一穴，是為亡 / 妻真宅。其地東龍西虎，朱雀玄武，四止之內，所有 / 棺槨衣衾，一物已上，並是亡妻受用。切慮前亡 / 後化魍魎邪魔妄相侵犯，仗神呵護，其使 / 亡寃妥帖，子孫昌熾，實神之賜也。春秋 / 爾亦與享之，尚饗！又從為之辭曰：/

陽城之北，角陂之陽。前聳銅阜，/ 後擁堯岡。余妻之墓，宛在中央。/ 左龍右虎，朱玄抑揚。青山鬱鬱，/ 渌水洋洋。儲祥孕秀，子孫其昌。

高 31 釐米，寬 30.5 釐米。正書 15 行，滿行 17 字。

宋李孺人之墓

維皇宋乾道元年歲次乙酉九月丁未朔十
四日庚申住撫州臨川盡安鄉黃方保孝夫鄒
綱并男陵陖隆道士謹以清酌庶羞之奠昭告
于黃武岡之神曰亡妻李氏不幸於今年六月
初七日棄去享年三十有四卜以今晨歸復于此
遂用錢財酒禮買得兌山卯向陰地一穴是為亡
妻真宅其地東龍西虎朱雀玄武四止之內所有
棺椁衣衾一物已上並是亡妻受用切慮前亡
後化魍魎邪魔妄相侵犯仗　神呵護其徒
亡鬼妄恬子孫昌熾資　神之賜也春秋
爾亦與享之　尚饗　又從為之辭曰
陽城之北　萠陂之陽　前聳銅阜
後擁堯岡　余妻之墓　宛在中央
左龍右虎　朱玄抑揚　青山鬱々
淥水洋洋　儲祥孕秀　子孫其昌

四十六　宋方七郎地券

淳熙十二年（1185）正月二十五日

維皇宋太歲乙巳淳熙十二年正月初一乙酉朔，即有 / 二十五己酉良日，謹有大宋国江南西道建昌 / 軍南城縣稚俗鄉訓俗里南團耆兆港水北陳家平居 / 住物故方七郎，享年八十九歲。昨住南山彩藥，御仙人賜 / 酒一盃而死。今有陽間孝男方吉明、方十七兄弟備銀錢三千 / 三万貫，地名南坑開皇地主边買德陰地一穴。東止甲乙，南止 / 丙丁，西止庚辛，北止壬癸，中是亡人陰宅。保當百子千孫，田至 / 大熟，牛羊滿卷。千年不移，万年不動。書契人天上鶴，保見 / 人水中魚。所有下界无道邪神乱有争占，今奉 / 太上老君勑令，駈判陰官施行。/ 急急如律令。/

淳熙十二正月廿五己酉良日，物故方七郎謹記。

高 41 釐米，寬 37.5 釐米。正書 12 行，滿行 24 字。從左至右書寫。

月
日

四十七　宋胡五十秀才墓券

淳熙十六年（1189）九月十五日

宋故胡五十秀才墓券 /

維淳熙十六年九月壬申，孤子胡琮等 / 敢昭告于后土之神。琮罪逆通天，延禍 / 先考。窀穸之事，不敢後時，敬涓穀旦以 / 安襄奉于此。神其保祐，無有後艱。顧兹 / 高燥之地異於他所。前澗後岡，協于古 / 訓。東龍西虎，委蛇回翔，必紘秉靈以禦 / 不直。若有木之魍魎、水之罔象、土之羵 / 羊，敢憑驕兇以丑正人，神其屏攘驅絶 / 之。豈惟私門之休，亦所以彰神之靈也 / 于無斁。敢告之。券。

高 36.5 釐米，寬 29.5 釐米。正書 11 行，滿行 15 字。

宋故胡五十秀才墓券
維淳熙十六年九月壬申孫子胡琮等
敢昭告于后土之神琮罪逆通天延禍
先考窀穸之事不敢後時謹涓穀旦以
安厝奉子神其保祐無有後艱顧兹
高爆之地是以所前謂投岡協吉
訓兼龍虎妥蛇回翔依蘊靈以禦
不直若有夭魍魎水之圖象土之殘
羊敢憑驕兇以醜正人神其虐禁絕
之豈惟松門之休亦許以彰神之靈也
于無斁敢告之券

四十八　宋范防之母墓券

紹熙四年（1193）十二月三日

額正書：墓券

維皇宋紹熙四年歲次癸丑十二月甲子朔 / 越三日丙申，孝男防，孝孫恭叔、泰之等謹泣 / 血告于此方之山神曰："蓋聞岡陵川阜，天造 / 地設，脉貫而通，氣融而結。吾母云亡，卜是幽 / 宅。向指午丁，山從坎北。孕秀儲靈，水光山色。/ 可守四隅，伊神是責。妖怪不祥，驅除剪 / 隔。使世世子孫富貴昌益，則春秋尔 / 神之祀豈敢離遏。謹告！"

高 48.5 釐米，寬 34 釐米。正書 8 行，滿行 17 字。

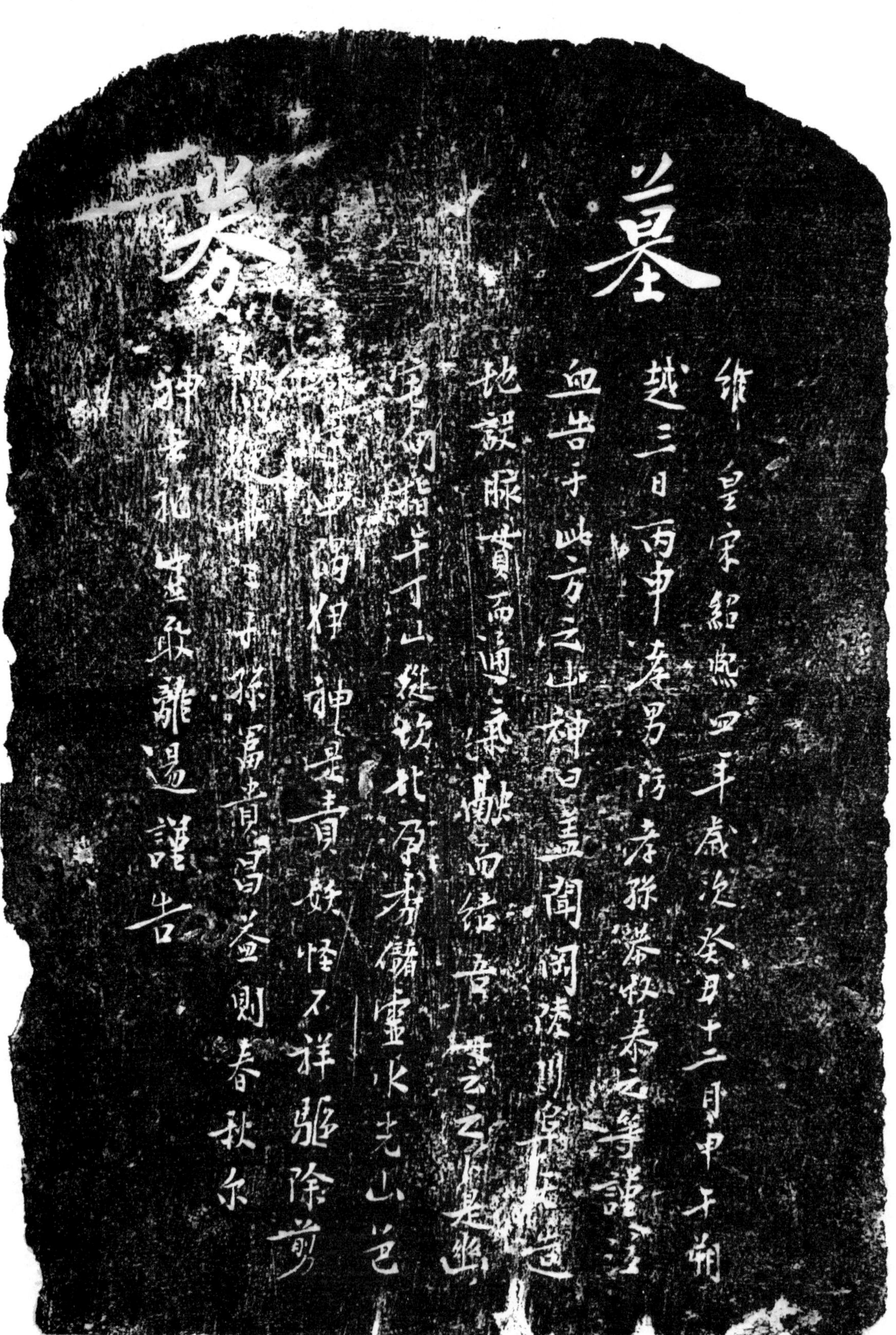

墓券

維皇宋紹熙四年歲次癸丑十二月甲子朔
越三日丙申孝男防孝孫榮㪷泰之等謹以
血告于此方之神曰蓋聞閬陵川阜之道
地設脉貫而通之氣融而結吾母之是幽
宅句指于寸山從坎北尋壽儲靈火光山色
[illegible]隔伊神是責妖怪不祥驅除剪
[illegible]從[illegible]于子孫富貴昌益則春秋尔
神其祀無敢離遏謹告

四十九　宋林約墓銘

慶元二年（1196）十一月十五日

額正書一行：宋故林公墓銘

公諱約，字以禮，姓林氏。世為鄉民。曾大父始徙 / 于縣，子孫因家焉。公奮拳，累產千金，事親以孝 / 稱，而尤篤義方之教。壯歲，屏外交，樂壥隱。晚 / 始學黃老。求養生訣，録道書數卷，喜與方外士接。/ 兄弟皆早世，撫諸孤猶己子。娶陳氏，二男四女。/ 應辰，鄉貢進士，配鄧氏。德用，配葉氏。三女為尼，/ 一適迪功郎、饒州鄱陽縣尉劉三顧。惟戹守黙 / 見住獨峯，它皆亡。孫男七人：慶、庥、序、靖、度，而廣/ 少卒。孫女二人。公宣和癸夘九月十六日寅時生，丁酉六 / 月十日卒。越三年庚子，葬于褱洋山之南。經十七載，後 / 嗣方藉公陰福。陰陽家以風水失利，丙辰十一月十五日 / 庚寅，改遷于舊葬之左。孤子應辰泣血而為之銘曰：/

遷于高原，福我子孫，其千万年。

林應辰撰並書。高 5.5 釐米，寬 36 釐米。正書 13 行，滿行 19 字。

宋故林公墓銘

公諱約字以禮姓林氏世爲鄉民曾大父始徙于縣子孫因家焉公奮拳累產千金事親以孝稱而尤篤義方之教壯歲屏外交樂隱晚始學黃老求養生訣録道書數卷喜與方外士接兄弟皆早世撫諸孤猶己子娶陳氏二男四女應辰鄉貢進士配鄧氏德用配葉氏三女爲尼一適迪功郎饒州鄱陽縣尉劉三顧惟屋守黙見住獨峯它皆亡孫男七人慶麻序靖端度而麿少卒孫女二人公宣和癸卯九月十六日寅時生丁酉六月十日卒越三年庚子葬于裹洋山之南經十七載後嗣方藉公陰福陰陽家以風水失利丙辰十一月十五日庚寅改遷于舊塋之左孤子應辰泣血而爲之銘曰

遷于高原　福我子孫　其千萬年

五十　宋吴琦墓誌

慶元二年（1196）十一月二十一日

君諱琦，字子張，太録吴公之季子。自幼穎異，早孤，母黃氏鍾愛/之。及長，不以事為事，講學綴文，曾不少暇。居家未嘗有子弟之/過，義篤朋友。翕然咸所推重，謂太録公有子矣。壬子秋，始中待/補，讀其課試之文者，謂其必由庠序以進。既不合于有司，歸乃/痛自策勵曰："我術業之未精耳。"慶元二年，朝廷既行泛補，四方/士雲合響應。君挾策東向，以弱質冒隆暑，由是得疾，負抱其/志以沒。死之日，聞者皆歎息相弔。夫壽夭，命也。獨惜其有志於/振先人之緒而卒，奪於天年之不逮，夫復誰咎。君生於壬午五/月二十九日，卒於丙辰十月七日，以十一月丙申葬于崇仁鄉/九都横源。妻黃氏，母夫人姝女也。女端娘，男更生，未滿歲。類英/爽夭，苟興之耶，將於是乎在。友人鄉貢進士黃楫謹志于石。

黃楫撰並書。高 67 釐米，寬 49 釐米。正書 11 行，滿行 24 字。

君諱琦字子張太録吴公之季子自㓜穎異早孤母黄氏鍾愛
之及長不以事為事講學綴文曾不少暇居家未嘗有子弟之
過義篤朋友翕然咸所推重謂太録公有子矣壬子秋始中待
補讀其課試之文者謂其必由庠序以進既不合于有司歸乃
痛自策勵曰我術業之未精耳慶元二年　朝廷既行泛補四
方士雲合響應君挾策東向以弱質冒隆暑由是得疾負抱其
志以没死之日聞者皆歎息相弔夫壽夭命也獨惜其有志於
振先人之緒而卒奪於天年之不逮夫復誰咎君生於壬午五
月二十九日卒於丙辰十月七日以十一月丙申葬于崇仁鄉
九都横源妻黄氏母夫人姪女也女端娘男更生未滿歲類英
爽天啓興之耶將於是乎在友人鄉貢進士黄楫謹志于石

五十一　宋范防之父母地券

嘉泰元年（1201）十二月二十日

維皇宋嘉泰元年十二月丁丑朔越二十日丙申，孝男范防 / 并孝孫恭叔、泰之、三俊、三畏謹泣血昭告于山之 / 神曰："防等罪逆深重。/ 先父於慶元丁巳五月二十日傾逝，今卜合葬于金舡陂之陽。聞 / 之金鑄鼎而魑魅弗逢，神依人而威霊必震。有諸中者，/ 必形拎外。今来之山，左蟠青龍，右踞白虎，前有朱雀，後有玄武。/ 卜葬之後，惟賴 / 尔神之霊降助乎福禄，隔絶乎妖精。使吾子孫蕃衍而盛大，基 / 業恢洪而鞏固。春秋祭祀，/ 神其與享之。謹告！"

高 42 釐米，寬 32 釐米。正書 10 行，滿行 25 字。

維皇宋嘉泰元年十二月丁丑朔越二十日丙申孝男范防
并孝孫恭叔恭之等謹涖血昭告于山之
神曰防等罪逆深重
先父於慶元丁巳五月辛酉傾逝今卜合葬于金船汝之陽閘
之金鑄鼎而魑魅弗逢 神依人而咸靈以保有諸中者
必形於外今象之山左蟠青龍右踞白虎前有朱雀後有玄武
卜葬之後惟賴
尔神之靈降助乎福禄隔絶乎妖精使吾子孫蕃衍而盛大基
業承洪而翠葉固春秋祭祀
神其与享之謹告

五十二　宋程二公地券

嘉定九年（1216）二月十九日

額正書一行：宋故程二公墓

維皇宋嘉定九年二月十九/壬寅日，撫州宜黄縣仙桂鄉十/都礤上水西保沒故程二公，享年/七十九歲身亾。今用銀銭三千，就此/開皇地主買得陰地一穴，兊山卯甲/向，元辰水入甲艮流。保人張坚固，正/人李定度，書人功曹，讀人傳送。永/為万年金隴，滲益子孫。東止甲乙，/南止丙丁，西止庚辛，北止壬癸。四止/內亡人為主，魍魎邪神不得争占。/如違，准太上女青律令施行。

高28釐米，寬27釐米。正書11行，滿行14字，额、正文都從左至右書寫。

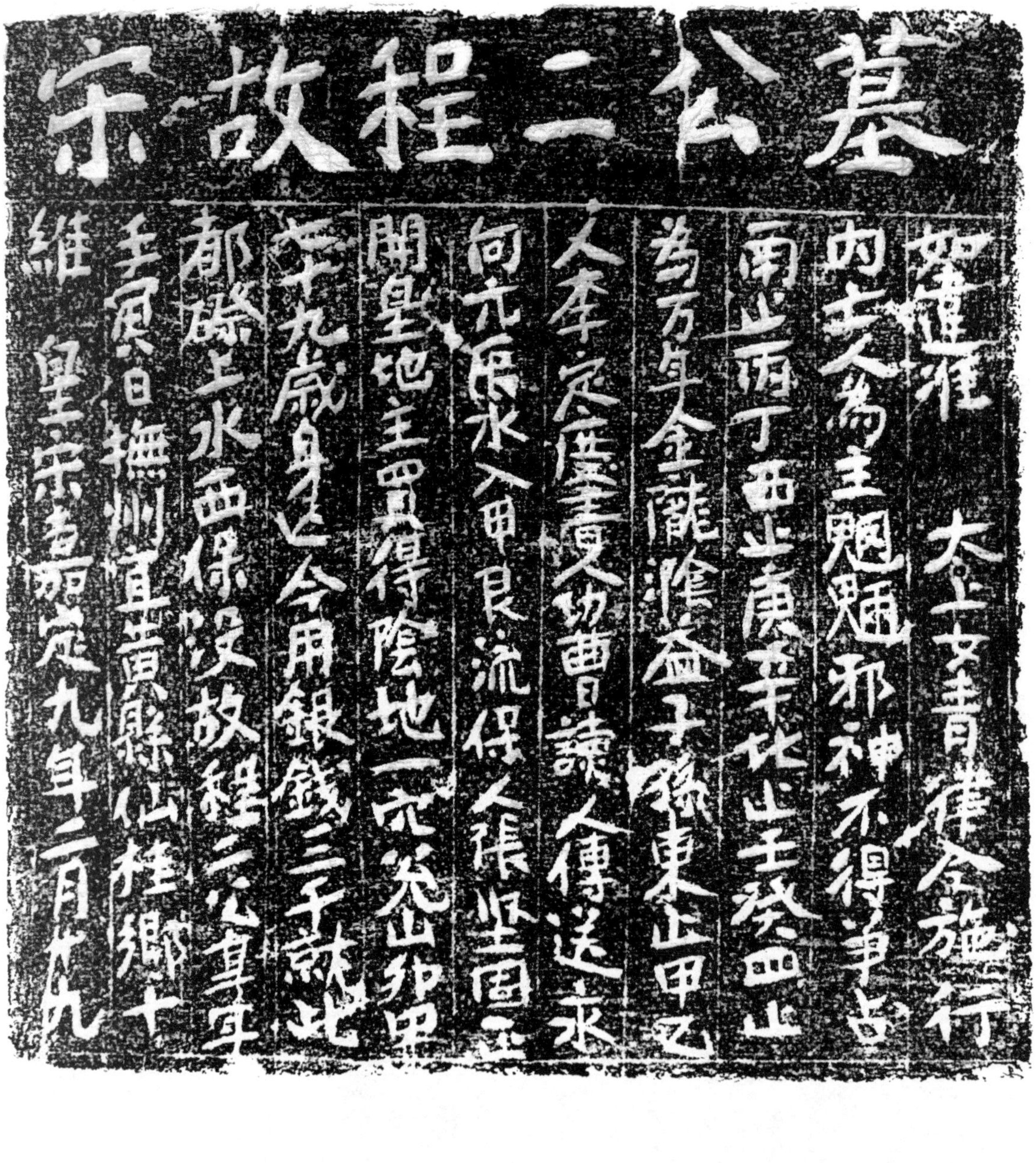

宋故程二公墓

契建准 太上女青律令施行
内主人為主魍魎邪神不得爭占
南止丙丁西止庚辛北止壬癸四止
為万年金藏陰益子孫東止甲乙
人奉定度書夏功曹讀人傳送永
向元辰水入甲艮流保人張堅固至
開墓地主買得陰地一穴癸山卯甲
年九歲身之今用銀錢三千就此
都磜上水西保没故程二公享年
壬寅日撫州宜黃縣仙桂鄉十
維 皇宋嘉定九年二月廿九

五十三　宋羅氏墓碣

嘉定十一年（1218）九月二十七日

額正書四行：宋故夫人羅氏墓碣

宋故夫人羅氏墓碣 /

夫人羅氏，同里人也，曾祖叔茂、祖漢相、/ 父政強。年甫及笄，歸于我祖。生子二人：/ 長曰文彬，娶齊氏，而先夫人卒；次曰文 / 炳，娶吳氏，染疾未安。孫男四人：長曰必 / 先，亦先夫人卒，有子曰琮；次曰必大，娶 / 吳氏，有子曰士；三曰必聞；四曰必政。必 / 大以父病，代承重服终喪。夫人生於紹 / 興己巳之九月七日，歿于嘉定戊寅之 / 九月二日，以是月二十七日丙申附葬 / 于我祖之塋右。然夫人懿德不敢追述，/ 又守重制，不皓匍匐鄉先生之門而求 / 叙夫人之行。惟是揜壙，歲月不可無紀。/ 必大啣哀抆泣，書其槩，刻之石，而納諸 / 墓。葬之前二日，必大再拜稽顙謹誌。

羅氏孫必大撰並書。高 57 釐米，寬 49 釐米。正書 15 行，滿行 15 字。

宋故夫人羅氏墓碣

宋故夫人羅氏墓碣

夫人羅氏同里人也曾祖叔茂祖漢相父政強年甫及笄歸于我祖生子二人長曰文彬娶黎氏而先夫人卒次曰文炳娶吳氏染疾未安孫男四人長曰必先亦先夫人卒有子曰琮次曰必大娶吳氏有子曰士三曰必聞四曰必政必大以父病代承重服終喪夫人生於紹興己巳之九月七日歿于嘉定戊寅之九月二日以是月二十七日丙申附葬于我祖之塋右然夫人懿德不敢追述又守重制不能匍匐鄉先生之門而求敘夫人之行惟是揜壙歲月不可無紀必大啣哀抆泣書其槩刻之石而納諸墓葬之前二日必大再拜稽顙謹誌

五十四　宋吳五二郎地券

紹定元年（1228）十二月二十一日

額正書一行：故吳公墓誌

維皇宋金谿縣順政鄉三十三都，即有亡人吳五二郎，享年六十三歲。/ 忽被二鼠侵藤，四虵俱逼。今用銀錢 / 九千貫買得土名丙向地一穴，於 / 戊子紹定元年十二月廿一日安葬。其地 / 東龍西虎，南雀北圭。上天下地，中心立 / 穴，永為亡人塚宅。湰溢子子孫孫，代 / 代富貴。凶神悪鬼不得妄来争 / 占。如有此色，分付七十神、王子喬，/ 先斬後奏。急急如律令。/ 保人張堅固、見人李定度，/ 書人天官道士。

高 41 釐米，寬 36 釐米。正書 12 行，滿行 16 字，從左至右書寫。

故吳公墓誌

維皇宋金谿縣順政鄉三十三都
即有亡人吳五二郎享年六十一歲
忽被二鼠侵藤四蛇俱逼今用銀錢
九千貫買得土名　丙向地一穴於
戊子紹定元年十二月廿一日安葬其地
東龍西虎南雀北圭上天下地中心立
𠑽永為亡人塚宅滄海子子孫孫代
代富貴出神惡鬼不得妄來爭
占如有此芭分付七十神　王子喬先
斬後奏急急如律令
保人張堅固　見人李定度
書人天官道士

五十五　宋故方氏孺人壙記

淳祐四年（1244）九月二十二日

額正書四行：宋故方氏孺人壙記

祖母孺人世為撫之臨川人 / 也。生於紹興庚辰十二月乙 /夘，卒於淳祐癸夘十二月己 / 丑。不幸，祖考先十七年卒。嚴 / 父亦弗獲终養，先孺人十四 / 年卒。孫男四人：茂龍、雲從、翔、/ 奕。曾孫男女十二人。越明年 / 九月庚申，葵于所居之南霧 / 塘山。謹書年月，納諸壙以誌 / 不朽云。孝孫茂龍百拜謹書。

方氏孫茂龍撰並書。高 56 釐米，寬 30 釐米。正書 10 行，滿行 11 字。

宋故方氏孺人壙記

祖母孺人世爲撫之臨川人
也生於紹興庚辰十二月乙
卯卒於淳祐癸卯十二月己
丑不幸祖考先十七年卒嚴
父亦弗獲終養先孺人十四
年卒孫男四人茂龍雲從翔
奕曾孫男女十二人越明年
九月庚申葬于所居之南霧
塘山謹書年月納諸壙以誌
不朽云孝孫茂龍百拜謹書

五十六　宋裴天錫墓誌

淳祐十年（1250）四月一日

額正書四行：宋故裴五宣義墓誌

予從弟諱天錫，字景範。曾祖究、祖尚、父三益俱/潛德不仕。世居於撫之崇仁縣西，後徙於東門/外。君少而穎悟，負大志，視生產作業如敝屣。稍/長，習科斗文字。每小試，輒居人前，又以他經占/魁，善訓導人，鄉里争館之。己卯科中後榜，再應/舉屢不利。奮然擔簦遠遊，以廣其見聞，至歲時/乃返。嘗囑其長子曰："汝姿稟非庸下，宜力學以/光前業。"己酉秋，攜諸子赴舉試罷，君朝星源，中/途染疾而歸。入郡界，見榜，已知長子領薦。到家，/卧病連月，百藥不驗而逝。嗚呼！以十數秊奔走/江湖而竟卒於正寢，以二十秊辛勤教子而獲/覩其子姓名於賢能書中，君寧不含笑入地下/耶。君娶許氏，生男三人：俊發、俊德、俊傑。女一人，/閨娘。君生於慶元乙卯正月之丙午，卒於淳祐/己酉十二月之己未。越明秊四月丁酉朔，葬于/長安鄉之横谿。不可無以紀歲月，於是兄裴烈/為之誌并書。

裴烈撰並書。高 59 釐米，寬 44 釐米。正書 17 行，滿行 18 字。

宋故裴五宣義墓誌

子從弟諱天錫字景範曾祖究祖尚父三益俱潛德不仕世居於撫之崇仁縣西後徙於東門外君少而穎悟負大志視生產作業如敝屣稍長習科斗文字每小試輒居人前又以他經占魁善訓導人鄉里爭館之己卯科中後榜再應舉屢不利奮然擔簦遠遊以廣其見聞至歲時乃返嘗囑其長子曰汝姿禀非庸下宜力學以光前業己酉秋攜諸子赴舉試罷君朝星源中途染疾而歸入郡界見榜已知長子領薦到家臥病連月百藥不驗而逝嗚呼以十數年奔走江湖而竟卒於正寢以二十年辛勤教子而獲覩其子姓名於賢能書中君寧不含笑入地下耶君娶許氏生男三人俊發俊德俊傑女一人閨娘君生於慶元乙卯正月之丙午卒於淳祐己酉十二月之己未越明年四月丁酉朔葬于長安鄉之横谿不可無以紀歲月於是兄裴烈爲之誌并書

五十七　宋丁公濟壙記

淳祐十二年（1252）十一月四日

額篆書四行：有宋致政丁公壙記

公諱公濟，字和伯，世家喻關之北。丁之先，系出潭之醴陵，宋祥符間，始祖諱雋，/ 勑賜旌表其門。後以儂寇劇警，避居臨江之新喻。自旌表公以来，一儒印相傳，/ 泒芳流馥。曾祖居厚，高隱弗仕。祖次魚，領乾道鄉薦。父袞之，以易學鳴。公則袞 / 之家嗣，天性質栗，悃愊不華。侍鄉之長者立，則恂恂以敬；與鄉之幼者言，則愉 / 愉以和。誠勿欺，簡勿傲，平且易，勿徑以率。幼苦嗜學，白首弗渝。太平六典，實公 / 素績。晚學小生，一再試不偶，學即荒落。公堅忍力行，老壯一節。厥歲己酉，公年 / 已逼耆稀之數，猶日課文義，賈勇槐秋。甞謂："苟得占名桂書，足吾本志，亦可見 / 先人於地下。"公富於學，天嗇於名，謂之何哉！辛亥孟冬，忽嬰微疾，猶且強起，勇 / 於餌藥。且曰："壬子天詔壓眼，吾猶俟疾之愈，亟為一試之行。"忽壬之正月，易簀 / 弗瘳，有志之士為公哀之。然好學篤問，金石不移，真足以繩準後進。懷璞不售，/ 有天焉，君子不謂人也。公生於淳熙壬寅十一月二十二日之亥時，沒於淳祐 / 壬子正月二十六日之申時。娶胡氏，實邑東万全別駕洵直之孫。子三：長曰槼，/ 仲曰栞，幼曰桀。二賦一經，皆佩義方訓。女二，長適奉直大夫、提點廣西刑獄公 / 事李公絪之幼子曰大佑，幼適迪功郎、前潭州瀏陽縣尉楊宜。孫男一，士煜。孫 / 女二，長許適進士黃天祐，幼尚襁褓。諸孤将以淳祐十二年十一月初四日甲 / 申奉柩葬於喻之鍾山鄉礲上小甘之源，辰山戌向，且泣以請記。嵩之視公為 / 前輩行，辱親且契，諗公之事實為詳，於是乎書。宋淳祐十二年十月日親末 / 從政郎、知隆興府靖安縣主管勸農營田公事、兼弓手寨兵軍正何嵩之記并書。/ 鐫者嚴祁。

何嵩之撰並書，嚴祁刋。高 97.5 釐米，寬 51 釐米。正書 19 行，滿行 30 字。

五十八　宋黄公地券

寶祐元年（1253）十二月二十八日

額正書一行：宋故黄公墓□

維皇宋宝祐元年歲次癸丑，撫州臨川縣長安鄉□□里/□上保居孝男黄子朝、子友、子通，上侍母親劉氏，孝女/四娘，孝新婦黎氏、饒氏、陳氏，孝孫必富、友明、必先、必志、□弟、/弟哩、寄哩、牙哩，女孫一娘、三娘、四娘、五娘，孫婦吳氏、金氏，/延孫生哩，伏為亡父四六公元命，辛丑十月生，享年七十三/歲，不幸於十二月二十三日即世，命謝浮生。二十八日壬申安厝，/當備錢財香酒，就于陂源南坑開皇地主、五土尊神处買/下庚山甲向地一穴，水帰癸艮長流。東止甲乙青龍，南止/丙丁朱雀，西止庚辛白狩，北止壬癸玄武。上止青天，下止/黄泉。當心立穴，永與亡人作一万年塚宅，外道不得/妄行争占，急急如律令。/牙人張堅固、保人李定度、書人天官道士。

高 54.5 釐米，寬 43.5 釐米。正書 12 行，滿行 22 字。

宋故黄公墓

五十九　宋吳五九公地券

咸淳二年（1266）八月二十四日

額正書一行：地券

維皇宋咸淳二年丙寅歲八月辛酉朔越二/十四甲申日，即為撫州臨川縣長安鄉奉章里/橋一甲南保居故亡人吳五九公元㑎，丁巳年六月/辰時受生，享年七十歲。孝妻鄧氏十娘，孝/男吳子明，孝女吳氏三娘，孝弟吳文德，孝新婦/吳氏一娘，孝男孫未孫。合眾孝眷特備錢財就/于開皇地主處買置陰地一穴，坐甲山作庚向。其地東止甲乙，南止丙丁，西止庚辛，北止壬癸。上止/清天，下止黃泉。永為亡人仙宅，不得同名同姓人爭占。/如有爭占之時，乞牒太上玄都先斬後奏，急如律令。/□牙人張堅固，書人李定杜，證人梁道古、寇道□。

高 44 釐米，寬 33.5 釐米。正書 11 行，滿行 19 字。從左至右書寫。

月 地券 日

六十　宋熊幼静壙記

咸淳五年（1269）八月二十九日

額篆書四行：宋甘孺人熊氏壙記

夫人熊氏，名幼静，世家豫章豐城之南岡。曾大父特立，故承信郎。大父夢白，故從 / 事，即道州營道縣主簿。父鎬，妣王氏，故文思院王公之再世孫，從事公扵文思為 / 外孫，考君續王熊之好而贅焉。故夫人育于甥舘，垂髫始復于熊。越三年，不幸皇 / 妣即世，居喪哀毀如成人，事考君尤篤孝。稍長，織絍纂組之工皆餂自力。及笄，考 / 君適苦弱疾，朞歲不形言笑，惟鍾愛此女。一日，囑伯氏致政竹齋翁曰："其為我擇 / 所宜歸。"余適從學于書林熊公之門，竹齋翁一見相期，謂其弟曰："吾為汝淂東床 / 矣。"甲辰春，歸于我。夫人與慧敏偕生，與禮順偕長。其在女氏也，孝謹克奉，貞亮自 / 處。及相吾家，敬以事其上，恩以御其下，庶幾婦德之無缺者。先君子賦性方嚴 / 堂隍，整有規槼。夫人怡聲下氣，奉事惟謹。太夫人柔淑寬和，一無責俻，而夫人 / 養之，尤不敢慢，故一門之内雝雝肅肅。余生平嗜學，志在進取，累試成均不偶。而 / 夫人益致儆戒相成之助，佐烝甞，禮賓友，供具不飭而辦，無幾微倦色。家事纖悉，/ 尤善綜理。絲枲衣裙之微，醯醢蔬茹之末，皆有端緒。余淂以安意文墨而圖所未 / 遂，夫人力也。歲在丁卯，忽膺竒疾，靡劑不甞，靡神不舉。罷力扵朞年之間，竟莫之 / 起。烏乎！天胡厚是懿德而獨嗇其壽邪！夫人生扵嘉定甲申九月之十三日，殁扵 / 咸淳戊辰二月之十日，淂年四十有五。男四人：顏觀、貢孫、梓老、言觀。女一人，琬琇。/ 貢孫出继于同宗，梓老為其弟上舍如淵後，皆夫人未殁時割愛也。烏乎！相助之志未副，而不淂以偕老；兒女之債未償，而遽使之失所恃。哀哉！殁之明年，淂卜扵 / 撫州臨川縣明賢鄉雙溪里之田東，山秀而水冽，土燥而面陽，其吉宅也歟！以已 /

巳八月之壬寅窆玆土，念不可無以詔諸幽敬，雪涕書其槩。夫甘應𡨴謹誌，弟太/學養正齋待省進士如淵書，從叔迪功郎、新鄂州崇陽縣主簿汝㙺填諱并題蓋。

甘應𡨴撰，熊如淵書，熊汝㙺填諱並題蓋。高96.5釐米，寬61釐米。正書20行，滿行31字。

六十一　宋馮如松壙記

咸淳十年（1274）十二月十八日

額正書五行：有宋馮公孟二宣教壙記

先君諱如松，字松甫，姓馮氏，世居饒之安仁崇德鄉。曾大父言、大父槐、父憶，皆/潜德弗耀。母謝氏。先君自幼有立，篤志于學。吾祖嘉其志，不倦教。後雖未能大/其所成，而立身行己、治家處鄉之道，所得盖亦多矣。為性温厚，與人無物我，鄉/鄰姻黨慶弔必躬，急難以赴，雖寒暑不懈乎！居家庭和氣藹然，事或有觸忤，率/以寬待之，愠怒未嘗形於色。至於歷變故，任煩劇，人視之若不堪，而先君處之/若暇。豫此皆胷中有所主而然也。先君律身儉，治家勤，經理庶務，一出於公。故/子息雖夛，而其所以撫養教誨，視親踈如一體也。婚聘嫁娶，各及其時。至後子/舍蕃盛，故廬湫隘，遂謀改創。雖迁新居已十餘年，然相距跬步間，昏定晨省，常/如同堂合席時也。此先君應世酬物之大槩，有得於學者如此。不幸，天不憖遺。/癸酉春，勿嬰一疾，藥試無効。先君召濟兄弟曰："世事已矣，汝其克自植立門户，/無忝爾所生，吾死不憾也。"言既而卒。嗚呼痛哉！先君生於嘉定己夘七月十三/日，卒於咸淳癸酉二月十七日，享年五十有四。娶方氏。男三人：長沂，乃先君命/江西謝氏之子継立，娶褚氏；次濟，娶吳氏；幼漸，娶黄氏。女一人，適同里黄士龍。/孫男六人：長璘，娶黄氏；次璨，娶江氏；瑩、大岳、大禄、細禄。孫女月娘、辰娘。諸孤將/以卒之次年十二月十八日庚申奉柩塟于居之東偏，坐亥向夘，從治命也。其/諸行實未能丐銘于當世立言君子，姑叙年月，納諸壙云。孝男濟等泣血謹書。

馮濟撰並書。高64釐米，寬36釐米。正書16行，滿行30字。

有宋馮公孟二宣教壙記

先君諱如松字松甫姓馮氏世居饒之安仁崇德鄉曾大父言大父槐父憶皆
潛德弗耀母謝氏先君自幼有立篤志于學吾祖嘉其志不倦教後雖未能大
其所成而立身行己治家處鄉之道所得蓋亦多矣篤性溫厚與人無物我鄉
鄰姻黨慶弔必躬急難以赴雖寒暑不懈乎居家庭和氣藹然事或有觸忤率
以寬待之慍怒未嘗形於色至於歷變故任煩劇人視之若不堪而先君處之
若暇豫此皆胸中有所主而然也先君律身儉治家勤經理庶務一出於公故
子息雖多而其所以撫養教誨視親疎如一体也婚娉嫁娶各及其時至後子
舍蕃盛故廬湫隘遂謀改創雖遷新居已十餘年然相距跬步間昏定晨省常
如同堂合席時也此先君應世酬物之大槩有得於學者如此不幸天不憗遺
癸酉春忽嬰一疾藥試無効先君召濟兄弟曰世事已矣汝其克自植立門户
無忝爾所生吾死不憾也言既而卒嗚呼痛哉先君生於嘉定己卯七月十三
日卒於咸淳癸酉二月十九日享年五十有四娶方氏男三人長沂乃先君命
江西謝氏之子繼立娶褚氏次濟娶吳氏幼漸娶黃氏女一人適同里黃士龍
孫男六人長璘娶黃氏次瓅娶江氏瑩大岳大祿細祿孫女月娘辰娘諸孤將
以卒之次年十二月十八日庚申奉柩葬于居之東偏坐亥向卯從治命也其
諸行實未能丐銘于當世立言君子姑叙年月納諸壙云孝男濟等泣血謹書

六十二　金李思彦墓誌

天會六年（1128）十二月十日

公諱思彦，字子美，其先隴西燉煌人。唐高祖節度太原，代隋氏奄有/神器，子孫由是家扵河東，公鄭王之裔嗣也。祖匡仁在宋時為儒林郎，/歷大平、安邑、襄陵三縣宰，臨政有餤名。父忠告，以秘書省校書郎任同/州下陽簿。父子咸以清節□，因徙居大平之李荘。公少小不為兒戲，喜/俎豆，慱涉群書。壯年被鄉貢送禮部試，不中，遂杜門覽古書以自怡。/熙寧間，南宋録帝王之後，公乃以僋像恩，授員外郎。因喟然歎/曰：“丈夫不餤自致冨貴，乃欲藉祖蔭以為官耶!”遂無復仕宦意。公世為/大平望族，美風姿，堂堂七尺，舉動有古人風氣。治身治家，斬斬/有法度。扶困賑乏，鄉閭稱為長者。妻段氏，九十五终，自結髪至/偕老，敬待如賓，各享上壽。公年八十一，以疾终扵家。子一人，始/冠，游學嵩少間，後不知所存。四女，各適鄉里著姓。汝明與/公之孫知白有鄉曲之舊，且獲同僚扵州事。懇予為/其祖之銘，義不可辞，乃銘之曰：/

旹天會六年歲次戊申十二月辛亥朔初十日庚申。/

惟公之生，唐李之裔。長扵冨貴，/漸扵禮義。豐而不侈，官而不仕。/壽终扵家，慶流扵嗣。葬之爽愷，惟克永世。/

文林郎、试大理評事、權絳陽軍知律事楊汝明撰，入門房孫王度書。

哀孫知白，權絳陽軍兵馬都監兼管煙火事立石，李賛善刋。

楊汝明撰，王度書，李知白立石，李賛善刋。高 74 釐米，寬 71 釐米。行書 19 行，滿行 27 字。

六十三　金范宗立墓誌

天會十五年（1137）十月十一日

誌蓋篆書二行：范府君銘。

故范府君之銘/

聞生死二義，人之常也；生事死葬，人之禮也。方眠氷/奉笋，賣己藏櫝。彰一代之名，在万人之上，□今至右道/乃皎然。/

翁諱約，澤州高平郡人也。君諱宗立，廓落神姿，/恢弘大度。鄉閭咸推，流俗共美。婆婆白氏。君之夫人李氏，/乃合族之女。倣孟氏之功，継李氏之德。/嗣子范進，守閂不仕，唯務家風。侍父母冬温夏清，接用方/□，代長信篤。夫人王氏。孫男韓五。孫女劉郎婦、/郝郎婦。城西南二百步，河馬邊市地一畝二分，準計價/錢叁貫。又依除其地，准格無去□達塋域外植。/

天會十五年十月十一日盖袝于此。/旹也，悲風曀路，慘日昏衢。人啼與猿叫交加，鈴坐和樂/韻霊徐。伏慮年莘易變，名跡湮沉，遂刋貞珉，/用照厥後。

高34釐米，寬37釐米。正書15行，滿行22字。

六十四　金韓氏墓誌

正隆三年（1158）十月二十三日

額篆書一行：故韓氏墓誌銘

故韓氏墓誌銘 /

鄉貢進士王著撰并書。/

承奉郎、飛騎尉、賜緋魚袋、充祁州軍事判官王春篆額。/

正隆戊寅九月二十二日，著故人張珪母亡，匍匐往吊。見珪號扵靈筵之側，哀毀過制。著誠不忍視，析 / 以聖人傷生之理，委曲解之。珪斂涕而言曰：“昔珪母相先君，事祖考妣為子為婦，以孝謹聞扵鄉里。不 / 幸，先君早世，而祖考妣亦相継亡去。方是時，珪與諸弟尚幼，獨珪母躬勤內事，鞠育諸子。晝則忘湌，宵 / 則忘寐，九三十載。其艱苦之狀，不可具述。今未鶴髮，而珪昆弟幸尔長立，方圖竭力以報罔極。俄尔染 / 疾，罹此罪釁，此所以呼天之痛，宜有加也。”著聞之，吁嗟而退。既歸之明日，有報凶服立扵門者，疾趍而 / 出，則珪也。揖入，問其故。曰：“珪卜葬有期，然埋銘未有託也。”遂探懷出其母實行之狀，且請扵著曰：“敢以 / 此相囑，願勿我辞。”著歎曰：“珪誠孝也，著亦喜成人之孝也。又况銘人之親，固無所愧，是不可辞。”故即序 / 而書之云：/

韓氏，黃碾村良族，年十六，歸故驛清河張君。君諱象，為都保正。君容皃魁偉，智識明敏，鄉人畏愛之。卒 / 扵天會五年正月三日，時年三十六。韓氏専屋宇，志撫誨諸子，和睦宗族，恭勤儉約，少有其比。雖浣濯 / 逢紉之勞，必躬親之。以至治理內政，動皆有法。甞謂諸婦暨諸女曰：“蚕桑之事，汝輩當為之急。鞶結刺 / 繡之工，不足學也。”親属中有頑鄙不馴者，望其風少戢所為。或有賓客過門，必躬執薪爨，庖饌豐潔。雖 / 連宵並日，略無怠意。每遇節辰或壽日，子孫羅

列庭下延祝壽齡。但執盃不飲，訓誨之語，諄諄周至。雖/臧獲之輩，莫不怡然聽順。里閭取以為法，古之賢母與此何較。又能自薄奉養，施畀貧屢。由是，門風少/有其比。一日，感疾，召諸子告之曰："我疾，必不起，愼勿謁醫。吾聞人壽七十者稀，吾年今近之矣。設或得/终，亦不為短，汝曹可無憾。"扵是諸子環立而泣，勉進藥餌，果弗獲効。遂终扵正寢，享年六十五。前一日，/呼宗族訣曰："吾明日當终，各勉力家事。"此蓋平日誦釋典有所得也，亦曾受佛八戒。卜以其年十月廿/三日葬扵祖塋辛穴，從舅姑也。子六人：曰珪，能克紹先志；曰瑜，早卒；曰玠；曰□；曰璘；曰瑾。皆能恭勤家/務。女一人，適北垂村劉漳。孫男一十四人。孫女一十三人，五人有歸，余在室。曾孫男四人，曾孫女二人。而銘之曰：/

嗚呼令□，婉婉其賢。歸扵慶門，克相其天。其天早亡，/諸孤在前。母道是宜，卓立森然。仰事舅姑，恭順無愆。/蘭芬芝馥，芳譽其傳。子孫詵詵，福慶綿綿。偉載日興，/伊誰力焉。漳水之濱，滏山之偏。刻詩幽石，億万斯年。/

申福刋。

王著撰並書，王春篆額，申福刋。高 85.5 釐米，寬 55 釐米。正書 27 行，滿行 37 字。

故韓氏墓誌銘

故韓氏墓誌銘

鄉貢進士王著撰并書

承奉郎飛騎尉賜緋魚袋充祁州軍事判官王春篆額

正隆戊寅九月二十二日著故人張珪母亡匍匐往弔見珪號泣靈筵之側哀毁過制意誠不忍觀祈

以聖人傷生之理委曲解之珪歔欷涕而言曰昔珪母相先君事祖考妣爲子爲婦以孝謹聞於鄉里不

幸先君早世而祖考妣亦相繼亡去方是時珪與諸弟尚幼獨珪母躬勤内事鞠育諸子晝則忘飡宵

則忘寐凡三十載其艱苦之狀不可具述今未鶴髮而珪昆弟卒亦長立方圖竭力以報罔極俄尔染

疾罹此罪釁此所以呼天之痛宜有加也著聞之吁嗟而退既歸之明日有款扉立於門者疾趨而

出則珪也揖入問其故曰珪卜葬有期然埋銘未有託也遂探懷出其母實行之狀且請於著曰敢以

此相囑願勿我辭著歎曰珪誠孝也著亦善成人之孝也又況銘人之親固無所愧是不可辭故即序

而書之云

韓氏黃礙村良族年十六歸故驛清河張君君諱象爲郡傑正君容皃魁偉智識明敏鄉人畏愛之卒

於天會五年正月三日時年三十六韓氏專屋宇慈撫誨諸子和睦宗族恭勤儉約少有其比雖浣濯

縫紉之勞必躬親之以至治理内政動皆有法嘗謂諸婦暨諸女曰蠶桑之事汝輩當爲急譬結刺

繡之工不足學也親屬中有頑鄙不馴者望其風少戢所爲或有賓客過門必躬執薪爨庖饌豐潔雖

連宵亙日略無怠意每遇節辰或壽日子孫羅列庭下延祝壽齡但執盃不飲訓誨之語諄諄周至雖

臧獲之輩莫不怡然聽順里閭取以爲法古之賢母與此何較又能自薄奉養施畀貧匱由是門風少

有其比一日感疾召諸子告之曰我疾必不起慎勿謁醫吾聞人壽七十者稀吾年今逾之矣設或得

終亦不爲短汝曹可無慽於是諸子環立而泣勉進藥餌果弗獲効遂終於正寢享年六十五前一日

呼宗族訣曰吾明日當終各勉力家事此蓋平日誦釋典有所得也亦曾受佛八戒以其年十月七

三日葬於祖塋卒於從舅姑也子六人曰珪曰能克紹先志曰瑜早卒曰玠曰琿曰璘曰璉皆能恭勤家

務女一人適北里村劉璋孫男一十四人孫女一十三人五人有歸余在室曾孫男四人曾孫女二人命銘之曰

嗚呼令[illegible]　婉婉其賢　歸於慶陴　克相其夫　其夫早亡

諸孤在前　母道是宜　卓立森然　仰事舅姑　恭順無愆

蘭芳之馥　芳譽其傳　子孫詵詵　福慶綿綿　偉哉日興

伊誰力焉　漳水之濱　瀰出之偏　刻詩幽石　億萬斯年

申福刻

六十五　金張通墓銘

大定三年（1163）十月二十八日

額篆書一行：金故張公墓銘

金故張公墓銘

鄉貢進士李可權撰。/

文林郎、孟州司侯申良弼書。/

從仕郎、武州寧遠縣主簿楊楙篆額。/

公諱通，姓張氏，世為潞人。曾祖諱慶祖，祖諱安，父諱賓。咸不仕業農，負郭有田數頃。聚/族僅百口，豪於鄉里。自迺祖析居為五，後至公，復增起元分田產，兼并略不減初。父/蚤卒，事母尤謹，孝能承顏。雖觸事怒甚，母或臨側，則忻忻然，易喜與接，為構未嘗忤/物。娶王氏，善事舅姑，能內助。生男三人。長曰景房，業進士有文，今年赴/御試不苐，惜哉。娶韓氏，生孫男曰檜老。孫女三人，曰羙兒、福奴、引兒。次曰景純，娶吳/氏，生孫男二人，曰松老、栢老。孫女三人，曰二姑、五娘、八娘。季曰景詠，元娶王氏，蚤卒，/再娶班氏，生孫女曰七娘。初，公年踰冠，值/本朝撫定，不意小寇慓悍，禍緣州郡。公適在黎邑，聞之大慟曰："父母在城中，居此，雖/生奚益？"逼暮，踰城入，黎明，匿破垣中。晝隱夜尋，凡再宿，見父，驚曰："子幸在外，競入危/城中就死耶？當亟去，俱死何益？"因又見母氏，堅不肯出城。公哀泣，欵細誘說。夜登城，/俱縋而下，避山谷間，稍稍復業。嗚呼！冒万險脫二親於幾死，非至孝能如是乎！公黎/邑有別業，歲歲往来不絕。邑民輸稅本州，往往假貸，至積欠甚多，或未能償，亦無抑/逼。黎距州北百里，州人上下甚多，公見者，無不以酒食相欵，或贈路資，其寬厚不鄙/如此。又喜儒，縱其子景房游學，不惜金幣。黎舊有道院，無名額。頃年，/國家有旨，寺觀無名額者除去，許以百千售其額。公首出己財，率唱諸人，不日而集，/得其額曰“通仙觀”。不幸，於大定三年十月八日，以疾卒於是觀。公諱通，特致力於此，/豈其讖耶？享年五十有九，越三日，凶訃至州，景房號泣至彼，護喪歸。卜是月二十八/日，葬於上黨縣太平鄉秦村正東之塋。其孤景房等乞銘於余，餘與公同里游且久，/頗知公之行事，義有不得辞者，遂為之銘。銘曰：/

有田有宅，優游乎生涯；有子有孫，秀發其蘭芽。既孝且謹養志而不華，既勤且/儉能昌熾其家。忽然以逝，杳杳而魂賒；視兹刻石，疇非哀也耶！/

北董村董進刻。/

李可權撰，申良弼書，楊楙篆額，董進刊。高 84.5 釐米，寬 53 釐米。正書文 25 行，滿行 32 字。

金故張公墓銘

金故張公墓銘

鄉貢進士李可權撰

文林郎孟州司候申良弼書

從仕郎武州寧遠縣主簿楊楙篆額

公諱通，姓張氏，世為潞人。曾祖諱慶，祖諱安，父諱寶，咸不仕，業農，負郭有田數頃，聚族僅百口，豪於鄉里。自適祖析居為五，後至公復增起，元分田產無并，略不減。初父蚤卒，事母尤謹，孝能承顏，雖觸事怒甚，母或臨側，則怡怡然易喜。與接為構，未嘗忤物。娶王氏，善事舅姑，能內助。生男三人，長曰景房，業進士，有文，今年赴御試不第，惜哉。娶韓氏，生孫男曰檜老，孫女三人曰美兒、福奴、引兒。次曰景純，娶吳氏，生孫男二人曰松老、柏老，孫女三人曰二姑、五娘、八娘。季曰景詠，尤娶王氏，蚤卒，再娶班氏，生孫女曰七娘。初公年踰冠，值本朝撫定，不意小寇慓悍，禍緣州郡。公適在黎邑，聞之大慟曰：父母在城中，居此雖生奚益。遂暮踰城入，黎明匿破垣中，晝隱夜尋，凡再宿，見父，驚曰：子幸在外，競入危城中就死耶？當亟去，俱死何益。因又見母氏，堅不肯出城。公哀泣款細諦說，夜登城俱縋而下，避山谷間，稍稍復業。嗚呼！冒萬險脫二親於幾死，非至孝能如是乎？公黎邑有別業，歲歲往來不絕，邑民輸稅本州，往往假貸，至積欠甚多，或未能償，亦無抑逼。黎距州北百里，州人上下甚多，公見者無不以酒食相款，或贈路資，其寬厚不鄙如此。又喜儒，縱其子景房游學，不惜金幣。黎舊有道院，無名額，頃年國家有旨，寺觀無名額者除去，許以百千售其額。公首出己財，率唱諸人，不日而集，得其額曰通仙觀。不幸於大定三年十月八日以疾卒於是觀。公諱通，特致力於此，豈其讖耶？享年五十有九。越三日，函訃至州，景房號泣至彼，護喪歸，卜是月二十八日葬於上黨縣太平鄉秦村正東之塋。其孫景房等乞銘於余，余與公同里，游且久，頗知公之行事，義有不得辭者，遂為之銘。銘曰：

有田有宅，優游乎生涯。有子有孫，秀發其蘭芽。既孝且謹，養志而不華。既勤且儉，能昌熾其家。忽然以逝，杳杳而魂賒。視茲刻石，疇非哀也耶。

北董村董進刻

六十六　金劉正墓銘

大定四年（1164）四月十九日

額篆書一行：金故劉公墓銘

金故劉公墓銘 /

鄉貢進士李可權撰并書。/

承奉郎、前祁州軍事判官、飛騎尉、賜緋魚袋王春篆額。/

公諱正，字吉甫，姓劉氏，世為潞城縣北垂村人。自遠祖咸業農，曾大父諱清，大父諱秀，父諱順，善播種，别五土之宜，由此起家，/至為一鄉之冠。凡四娶，獨郭氏生男五人。長曰師尹，次曰聚，二子同一產，皆先卒。次曰正，是為公也。次曰忠，又同一產。次曰寔，/亦卒。郭氏三產五男，異哉！公性剛峭，有執守，遇賢善交際，則傾倒肝肺。自餘獷悍輩，亦禦之有術，莫敢侵侮。事親以孝聞，凡交 / 往重然諾，尤喜種養事。娶程氏，生男五人：曰滋；曰淏；曰洪，洪早卒；曰汶；曰浹。咸謹善有父風。女二人：長適郝長思，早卒；次適牛 / 信。孫男五人：曰琚，曰瑾，曰瑜，皆已娶；曰長僧，曰居安，尚幼。孫女九人：一適陳祐，一適郝溥，餘在室。初一 / 本朝收復，籍民軍南征。公以户計，上徵六人，諸昆季議，咸以佃客等代行。是時，公之先考尚無恙，亦云云。公愀然曰："非也，彼佃 / 客，然親密皆他人耳。軍行不無艱苦，万一不任其役，或有逋逃，責在誰耶？宜躬親率領。"餘人遂促裝，請以己備行。自初冬徂春，/ 直抵江浙而迴，卒保無虞。噫！竭力於家，所謂在醜夷不争者，公得之矣。自經兵火，雖家資屋宅燒毁蕩散，因矻矻瘽身南畝數 / 載，復完倍於疇昔。至肥田沃壤，連亘阡陌。積粟万數，廥廩充滿。雜畜成群，林木鬱茂。一川之間，望之可愛。聚族百餘口，嬉嬉如 / 也。洎佃户二百餘口，公使令趍，務必以軟語美言，如臂運指，不動聲氣而集辦。又欲增起第宅，

就西北二百餘里綿山縣買斫 / 木植，區區與僕隸同辛苦，略無辝憚。建造屋宅，比舊增倍。以物力充本鄉巡綽捕盜，公私曲盡，人無怨言。或鄉社相聚有商評，/ 必取公為則。至於儒釋道，皆喜延接，或有要求，殊無吝澁。已而，公父歿三年之喪畢，諸姪中有欲析居者，公以家產資財藏蓄 / 優厚，不肯認而獨攄，恐涉瓜李。遂置之不問，因分而為五。尔後，公慨然復有增益之意，出穀命工，扵張村泉子溝鑿山取炭。功 / 既就，賴以養生者僅百家。晚年於所居之南頗植花菓，葺亭榭，為遊息待賓之所。無何，卒於大定四年三月二十一日，享年八 / 十有四，遂卜得四月十九日舉葬於村西北一里餘先塋之次。其孤滋等因請余為銘，余昔時處公家塾，主善者凡二載。日得與 / 公接談笑，頗知公之行事，而又滋等請之懇懇，余不得辝，遂為之銘。銘曰：/

農者四民本，公既勤身而靡遑；孝為百行先，公又誠心而弗忘。矧柔和而接物，守剛直以為常。苦已勞形而意不憚，/ 竭力盡瘁而志愈強。在先祖以無忝，宜子孫而克昌。卜兹吉地，终焉允臧。東有山曰大禹，西有水曰清漳。刻片石而 / 期永久，山蒼蒼而水洋洋。

申福、張智刋。

李可權撰並書，王春篆額，申福、張智刋。高 89 釐米，寬 45 釐米。正書文 22 行，滿行 48 字。

金故劉公墓銘

金故劉公墓銘

鄉　貢　進　士　李　可權撰并書

承奉郎前祁州軍事判官飛騎尉賜緋魚袋王　春　篆額

公諱正字吉甫姓劉氏世為潞城縣北垂村人自遠祖咸業農曾大父諱清大父諱秀父諱順善播種别人之宜由此起家
至為一鄉之冠凡四娶獨郭氏生男五人長曰師尹次曰聚二子同一産皆先卒次曰正是為公也次曰忠又同一産次曰定
亦卒郭氏三産五男異哉公性剛峭有執守遇賢善交際則傾倒肝肺無餘獷悍輩亦御之有術莫敢侵侮事親以孝聞凡交
往重然諾尤喜種養事娶程氏生男五人曰滋曰湜曰洪洪早卒曰汶曰浹咸謹善有父風女二人長適鄰長[illegible]早卒次適上
信孫男五人曰琚曰瑾曰瑜皆已娶曰長僧曰居安尚幼孫女九人一適陳祐一適邢溥餘在室初
本朝收復籍民軍南征公以户計上徵六人諸昆季議咸以佃客等代行是時公之先考尚無恙亦云云公愀然曰非也汝
客然親客皆他人耳軍行不無艱苦萬一不任其役或有逋逃責在誰耶宜躬親率領餘人遂從衆請以己備行自初冬徂春
直抵江淛而迴辛保無虞噫竭力於家所謂在醜夷不爭者公得之矣自經兵火雖家貲屋宅燒毀蕩散因矻矻[illegible]
載復完倍於疇昔至肥田沃壤連亘阡陌積粟萬數囷廩充溢雜畜成群林木鬱茂一川之間望之可愛聚族百餘口嬉嬉如
也洎佃户二百餘口公使令趍務必以軟語美言如臂運指不動聲氣而集辦又欲增起第宅就西北二百餘里綿山購買
本植區區與僕隸同辛苦略無辭憚建造屋宅比舊增倍以物力充本鄉巡繳捕盜公私曲盡人無怨言或鄉社相聚有商議
必取公為則至於儒釋道皆喜延接或有要求殊無吝澁已而公父殁三年之喪畢諸姪中有欲析居者公以家産資財藏蓄
優厚不肯認而獨據恐涉瓜李遂置之不問因分而為五尔後公慨然復有增益之意出穀命工於張村泉亓溝鑿山取炭功
既就賴以養生者僅百家晚年於所居之南頗植花菓葺亭榭為遊息待賓之所無何卒於大定四年三月二十一日享年六
十有四遂卜得四月十九日舉葬於村西北一里餘先塋之次其孫滋等因請余為銘余昔時嘗館公家塾主善者凡二載日得
與公接談笑頗知公之行事而又滋等請之懇懇余不得辭遂為之銘銘曰
農者四民本公既勤身而靡違孝為百行先公又誠心而弗忘剛柔和而接物守剛直以為常昔已殁形而意不憚
竭力盡瘁而志愈強在先祖以無忝宜子孫而克昌卜兹吉地終焉允臧東有山曰大禹西有水曰清漳刻銘石而
期永久山蒼蒼而水洋洋

申　福　張智刊

六十七　金暴益墓誌

大定十年（1170）十月三日

額篆書一行：金故暴公墓銘

金故暴公墓誌銘并序 /

鄉貢進士程踶撰，鄉貢進士婿趙偉書。/

奉議大夫、新授絳州垣曲縣令段泗篆蓋。/

古人稱："孝者，善継人之志，善述人之事。"在於《書》則曰："厥子乃弗肯堂，矧肯構；厥子乃弗肯播，矧肯獲。"在於 /《易》則曰："幹父之蠱，有子考无咎。"其意大率欲其子孫固守先業，不墜箕裘。余甞攷之方策，驗其行為，則所 / 謂継志述事，肯堂幹蠱者，寔鮮其人。今於暴公，始得而見之矣。此亦公議所在，殆非阿諛而虛美也。公諱 / 益，字仲謙，姓暴氏，自高曾而上世居澤州高平縣。曾大父諱捷，大父諱俊，父諱通，皆隱晦不仕。相継以農 / 桒為業。妣宋氏，生子二人，長曰昌，公其次也。公稟性果毅，抗節不回。胷次瞭然，黑白大有所別。蒙一飯之 / 德，期於必償；有睚眥之怨，期於必報。不畏強禦，不侮孱弱。氣豪任俠，未甞少屈於人。一境之內，愛而畏焉。/ 至於強梁悍愎之徒莫不側目而視之，田園桒棗，無秋毫敢犯者。天會間，當 / 皇朝開創之初，饑饉連年，盜賊群起。遂藉户等之優者，選充里正。事煩役冗，不勝艱苦。以之破產者，十有 / 八九。公亦被膺此職，例以朞歲而代，其間或有軍旅徭役之興，賦斂運漕之急。公乃竭力從事，星火督發。/ 凢所諸偫，皆如約而辦。使姦胥黠吏輩不能捃誣其過，又不敢以非法加諸其身。故得保完常業，竟無少 / 損。公外雖剛嚴，而內實好德。甞遣其二子追師從學，鼓篋遠游，其於資饋，曾無悋情。公自冠歲出贅於同 / 里李氏，亦名族也。李氏資產頗厚，然孤特無嗣。因經官授牒，悉遺付於公。公以彼之所得，隨宜營斡，增廣 / 生業。所占腴田沃壤，幾倍於前。他物積貯，亦皆稱是。誠可謂克家之子，無忝於祖者也。公奉養妻之父母，/與己親無異。其生事死葬，俱盡其禮，時論以此美之。於大定十年九月初五日以疾不起，享年六十有九。/公所媲李夫人，性賢淑有明識。其於起家，所助之力居多。子三人。曰莊，娶成氏，肄進士，先二十餘年而卒。/曰彧，娶段氏，先亡，繼娶王氏，亦業儒，道藝敏贍，五薦於禮部。曰筠，娶李氏，勤願有操守。女四人。長適進士/趙偉。次適進士李倬。次適上黨李宣，先亡。次適陵川馮美。孫男八人。曰正，娶王氏，挺達以力幹聞。曰宷，娶/李氏。曰寬，娶王氏。曰宥，娶李氏。皆嶷然有立志。曰高孫，曰六兒，曰八兒，曰重叔，並幼。孫女六人。長已嫁而/卒。次曰住奴，亦蚤世。曰文奴，曰軍奴，曰惜兒，曰賽真，俱在室。重孫九人。曰醜驢，曰陳六，曰當住，曰宜孫，曰/宜叔，曰龜壽，曰受僧。女二人，曰榮奴，曰嬌兒。以其年十月丁未朔三日己酉，葬公於下太村西北獨堆崗/南祖塋之丙穴。前期，其子彧狀公行事，泣血丐銘於余。彧平昔常與余游，義不可辞。故為之銘曰：/

祖先之業，始構惟艱。子孫之志，継守亦難。公實克荷，终獲保完。/前人有知，魂其慰安。羊山之麓，獨堆嶠屼。歸葬其側，厚夜漫漫。/谿月秋冷，松風曉寒。紀銘于石，字維深刋。

趙福刋。

程韙撰，趙偉書，段泗篆額，趙福刋。高100釐米，寬64釐米。正書26行，滿行40字。

金故暴公墓銘

金故暴公墓銘并序

鄉貢進士程建撰　鄉貢進士婿趙偉書

奉議大夫新授絳州垣曲縣令段泗篆蓋

古人稱孝者善繼人之志善述人之事在於書則曰厥子乃弗肯堂矧肯構厥子乃弗肯播矧肯穫在於易則曰幹父之蠱有子考无咎其意大率欲其子孫固守先業不墜箕裘余嘗攷之方策驗其行爲則所謂繼志述事肯堂幹蠱者寔鮮其人今於暴公始得而見之矣此亦公議所在殆非阿諛而虛美也公諱益字仲謙姓暴氏自高曾而上世居澤州高平縣曾大父諱捷大父諱俊父諱通皆隱晦不仕相繼以農桑爲業妣宋氏生子二人長曰昌公其次也公稟性果毅抗節不回胷次了然黑白大有所別嘗一飯之德期於必償有睚眦之怨期於必報不畏強禦不侮鰥弱氣豪任俠未嘗少屈於人一境之內愛而畏焉至於強梁悍慢之徒莫不側目而視之田園菜棗無秋毫敢犯者天會間當

皇朝開創之初饑饉連年盜賊群起遂藉戶等之優者選充里正事煩役冗不勝艱苦以之破產者率有八九公亦被膺此職例以朞歲而代其間或有軍旅徭役之興賦斂運漕之急公乃竭力從事星火督發凡所儲偫皆如約而辦使姦胥黠吏輩不能損誣其過又不敢以非法加諸其身故得保完常宁邑無少擾公外雖剛嚴而內實好德嘗遣其二子追師從學鼓篋遠游其於資饋贍無悋惜公自冠歲出贅於司里李氏亦名族也李氏資產頗厚然孤特無嗣因經官投牒悉遺付於公以彼之所得隨宜營幹增廣生業所占腴田沃壤幾倍於前他物積貯亦皆稱是誠可謂克家之子無忝於祖者也公奉養妻之父母與己親無異其生事死葬俱盡其禮時論以此美之於大定十年九月初五日以疾不起享年六十有九公所娶李夫人性賢淑有明識其於起家所助之力居多子三人曰莊娶成氏肄進士先二十餘年而卒曰彧娶段氏先亡繼娶王氏亦業儒道藝敏贍五薦於禮部曰筠娶李氏勤愿有操守女四人長適進士趙偉次適進士李倬次適上黨李宣先亡次適陵川馮美孫男八人曰正娶王氏挺達以力幹聞曰寀娶李氏曰覺娶王氏曰宥娶李氏皆嶷然有立志曰高孫曰六兒曰八兒曰重叔並幼孫女六人長已嫁而卒次曰住奴亦蚤世曰文奴曰軍奴曰惜兒曰賽真俱在室重孫九人曰醜驢曰陳六曰當住曰宜孫曰宜叔曰龜壽曰受僧女二人曰榮奴曰嬌兒以其年十月丁未朔三日己酉葬公於下太村西北獨堆崗南祖塋之丙穴前期其子彧狀公行事泣血丐銘於余或平昔常與余游義不可辭故爲之銘曰

祖先之業　始構惟艱　子孫之志　繼守亦難　公實克荷　終獲保完

前人有知　魂其慰安　羊山之麓　獨堆巑岏　歸葬其側　厚夜漫漫

谿月秋冷　松風曉寒　紀銘于石　字維深刊

趙福刊

六十八　金任和墓誌

大定十九年（1179）十月十三日

額篆書一行：故任公墓誌銘

大金故任公墓誌銘并序 /

鄉貢進士趙郁撰并書。/

公諱和，字伯温，其先本西河南郭西里人也。世以農業為務，室甚豪冨，後因兵 / 火，失蕩產業。不數年間，稍獲寧息。公慮親族之重，恐不聊生。遂商販諸郡，不日 / 成，家復累巨万。老幼上下，俱獲温飽。方欲別為良圖，不幸感疾而卒。曾祖、祖皆 / 好耕稼。父恩，母馮氏。公自脥下及壮，天性孝悌，無失甘旨之奉。至於親舊，或有 / 貧乏，以己財而給之。鄉閭之人悉高其義，有古賢豪之作。惜乎年耄，歲不久與，/ 忽遘疾而终，良可為歎，享年七十有五。公娶武氏，生子二人：長曰順，娶王氏，亡，/ 又娶郭氏；次曰準，娶張氏。孫男六人：曰義，娶李氏；曰眞，娶田氏，亡，又娶嚴氏；曰 / 貴，娶李氏；曰玘，娶楊氏，亡，又娶張氏；曰瓊，娶李氏；曰理，娶張氏。孫女小一娘適 / 郭公。曾孫男十二人：曰威，娶姜氏；曰忠，娶張氏；曰琪，娶宋氏；曰裕，娶武氏；曰用 / 賓，習進士舉，娶楊氏，亡，又娶劉氏；曰禎，娶郭氏；曰秉鈞，習進士；和尚、德僧、馬僧、/ 换慶、外兒，尚幼。曾孫女五人：妙妙，適楊公；小三娘，適趙公；小五則，適馬公；小六 / 則，適王公；仙仙，適王公。玄孫男五人：曰逸，娶王氏；六斤、添僧、醜僧、福僧，尚幼。玄 / 孫女二人：銀奴、桂桂。公自故宋時遷化，雖且權葬，禮未必備。今因孫男眞母氏 / 傾背于大定十九年九月二十四日，享年七十有六，就涓吉旦，祖而葬之。乃是 / 歲十月十有三日，卜置于汾州西河縣景雲鄉孝文里之原，所封穴與贍墳田 / 共三十三畝。公之孫眞以公行狀懇切求銘，義不得辞，余乃為之銘曰：/

偉載任公，疇能與同。勤勞起業，稼穡成功。/ 持心盡孝，改商致豐。家離凍餒，惠及貧窮。/ 播鄉里義，有古豪風。刻之于石，流芳罔终。

畢瑊刋。

趙郁撰並書，畢瑊刋。高 68 釐米，寬 43 釐米。正書 21 行，滿行 30 字。

六十九　金郭周墓銘

大定二十三年（1183）正月七日

額篆書三行：金故郭公墓銘

金故進義校尉郭公墓銘 /

鄉貢進士李欽道撰。/

鄉貢進士張瑾書。/

忠顯校尉、眞定府稅使司都監蘇秉仁篆。/

上黨北董郭寅一日凌晨踵門泣告余曰："先父進義不幸捐館，卜葬有期，敢以銘為請，欲表於墓，以光先人，為子孫 / 訓戒。"其請甚堅，余嘉其意，使狀其經□曰："吾家世農，吾父惟□身畎畝，不雜它業。有數種善，願詳擇焉。"余應之曰："夫 / 士農工商，民之四業也。士者，貫穿古今，博聞強識。得志則致君澤民，不得志則脩身行道，於謀利固拙矣。欲求其利，/ 則農不如工，工不如商。然則工商末業也，利則利矣，智巧姦偽根於心，國家所以抑也。惟農本業也，飭力長財，衣食 / 之源，天下之大務，民恃以生也。公惟力本，服□加以純德，可以銘矣。"乃為之序。公諱周，潞州上黨縣北董里人也。曾 / 大父失諱，祖喜，父進，世以農為業。其先占籍於壺關縣北城頭，後因兵亂，遷今所居。公幼失怙恃，既長，勤力田作，家 / 日□，養祖父母盡孝，送終以禮。公性純直，持身廉謹，不喜工商之利。凡構忌之說，紛華之事，弗信弗好也。居常希至 / 城市，不入公門。往者關西歲侵，民移至此，有宗姓翁媼，公憫無依，養之終老，擇巳地而葬。累得移骸，皆祔殯焉，時亦 / 致奠。喜周人之急，或有假貸，度不能償，從而已責。鄉隣每有鬭訟，公屢設酒，致誠和解，卒使無争。里人起構祠館，公 / 助以財而不計費。有攘羊者，公見而反避之，後遇諸途，善言戒之，拜謝而去。鄉人以是多之。大定十一年，/ 今聖優老，賜爵一

級。暮節，視聽不衰。喜誦佛書，不茹葷飲酒。筋力如少艾者，猶率子孫躬預耕稼。子孫諫曰："幸多兒/輩，□□居息。"公□曰："我自樂此，不為疲也。"無何，公一日忽覺昏倦，然猶指使諸子方趍聽間，奄然而逝。時大定二十/二年十一月十六日也，享年八十有一。公娶田氏，善於內助，先公十一年卒。生男三人。長曰眞，克荷先業，性尤純質，/家事鉅細，一委於弟。娶宋氏，卒，再娶韓氏。次曰寅，亦謹约，治家有法。娶李氏，卒，再娶李氏。次曰中，娶王氏。女一人，適/本里王卞。孫男六人。長曰恩，娶李氏。次曰應，娶申氏。次曰愈，娶牛氏。餘未娶。孫女三人，長適申鋭，卒，餘尚幼。重孫男三人，/重孫女一人，俱幼。諸孤卜以大定二十三年正月初七日，葬於慶雲山先茔之側，夫人田氏祔焉。銘曰：/

性資純善，質樸士□。不雜它業，專心務農。濟養孤貧，/憫其無告。周人之急，不望其報。鄉隣鬪訟，和解以誠。/使內自省，一無所争。見彼攘羊，反身迴避。後遇諸途，/拜謝知愧。晚節頓悟，喜誦佛書。誓遠葷酒，心安體舒。/仁者宜壽，享年九九。翠琰流芳，克昌厥後。

董玘刋。

李欽道撰，張瑾書，蘇秉仁篆額，董玘刋。高 144 釐米，寬 73 釐米。正書 25 行，滿行 44 字。周峰：《金代郭周墓銘考釋》，《北方文物》2018 年第 2 期，第 68—71 頁刋有錄文。

七十　金王說墓碣

大定二十八年（1188）八月九日

額篆書一行：金故王公墓銘

金故上黨王公墓碣銘并序，董琚刋。/

少中大夫、河東北路轉運同知董師中撰。/

朝請大夫、昭義軍節度同知雷志書并篆。/

公諱說，字巖老。大父諱昭度，父諱誠，皆誨迹不仕，世居上黨北董里。所居之西北有 / 先塋故碣，載其世系，未能發而詳究焉。其顯著者十餘代，俱有中人之産。至公起家，/ 為一鄉之右。公性識聰敏，動舉過人，自幼天成，幹父之蠱。雖當 / 國初百役俱發，悉能代父之勞，不使少憂。天會末歲饑，儲蓄數千，親戚故人，靡不賙 / 贍，以至殍夫。與之惠利者，亦甚衆。河南王虛冲等被虜逃隱，公私為惠給。後遇 / 朝旨，普度僧道。悉保為親弟輩，度為道士者一，女冠者三。或謂公曰："彼人一朝頁恩，/ 必分公之家產。"公曰："但願成就彼人，若復分吾家產，亦無憾矣。"其輕財尚義，皆如是。/ 虛冲等亦各以戒行自厲。人有貸物斛，欠賃屋資者，但以温言勸勉。治生所欠，常緩 / 於人，莫或責全。又欽慕虛玄，每遇道流之嚴戒者，必召致門下，與養濟之。傳奉天心 / 正法，救療人之疾苦，所獲瘉者，不可勝計。四遠来求治者，日以盈門。其有以賂獻者，/ 並却不受。其有貧乏者，必以米粒為惠。凡如此者，幾三十載，始终如一。公生平尚氣 / 節，不畏強武。性復仁矜，好施惠，冨於天爵。其在事親，隆於供養，篤於省定。親歿之後，/ 勺水不入於口者七日，终身誓不茹葷。其居鄉黨，務執謙静，不以家殷傲物。雖在暑 / 月，亦弗乘馬。凡與人交，以謹信自任。處家以儉約為先，身不衣帛，屋廬僅可避風雨。/ 綽綽然，為一方之儀表。大定十一年七月初九日，考终於所居，享年六十三。娶董氏，/ 柔順位內，慈和敦宗，潔敬蘋蘩，循守法度。後公十一稔而逝，享年七十二。子四人：長/曰尚，娶苗氏；次曰天常，業進士，娶李氏；次曰實，娶牛氏；次曰昌，娶元氏。孫男九人。歲/在戊申月應南呂初九日壬申，改卜於通晉門橋之西南，祖塋東北新阡而安厝焉。/其子天常泣狀行事，猥託銘述。予以曩在彼為郡佐日，稔聞耆舊談是公之遺芳。因/得著其銘曰：/

偉矣巖老，生而德全。潛施惠利，仰慕虛玄。謙以為執，儉以為先。/孝致力竭，養隆敬堅。輕財尚義，樂善好賢。新阡既構，魂兮安然。

董師中撰，雷志書並篆額。高87釐米，寬56釐米。正書25行，滿行32字。

金故王公墓銘

金故上黨王公墓碣銘并序

少中大夫河東北路轉運同知董師中撰

朝請大夫昭義軍節度同知雷志書并篆

公諱詵字巖老大父諱昭度父諱誠皆誨迹不仕世居上黨北董里所居之西北有先塋故碣載其世系未能發而詳究焉其顯著者十餘代俱有中人之產至公起家為一鄉之右公性識聰敏動舉過人自幼天成幹父之蠱雖當國初百役俱發悉能代父之勞不使少憂天會末歲饑儲蓄數千親戚故人靡不賙贍以至殍夫與之惠利者亦甚衆河南王虛冲等被虜逃隱公私為惠給後遇朝旨普度僧道悉保為親弟輩度為道士者一女冠者三或謂公曰彼人一朝負恩必分公之家產公曰但願成就彼人若復分吾家產亦無憾矣其輕財尚義皆如是虛冲等亦各以戒行自厲人有貸物解欠債屋資者但以溫言勸勉治生所欠常緩於人莫或責全又欽慕虛玄每遇道流之嚴戒者必召致門下與養濟之傳奉天正法救療人之疾苦所獲瘳者不可勝計四遠來求治者日以盈門其有以賂獻者並却不受其有貧乏者必以米粒為惠凡如此者幾三十載始終如一公生平尚氣節不畏強武性復仁矜好施惠富於天爵其在事親隆於供養篤於省定親歿之後勺水不入於口者七日終身誓不茹葷其居鄉黨務謙靜不以家殷傲物雖在暑月亦弗乘馬凡與人交以謹信自任處家以儉約為先身不衣帛屋廬僅可避風雨綽綽然為一方之儀表大定十一年七月初九日考終於所居享年六十三娶董氏柔順位內慈和敦宗潔敬蘋蘩循守法度後公十一稔而逝享年七十三子四人長曰尚娶苗氏次曰天常業進士娶李氏次曰實娶牛氏次曰昌娶元氏孫男九人歲在戊申月應南呂初九日壬申歿卜於通晉門橋之西南祖塋東北新阡而安厝焉其子天常泣狀行事猥託銘述予以曩在彼為郡佐日稔聞耆舊談是公之遺芳因得著其銘曰

偉矣巖老　生而德全　潛施惠利　仰慕虛玄　謙以為執　儉以為先

孝致劬竭　養隆敬堅　輕財尚義　樂善好賢　新阡既構　魂兮安然

董璟刊

七十一　金邵均墓誌

大定二十九年（1189）十月十一日

額篆書三行：大金故博陵邵公墓誌

大金故博陵邵公墓誌 /

公諱均，字道直。其先本碭山胡父城人也，當東漢之季，因避兵革，遂家於山陽郡金鄉縣之北，長盈山之南，相去鉅野西北踰一舍之 / 地，亦嘗為鉅野界，今即属嘉祥縣諫議鄉舍人里也。在唐開元間，有國範者塋葬其考妣於山之右麓，故其後世相因而祔焉。迄今 / 林木森然，碑記尚在。又以長史、講主父子相継而窆于内，所以墳墓纍纍，枝分派別，春秋祭祀者，綿綿然不絕。其北嶺、西峯相連之 / 兆乎，南則艾水餘潤長於塹洳，東則大宅廣第閒乎茂草。斯亦髣髴孔林，猶属其家之說也。公之父諱慶，以其家世務本為業，累至 / 万金，年未冠而閭里呼為大郎，人多假貸取給而已。是時，鉅野猶以為州，州長吏既聞，欲較其户，計之優劣而差次。一日，召之。紿假 / 鏹万餘，唯諾而退，侔數旬，果以車載其數至，長吏笑而却曰："我其試汝，汝無憚勞而載復。"遂撫其背而羡之，連稱慶慶云："汝宜以是 / 為名，所謂名不虛得也。"輒處作闔郡無比，户輸役於官而罔或媟慢。由是子孫得以為客司之署者，有大小焉。後頗好文學，多與名 / 士交往，享年八十餘而卒，四娶王、楚、李、劉，皆里閈良家。生六子：江、琪、明、仙、仲，公其最幼者也。江、琪、明、仙、仲之世序，於此難以縷陳，故 / 勒于碑陰。公首盼脅駢，體貌魁梧，膂力過人。其性聰敏，解兵法，善筭術。明方脈之醫，慕清虛之道。至於二宅，亦皆緒餘。孝於其親，悌 / 於其長，鄉族莫不稱焉。正隆二年四月二十二日，因病而終于家，時年七十有九。初室孫氏，早世。継室徐氏，芳年歸公，奉舅姑甚謹，/ 能治其家，後公十餘歲而卒，實大定十一年正月十八日也。

生男女各一，男諱興祖，女適顯陽窋門馬克誠。興祖之妻，前則寺疟王/氏，生二男一女。長子名丗亨，次者早卒，女嫁商村薛衡。後則程疟曹氏，生二男一女，男名丗忠、丗昌，丗昌見應進士舉，女歸當村李/□。次室孫氏，生男女各一，男名丗温，女歸寺疟周綺。曹氏攜前夫之二女，膝下教養，長歸郎山仵旺，次歸馮氏鄒暉。丗亨、丗忠之男/□幼。興祖稟性倜儻慷慨，不吐剛茹柔。向因所司刷地，撥過己業，屢為陳狀，竟獲改正。諸子力本，家道復振。年踰縱心又七歲矣。追/□公之能安措其父母，然已踵而行之。於大定二十九年十月十一日，合葬公于先域之次，猶欲顯其行而貽諸来者，遽命名匠磨/□□治翠琰之材，俾其幼子光嗣。光嗣迺丗昌之字耳，序列公之家丗能事，轉托□前簿張唐卿先生，委僕作銘。僕非博物洽聞，/以唐卿先生甞有師資之義，不敢固辭，兼喜光嗣好學下問，故斐然叙而銘之，銘曰：/

棠陰舊德，瓜圃遺風。傳家有遠，継丗無窮。迨唐開元，枝葉滋豐。既富既庶，/有養有终。長盈山前，室異穴同。慶厚存亡，均吉其凶。俱為善人，茂如楸松。/廕及爾後，千載猶蒙。/

本縣鄉貢進士翟師軻撰并書冊。/

寓居汴梁進士張杲篆額。/

大安元年歲次己巳二月丁夘朔二十二日甲申邵興祖立石，匠人金坨李珪刋。

翟師軻撰並書，張杲篆額，李珪刊。高 230 釐米，寬 95.5 釐米。正書 24 行，滿行 50 字。

七十二　金侯隨墓誌

明昌二年（1191）十月九日

額篆書一行：金故侯公墓誌銘

大金故侯公墓誌銘并序 /

第二男、承德郎、前知西京路塩使事、驍騎尉、賜緋魚袋大中撰并書。/

房姪、鄉貢進士滋篆額。/

先考諱隨，字時甫，澤州高平縣人。祖父諱邦傑，字才万，補太學內捨。宋帝幸學，免省。曾祖諱服，字伯彰，紹聖四年登經學第，累官至宣教郎、隰州永和縣 / 令。高祖諱皋，有隱德，弗仕。先考稟性慷慨，為行正直，語音琅琅，五常之道出于天然。自幼力學，善書翰。宣教君喜，恒與之酒，以故终身能飲。有大志節，不汲 / 汲於富貴，不戚戚於貧賤，至或家無儋石之儲，与賓友罇酒論文，终日晏如也。當 / 皇朝撫乏初，紅巾嘯聚山林。時祖母年高，先考負以逊難，賊遇之，問知所以，迺賢之而不害，仍告以生路。鄰村秦莊有田二頃，時賦役煩重，慮其學廢。一日 / 自勉曰："兒輩漸長，若易子而教，豈若親教之為愈也。"遂不求価直，以其田与人，使當賦役。輒温繹向所積學，研精覃思，一以待舉，一以垂教，時議謂其兩得 / 之矣。皇统間，舉經義進士，治易，由鄉舉至府選，獲薦次再。由鄉選升名。及有所誨者，族中經童之人以其教精嚴，三人登科。先是，先考愴祖先之未經會 / 葬，率族人同議襄事，中有未歆從者，先考明辯之，方得叶從。于時，以此事奪，不克應是舉。既而，/ 朝廷罷經義科，親友有以詞賦登第者，榮歸之日相謁，出示上游程文，勸之以改科。因略留意，便知其躰，乃喟然歎曰："不知命，無以為君子。我命若合擢第，/ 向者經義必遂所願。今既事與願違，盖命也夫。"遂鋭意教兄與大中，使温故知新，

講究旨意，务在博通為本。本既务矣，然後命兄從詞賦學。初舉鄉薦，高占其次，/大中從之游場屋，即預府薦。自時厥後，肄業愈篤。数弟漸長，會暇日，大中等侍側，先妣謂先考曰："今止教此二子，幼者未有所立，将如之何?"先考笑曰："但/教成大者，奚慮其幼者乎?"由是，兄与大中恒以父母之言，存念諄諄，胥誨學以時習。內大用日記字最多，年未志學，六經、諸子誦之已遍。甫冠，以家務繁冗，/父母命專一掌管之外，昆弟五人俱較藝礼闈，棣萼聯嗣，世所稀見。故其成名者二，累中府薦，至于终場者三。如先考者，可謂能教子能誨人也。至今/鄉閭語教誨者，猶取以為法。先妣太君，代州梅回知寨張公之女，宿州符離縣令烈之妹也。性深厚，事舅姑孝謹，能睦中外姻戚。其飲食不至豐侈，必精以/旨。衣服無故新，必潔以完。平居不以家事縈大中等心，俾專於學。至于有成，以継箕裘之志者，皆先妣太君敦督之力也。先考既沒，治家愈謹。所至第二子官/舍，緣自幼慣從父兄之官，處之如常時，無妄喜怒以加於人。本好儒書，亦慕釋教。生平好施，見貧窮者無所依歸，必賙恤之。遇負販者有所市易，必優與/之。每返念我舅氏之游宦河南，子孫因家于單州之境，松楸已立于彼，外祖母旅櫬久寄他鄉。先考在日，躬往取之。大定甲午，先妣自用家貲，祔葬于□寨/外祖父之宅兆，春秋增感，中饋之外，別設祭所，享祀不闕。其於昚终追遠，礼無違者。大中等奉而行之，不敢有廢焉。先考於大定五年四月二十九日以疾/終于家，享年六十有二。先妣於明昌元年先考忌日以壽终于家，享年八十有三。嗚呼哀哉！相去二十五年而其终之日同，可謂異矣。六男：長曰大正，性/警悟，日記千餘言。業進士，累中府薦，一至终場。銳意治生，居家無所私，有義襟，周人之急。亦能飲酒，一夕，大醉而卒。次曰大中，登大定十三年進士第，見帶/承德郎。次曰大用，曾應經童舉，鄉選中優等。以先考不應是舉，弗果於行。次曰大榮，舉詞賦進士，學富才掞，三試/殿庭。居母戚中，以疾而终。次曰大鈞，登大定二十二年進士第，授将仕郎，任綏德州青嶋城主簿，有廉能聲。嗟乎！未及成考，忽感疾而卒。次曰大成，亦/業進士，早世。四女：長適王軾，次適李珪，次適王鉉，次適将仕郎、汝州司侯楊彦脩之兄時。孫男一十三人：長曰子友，以廕承奉班祗候、充宝坻鹽使司/押綱。次曰子順、子敬、子顯、子立、子讓、子進、子思、子仁，俱業進士。平安、京郎、寬郎、宝叔，俱幼，從學。孫女一十人：長適進士邢伯隆，次適進士趙時可，次適/王琮，次適儒林郎、寧化令趙文昌之子榮祖，次許嫁進士申師志，次適朝列大夫、彭原令李彬之子天覺，餘幼。曾孫男三人：平郎、和祖、義祖，皆幼，從學。卜/以明昌二年十月初九日祔葬我考妣于村之東平原曰癸位也。噫！先考之德善，著在人耳目，可質之而不誣。痛念其壽弗得延，不見二子之登弟，無以/慰平昔教育之心，此存沒之所以為不足者也。大中不孝，薄宦遠遊，日念偏親垂白，方告奉養。以戝在管課，未遂顧問，遽致幽憂。奈何！不可再見者，親也。/顧其事之可為者，唯稱其美，知傳其善而已。庶免乎是誣洎不明不仁，三者之耻焉。扵是言不能文，直書其事，泣血而為之銘曰：/

惟我先人，慷慨正直。讀書務本，深造道域。誨人有功，科中經童。教子以義，第登進士。餘者霑漑，學問博洽。伊昔垂誨，/迄今可法。所積陰德，宜大吾門。禄不在身，在其子孫。惟我先妣，內政脩明。命子為學，家事勿縈。壽踰八十，忽弃奉養。風樹悲傷，霜露悽愴。葬事為大，患在不孝。稱家有無，聖人垂教。卜其宅兆，于村之東。刻銘于石，永世無窮。

侯大中撰並書，侯滋篆額。高 88.5 釐米，寬 46 釐米。正書 22 行，滿行 48 字。

貞珉千秋

金故侯公墓誌銘

大金故侯公墓誌銘并序　第二男承德郎前知西京路鹽使事驍騎尉賜緋魚袋大中撰并書

房姪鄉貢進士滋篆額

先考諱隨字時甫澤州高平縣人祖父諱邦傑字才萬補太學內舍宗帝章學免省曾祖諱服字伯彰紹聖四年登經學第累官至宣教郎開州永和縣

令高祖諱阜有隱德弗仕先考稟性慷慨篤行正直語音琅琅五常之道出于天然自幼力學善書翰宣教君喜怛與之酒以故終身能飲有大志節不苟

汲汲於富貴不戚戚於貧賤至或家無儋石之儲與賓友縛酒論文終日晏如也當

皇朝指定初紅巾嘯聚山林時祖母年高先考負以逃難賊遇之問知所以迥賢之而不害仍告以生路鄰村秦莊有田二頃時賦役煩重慮其學廢一日

自勉曰見輩漸長若易子而教豈若親教之為愈也遂不求仕直以其田與人使當賦役輒温繹向所積學研精覃思一以待舉一以垂教時議謂其得

之矣皇統間舉經義進士治易由鄉舉至府選獲薦次再由鄉選升名及有所誨者族中經童也人以其教精嚴三人登科先是先考愴祖先之未經會

葬率族人同議襄事中有未欲從者先考明辯之方得叶從于時以此事奪不克應是舉既而

朝廷罷經義科親友有以詞賦登第者榮歸之日相謁出示上游程文勸之以改科因略留意便知其躰乃喟然嘆曰不知命無以為君子我命若合擢第

向者經義必遂所願今既事與願違蓋命也夫遂銳意教兄與大中使温故知新講究旨義務在博通為本本既務矣然後命兄從詞賦學初舉鄉薦[illegible]

次大中從之游場屋即預府薦自時厥後肄業愈篤數弟漸長會暇日大中等侍側先妣謂先考曰今止教此二子幼者未有所立將如之何先考笑曰仁[illegible]

教成大者奚慮其幼者乎由是兄與大中恒以父母之言存念諄諄爾誨學以時習内省日記寡最多年未志學六經諸子誦之已過甫冠以家務繁冗

父母命專一掌管之外昆弟五人俱較藝於禮闈肄業聯翩世所稀見故其成名者二累中府薦至于終場者三如先考者可謂能教子能誨人也至今

鄉閭語教誨者猶取以為法先妣太君代州梅回寨張公之女宿州符離縣令烈之妹也性深厚事舅姑孝謹能睦中外姻戚其飲食不至豐後必精以

旨衣服不故新必潔以完平居不以家事縈大中等志俾專於學至于有成以繼其裘之志者皆先妣太君敦督之力也先考既没治家愈謹所至第二子官

舍緣自幼慣從父兄之官處之如常時無妄喜怒以加於人本好儒書亦慕釋教生平好施見貧窮者無所依歸必賙恤之遇貧亟者有所市易必優與

之每追念我舅氏之游宦河南子孫因家于單州之境松楸已立于彼外祖母旅櫬久寄他鄉先考在日躬往取之大定甲午先妣自用家貲祔葬于並寨

外祖父之宅兆春秋增感中饋之外别設祭所享祀不闕其於春終追遠礼無違者大中等奉而行之不敢有廢焉先考於大定五年四月二十九日以疾

終于家享年六十有二先妣於明昌元年先考忌日以壽終于家享年八十有三嗚呼哀哉相去二十五年而其終之日同可謂異矣六男長曰大正性

警悟日記千餘言業進士累中府薦一至終場銳意治生居家無所私有義襟周人之急亦能飲酒一夕大醉而卒次曰大中登大定十三年進士第見帶

承德郎次曰大用曾應經童舉鄉選中優等以先考不應是舉弗果於行次曰大榮舉詞賦進士學富才瞻三試

殿庭居母戚中以疾而終次曰大鈞登大定二十二年進士第授將仕郎任後德州青嶋城主簿有廉能声嗟乎未及成考忽感疾而卒次曰大成亦

業進士早世四女長適王軾次適李珪次適王鉉次適將仕郎汝州司候楊彥脩之兄時孫男一十三人長曰子友以廕承奉班祗候充宝坻鹽使司

押綱次曰子順子敬子顕子立子讓子進子思子仁俱業進士平安京郎寶覓郎宝叔俱幼從學孫女一十人長適進士邢伯隆次適進士趙時可次適

王琮次適儒林郎寧化令趙文昌之子榮祖次許嫁進士申師志次適朝列大夫彭原令李彬之子天覺餘幼曾孫男三人平郎和祖義祖皆幼從學卜

以明昌二年十月初九日祔葬我考妣于村之東平原曰癸位也噫先考之德善著在人耳目苟貧之而不誣痛念其壽弗得延不見二子之登第無以

慰平昔教育之心此存没之所以為不足者也大中不孝薄宦遠遊日念偏親無白方告奉養以職在管課未遂願聞遽致凶憂奈何不可再見者親也

顧其事之可為者唯稱其美知傳其善而已庶免乎是誣泊不明不仁三者之恥焉於是言不能文直書其事泣血而為之銘曰

惟我先人　慷慨正直　讀書務本　深造道域　誨人有功　科中經童　教子以義　弟登進士　餘者霑溉　學問博洽　伊昔無誨

迨今所法　所積陰德　宜大吾門　祿不在身　在其子孫　惟我先妣　内政脩明　命子為學　家事勿縈　壽踰八十　忽弃奉養

風樹悲傷　霜露悽愴　葬事為大　患在不孝　稱家有無　聖人垂教　卜其宅兆　于村之東　刻銘于石　永世無窮

七十三　金劉福等墓誌

明昌六年（1195）正月十一日

故劉公墓誌

曾祖之□後，同葬訖。/ 大金國明昌六年乙卯歲正月十一日丁 / 酉。砦葬祖父劉福、田氏，父劉說、張氏，/ 張氏，劉二、張氏，劉三，李氏，劉言、宋氏，李氏，長壽。已上卜其宅兆而安厝之。/

葬主劉江，弟劉四、劉清。/

男姪等劉澤、劉勤、三哥、劉寶、/ 二十三、文喜、福僧。/ 孫男龜壽。/

共□葬禮，永遠為記。

高 34 釐米，寬 34 釐米。正書 10 行，滿行 16 字。

故劉公墓誌 曾祖□□徙同葬訖
大金國明昌六年乙卯歲正月十一日丁
酉營葬 祖父劉福 田氏 父劉誌 張氏
孫氏 劉之婦 劉三 李氏 劉□ 梁氏 袁□
長壽 巳丑卜其宅兆而安厝之
葬主劉江 弟劉四 劉清
男娃哥 劉澤 劉勤 三哥 □室
二十三 又喜 福僧
孫男龜壽
六戌葬禮 永遠為記

七十四　金周元誌

泰和三年（1203）六月十八日

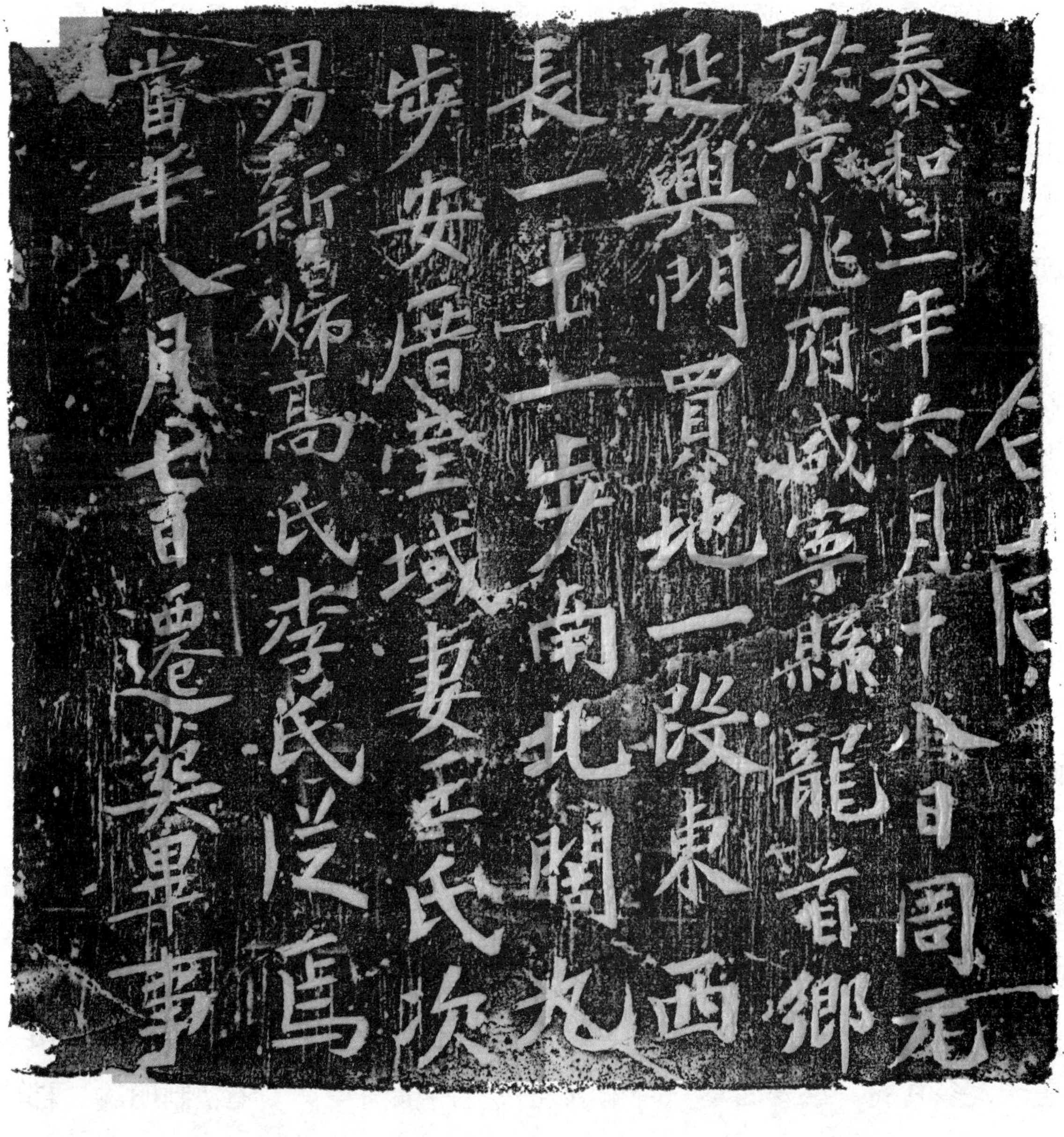

泰和三年六月十八日周元 / 於京兆府咸寧縣龍首鄉/ 延興門買地一段，東西 / 長一十一步，南北闊九 / 步。安厝塋域，妻王氏、次 / 男新媳高氏李氏從焉。/ 當年八月七日遷葬畢事。

高 32 釐米，寬 32 釐米。正書 7 行，滿行 11 字。

泰和三年六月十八日周元
於京兆府咸寧縣龍首鄉
延興門買地一段東西
長一十一步南北闊九
步安厝塋域妻王氏次
男新婦高氏李氏從焉
當年八月七日遷葬畢事

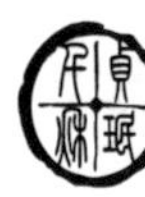

七十五　金王琳墓銘

泰和三年（1203）十一月八日

額篆書三行：金故王公墓銘

金故王公墓銘/

鄉貢進士李恢撰。/

承務郎、華州防禦判官兼提舉學校事郭伯英書。/

將仕郎、潞州州學教授權觀察判官事王簡篆。/

居市之廛者，或行君子之所難行；假儒之冠者，或为賤夫之所不为。名商之名，業商之業，徃来於数千里之間，卓尔/有所立者，吾於王公東道見之矣。公諱琳，字君寶，其先襄垣褫亭人也。曾大父昌、大父成俱隱農業，父宮當天下潰/乱而舉世避宋，因家於純留，迨/聖朝撫定，度其故產不復，乃喜出於王之塗。行己以正，締交以誠，加之廛且儉，故其所操日廣。母李氏，性慈惠，柔而有/執，上敬下睦，亦克內助。二子，公其次也。自幼作止老成，父嘗撫其背曰："繼吾志者，此兒也。"年十五，每出必侍行。凡有論/議，皆出人意表。大定七年八月十九日，父以疾終於家。哀毀殆滅性，里巷亦爲之廢務。年十七，善幹父事，其器識/弘遠。解人磨張者，負錢二千貫，過期不償。叩之，名殷而實窘。密召之，謂曰："吾兄與母想，朝夕西望，早蒙賫發，願減其/数之半。"曰："苟如公言，安敢少緩。"翼日，果應，人莫識其意。名賈十数輩留滯歲月，雖旦訟夕訴，淂不償所費，遂爲眾嗟/服。所到，凡物價低昂，皆取矜式，然不售近利。其後，所幹益廣而家益肥。良田、甲第、諸出僦之舍，錯然大備。至車騎、奴/隸、舉用之器，物物稱是，即为河東顯族。大定二十有一年十月二十九日，母李氏卒，慟如父喪。與兄仝居，幾二十年，/一無私積。由是，人多其義。承安四年，時偏師北伐，將權濟軍興。有/制明諭，郡國入貲各有差，爵亦如之。聞而喜曰："仁者以財發身，况户籍在前，何以庇廕。"遽以状入白金千五百星，主 / 者以名聞，因爵其子一級。性好施，諸宮觀寺廟，凡所興建，悉與有力。時涉縣商酒都監移剌與乃子聯職，將滿期。/ 曰："欲辦一酬，尚欠如許数。儻蒙評事提济，敢忘所報。"笑曰："何以報为。"遂以己錢数百緡補之，略無少悕，生平周人之 / 急多此類。仍喜接賓客，見四方名士，待之尤盡敬，非富而好禮者耶。兄曰瓊，性誠實，一鄉之善人也。娶張氏。後雖析 / 居，敬兄嫂如初。四姪，曰用晦，曰用寬，曰朝隱，曰用仁，森然玉立，有叔父之風。所交皆士林聞人，公亦喜其好賢，常接 / 之以恩。朝隱將赴省圍，戒之曰："汝業進士，獲與諸老先生仝游，吾之願畢矣。然賴祖先餘廕，亦有所望，其勉之。"春秋 / 五十有五，時泰和三年十月初八日，一病不救，吊者哭之哀。郡人聞之，皆歎而解體。一姊，歸夲邑張振。娶侒氏，蚤 / 世。再娶李氏，有淑質，孝而且義，其内政尤謹。子曰訓，進義副尉，前涉縣商酒同監。娶許氏，即賢族吾志夫之子。一女，/ 適貢村宇文丙，乃境内名家。孫女三人。曰仙住，已諾奉訓大夫宋同知之孫。曰靠住，曰福住，皆幼。卜以是年十一月 / 上八日葬於邑西五里明秀原之舊塋。期前，姪用晦、用寬仝其子訓以狀来請銘。余館於公之門下，積有年矣，義 / 不敢固辭。因掠其行事而爲之銘，其銘曰：/

偉歟王公，器識軼常。年甫十七，義交四方。因利獲利，在商非商。衣冠之友，閭里之光。/ 從父所令，敬承舊業。與兄仝居，誓無私藏。課補涉邑，債除解張。陰功益茂，家道愈昌。/ 親朋滿眼，子姪成行。所積既厚，所享必長。如何臥病，遽尔終堂。聞者感德，垂涕臨喪。/ 顔夭跖壽兮，天道難明。古往今来兮，此議不平。彼世之惑兮，非吾所銘。人以人偁兮，孝悌而仁。/ 我公兼偹兮，得身後名。人皆曰死兮，而獨以为其生。

上黨任眞仝男玘刋。/

李恢撰，郭伯英書，王簡篆額，任眞、任玘刋。高 98 釐米，寬 62 釐米。正書 31 行，滿行 44 字。周峰：《金代王琳墓銘考釋》，《黑龍江社會科學》2018 年第 1 期，第 171—174 頁刋有錄文。

七十六　金劉時遇墓誌

泰和七年（1207）四月四日

額篆書一行：故劉公墓誌銘

大金故劉公墓誌銘 /

鄉貢進士蔚炳撰并書，汾陽處士畢琡刋。/

公諱時遇，字逢吉。曾祖智，祖安生，父仲贇，世為西河人，其先業出扵豪素。/ 公性純良，不恃剛暴。壯麗魁偉，碧梧翠竹，鸞鵠停峙，為鄉人之儀表而能守其 / 業者也。父仲贇以年德俱耄，大定十二年，授官扵 / 國朝，壽七十四而終。公縞衣歠粥，不游鄉里，居憂三年，不改扵父之道與父 / 之臣，其盡孝也如此。不以仕為事，惟陰陽攸好，天文地理，微奧之妙，無不探賾，/ 其精術也如此。教子以義方，治家以良法。凡貨賄之私，無毫髮計留，常分其財，/ 以丐貧人，其行己也如此。不幸扵大定戊戌歲夏五十有三日，寢疾而終扵家，/ 春秋四十九以即其年。嗚呼！媚戚慟懷，朋友道傷。僉曰：“吁！天之報施善人何如 / 哉！”公娶魏氏，生一女四男，皆能幹蠱克家。女曰福香，適豪族姜顯。男四人，伯 / 曰永貴，仲曰永資，叔曰永貞，季曰永真。伯娶賈氏，生子二。長曰庭列，習進士業。/ 娶陳氏，生子梅春。繼娶李氏，生子宜壽、宜山。次曰庭傑，娶李氏，生子小春、高僧。/ 仲娶相里氏，生子二。長曰庭儁，既冠而逝。次曰庭用，娶張氏。叔娶王氏，生子三，/ 庭佐、庭璧、庭訓，俱未冠。季娶相里氏，生子庭翼。其四人昆仲暨母魏氏嗣 / 公之家，不三紀之間，業益滋大，竹笣松茂，田百頃有畿。猗歟！媚戚朋友僉曰：“於 / 天之報，施公也徵於是矣。”故積善之家必有餘慶，遽不信哉！迄泰和七禩 / 二月二十二日，魏氏歿。暨公卜葬，爰用四月丙午朔初四日己酉，同穴扵縣 / 之東北古羅城邑之奧，祖塋之次，禮也。公之長孫庭列與余同氣，以求其文，/ 義不

獲辞。然余自幼及冠，知公之跡，遂諾其請。迺為之銘，銘曰：/

嗟于劉公，大衍數終。眾歎其壽，世仰其風。/ 游心著迹，陰陽致術。鉤深賾玄，莫可形詰。/ 名實俱存，有子有孫。譽沸當日，福遺後昆。/ 卜其宅兆，祖塋之次。汾水西湄，商山南趾。

蔚炳撰並書，畢珹刋。高 69 釐米，寬 49 釐米。正書 24 行，滿行 29 字。

七十七　元謝堅墓誌

中統四年（1263）二月九日

額篆書二行：謝公墓誌

大蒙古國故征行……平陽府同知總管兼河……船橋事謝公墓誌銘并序。/

……府學教授兼經籍所官崔揆譔，擒昌高天澤書丹并篆額。/

公諱堅，字寶臣，姓謝，……出陳留，年遠譜遺，不可……以世在遼金，為中都香河縣謝家疃人。家世簪紱，自曾大父皆高蹈林泉，隱德不耀。皇考諱伯/元字善甫，以貲雄其……邑長居民敬……妣，同邑賈氏。承安改元二月，公生，資稟雄毅，志節豪宕，未始從學。少長，性喜史傳，令人讀輒穎悟。為兒/時嬉戲，甞使小兒導……考陰異之。大安末，/國兵南下，先太師同……至燕境。公時甫弱冠，率眾来附。郡王覩公魁偉不凡，許以從行。收復北京、燕京、西京路，所過城邑，望風歸服。戊寅/秋，下忻、代、石、嵐、并、汾諸州。□十月望，破平陽。十一月，拔上黨。未幾，孔祖湯復立平陽，又襲破之，還屯太原。太師時以王爵統諸道兵，承/制封拜，乃授公千夫長。付□□源、交城、文水三縣兵，從按察公立太原。明年秋八月，復攻平陽，金帥胡天作棄城奔青龍堡。冬十一月，破晉安府。次/春旋師，又破移刺都帥於□□堡。凡險固不能下者必下之，遂陞河東南路兵馬左副元帥，佩以虎符，留鎮霍邑。金人依两山，連寨數十屯，各擁兵/眾。公鐵衣未甞去身，日城南戰數合，中流矢，折二齒，而氣不少屈。一日，會陣於汾西栢支原，馬足傷墜地，身被二十餘瘡，步戰愈厲。辛巳春，金兵攻/平陽，主將李守正力不支，求救於公。遂請於按察公，按察公逗留不行，獨往赴焉。比至而城陷，尋以兵復之。遷授同知總管平陽府事，仍前職。/壬午秋九月，攻青龍堡，胡天作引兵降，陞充征行兵

馬元帥。癸未，夏國李王反，從太師往伐，踰月不下。獨領精騎乘間道取之，斬首五百級，俘男女萬/人，獲輜重千餘乘，畜數十萬，遂定其國。凡有所獲，悉分士卒，身無私焉。乙酉，眞定主帥武仙叛，抱犢、赤尖、神山、鳳山諸寨皆其黨類。以太師命，/悉破之，武仙奔雙門。是歲，取彰德。明年，取曹、濮，攻鄆。又明年，破益都，拔濰、淄已東二十城。公每與下同甘苦，以忠義感發士卒心，由是，部將齊寬、次/全等皆樂為用。効死而戰，屢獲大功。還歸，授命與主將李守忠鎮平陽。夏四月，金帥紇石烈及副樞移剌復陷平陽，公挺身出，徑見按察公于西山，/以難告，得百餘騎，追擊出境。按察公疑平陽民叛，欲殲焉，力勸乃止。是年，授河東路兵馬都元帥。時武仙陷太原，會按察公却仙兵復太原。繼聞完/顏婁室、張山谷復立平陽，突騎南廻，擊走婁室、山谷，奔青龍堡。尋破而誅之，河東遂平。庚寅，/宣授總管河東南北兩路船橋事，統制水師、船工。勑修戰艦，公以麾下兵瞻青採伐，俾充其用，一不以賦於民。是冬，扈從取鳳/翔。明年，攻河中，躬為營辦不闕。壬辰秋，河□地多荒蕪，耕牛艱得。奏聞，賜牛萬頭以給農，歲事大興。又二年，朝於和林城，/上大悅，燕饗終日，優加寵異。乃還平陽，遷□□中書省事。乙未，天下版籍民數，充河解古城安平等處萬户兼都宣使。丁酉，奉/旨，從大帥塔海紺卜伐蜀，修棧道，繫浮桄，□□開，破成都，突碉門，下夔府，前後十七載，水陸相持，大小百餘戰。每戰，出大帥前，所嚮摧北，為諸將冠，/未嘗自伐。癸丑，致仕，子維石代。又四年，/特旨起公構浮梁于大慶關，力疾督役不輟。一日病篤，謂人曰："人豈有不死耶！我在軍旅間四十餘載，享年過六十，得正斃于牖下，足矣！"時己未夏/四月二十有二日，薨于河中玉芝坊私第之正寢，春秋六十有四。是日，城中白氣干霄，移時不散，人以為公歿之應。自初終至于大殮，留七日，容色/不易，無腥聞。及殯，送者萬人，無不流涕。中統癸亥二月庚申，舉公之柩葬于臨汾東七里神泉鄉南李村之新塋，禮也。夫人鄭氏、許氏、裴滿氏、田氏/以下諸夫人。四子：長維石，字仲德，總管成都船橋事，仍佩金符；次企石，字仲進，秦鞏路軍儲所大使；衡石，字仲平，河中府少尹；如石，字仲正，善騎射，/ 未仕。女五人：長適平陽路課税所大使宋良佐；次適鳳翔府總管程介福；次適山西路征行明安劉九住；二女尚幼。孫八人：長宜，字適之；次純，字實 / 之；遘，字文之；訥，字敏之；欽，字敬之；賢，字用之；福，字慶之；荣，字顯之。俱讀書有聲。公平日以直聞，處戰陣間，嚴厲不可犯。雖顓生殺，殊無阿曲意。/ 至於四子八孫，上下曼衍，其昌盛如此，豈非公之治事不欺之所致耶！企石居喪盡禮，哀毁過情。淂兄軍中書，極力營葬事，朝夕於是，五月而功廼成。求 / 予以誌，予甞受知于企石，誌其可辭。謹按提領馬君從道行狀而銘諸，其詞曰：/

巖巖謝公，器姿挺特。會遇風雲，乃奮英迹。公之始冠，慨然從軍。攻城戰野，亦克有勳。/ 及公之壯，大愜眾望。較彼軍功，登為上將。公其老矣，志猶不衰。凡百戰陣，以身先之。/ 被甲持矛，四十餘載。年踰耳順，職令子代。居閒無事，為構浮梁。身雖嬰疾，督役不遑。/ 豈期一病，竟為不起。子孫思之，其何云已。卜土之吉，涓日之良。廼修葬禮，廼窆玄堂。/ 臨汾之東，神泉之北。膴膴晉原，兆定斯域。猗公之行，何恃銘章。欵諸貞石，視此勿忘。/

中統四年癸亥二月九日立石，石匠。

崔揆譔，高天澤書並篆額。高 108 釐米，寬 62 釐米。正書 36 行，滿行 56 字。

七十八　元徐妙真墓誌

至元二十六年（1289）十二月八日

額正書四行：先妣徐氏孺人墓誌

先妣徐氏諱妙真，生於臨川延壽之龍安，来妃先君王紹宗，/ 家于許塘。先君蚤失仲氏而孑立，承家幹蠱，秩然條理 / 者，皆先妣有以相之也。迨夫中年，家道粗優，宜可泰然 / 少休。而汲汲焉猶不釋重負，此其勤儉出自天性，固如 / 此尔。至若孝於舅姑，睦於姻黨，恕於妾御，凢其閨政之 / 美，殆難枚舉。而於熊膽助勤，尤加意焉。是以諸孤各通 / 義方，自植門户。而名登學校者，亦不乏人，夫豈無自而 / 然者。嗚呼！妣於婦道無間然矣，天假期頤，疇曰不宜。而 / 乃一疢長逝，壽終七旬有七。嗚呼痛哉！先妣生於宋之 / 癸酉，歿於元之己丑。男四：長思明，娶王氏，續江氏；思聰，娶徐 / 氏，側室葉氏；思恭，娶傅氏；思祖，娶黄氏。思祖早世，納繼男丙元。女 / 二：長適黄，次適傅。男孫四：桂、元、茂、志。女孫四：淑英，適曾；王姑、/ 菊姑、閏姑，皆幼。不肖思明將以是年十二月初八日甲申，奉柩 /葬于□□□□□□山，背□面□，卜云其吉。謹摭其實，/ 以誌其壙云。孤哀子思明泣血書。/

前進士黄炎發填諱。

王思明撰並書，黄炎發填諱。高 56 釐米，寬 36 釐米。正書 16 行，滿行 23 字。

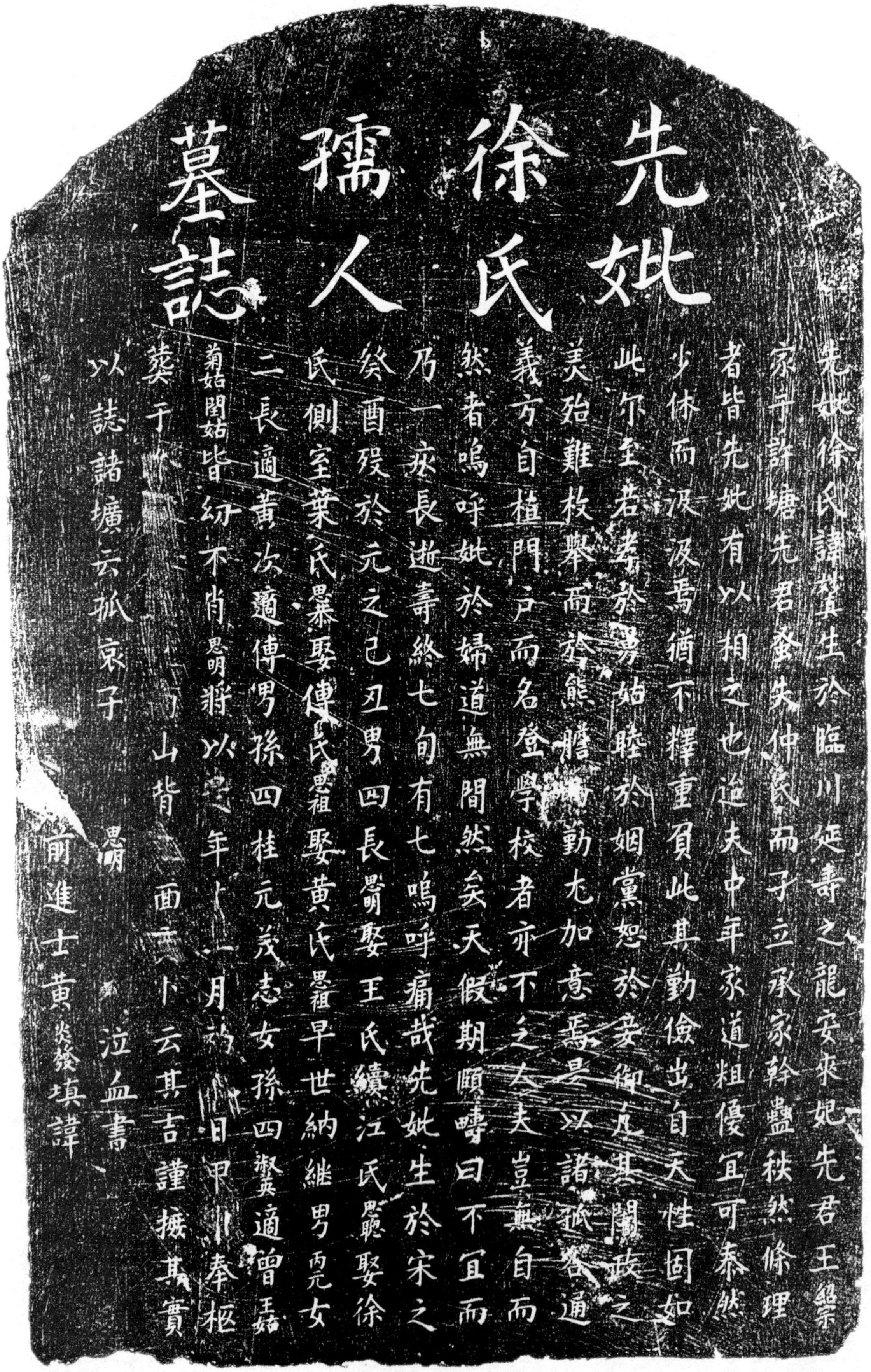

先妣徐氏孺人墓誌

先妣徐氏諱[illegible]真生於臨川延壽之龍安來妃先君王繁
家于許塘先君蚤失仲民而子立承家幹蠱秩然條理
者皆先妣有以相之也迨夫中年家道粗優宜可泰然
少休而汲汲焉循不釋重負此其勤儉出自天性固如
此尔至若孝於舅姑睦於姻黨恕於妾御凡其閫政之
美殆難枚舉而於熊膽[illegible]勤尤加意焉是以諸孤各通
義方自植門戶而名登學校者亦不乏人夫豈無自而
然者嗚呼妣於婦道無間然矣天假期頤疇曰不宜而
乃一疾長逝壽終七旬有七嗚呼痛哉先妣生於宋之
癸酉殁於元之己丑男四長思明娶王氏續江氏思聰娶徐
氏側室葉氏思恭娶傅氏思祖娶黃氏思祖早世納繼男丙元女
二長適黃次適傅男孫四桂元茂志女孫四[illegible]適曾王姑
菊姑閨姑皆幼不肖思明將以[illegible]年十[illegible]月初[illegible]日甲[illegible]奉柩
葬于[illegible]山背[illegible]面[illegible]卜云其吉謹撫其實
以誌諸壙云孤哀子思明泣血書
前進士黃炎發填諱

七十九　元危公千二承事地券

至元二十七年（1290）十一月

額正書四行：故危公千二承事墓

塟不草，為之盜塟。謹有江西撫州臨川縣新 / 豊鄉百四都嘉禄水東大塘住歿故危公千 / 二承事元命，前辛未年十月十六日亥時受 / 生，扵至元二十六年己丑歲正月初七日傾世。/ 生男三人：危思淅、思義、有光。新婦王氏。男孫 / 仲英、仲明、仲祥、仲㒷、仲清、仲榮、仲寧、保姑。孫 / 新婦黄氏、黄氏。曾孫元姑、華姑。今卜就周家 / 源阜祖壠之傍安塟，坐丑向未。阡下東止 / 青龍，西止白狩，南止朱雀，北止玄武。中宫一穴，/ 求為亡人万年陰宅。應有古倔伏屍不得 / 争占，先有居者，永避万里。以春秋祭 / 祀，以時思之。謹按 / 太上女青律令。/

至元二十七年十一月日，孝男危思淅、思義、有光書。

危思淅、思義、有光書。高 44 釐米，寬 32 釐米。正書 14 行，滿行 17 字。

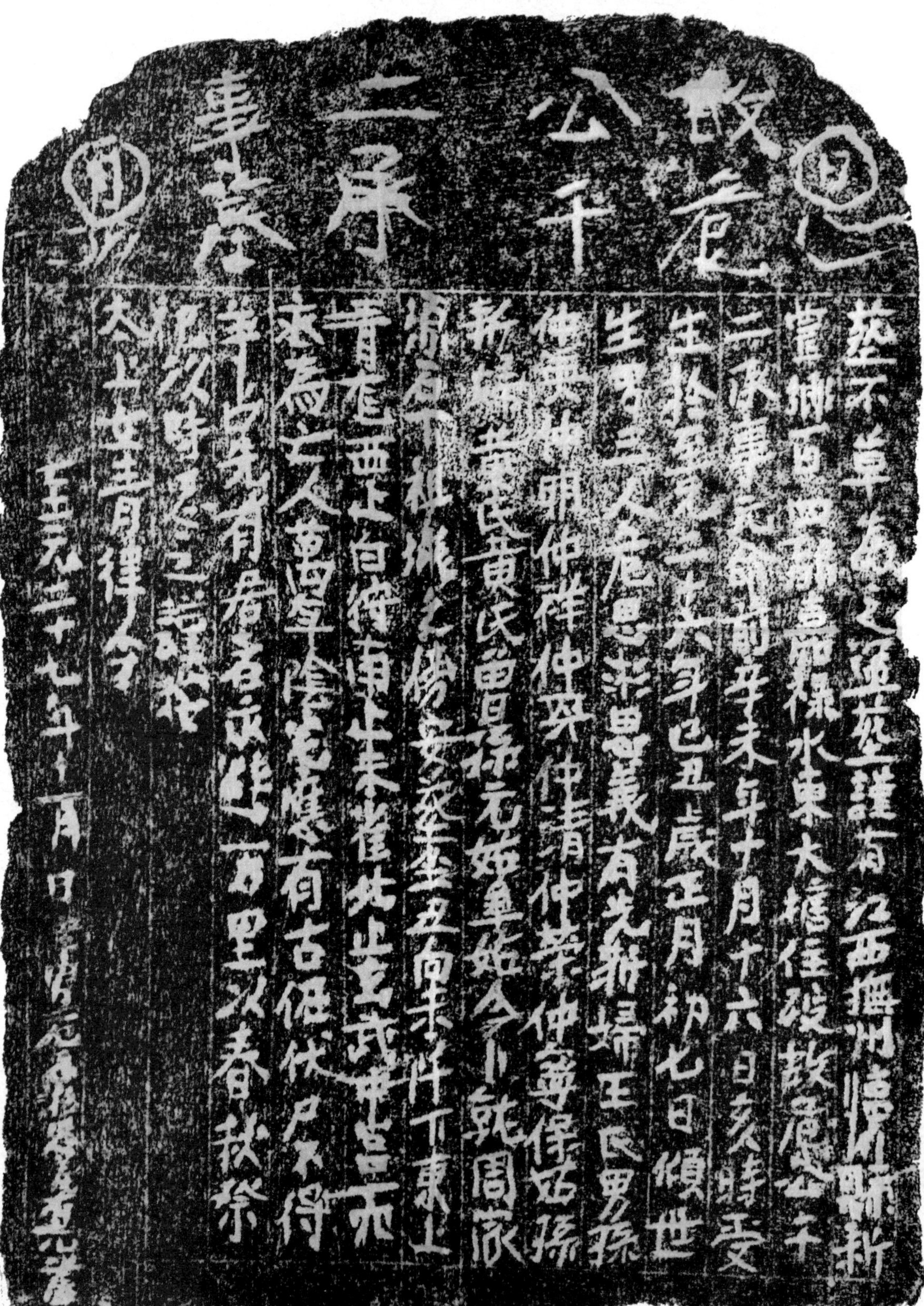

八十　元成氏山祖林記碑

至元二十八年（1291）三月二十二日

額篆書二行：成氏山祖林記

成氏山祖林記

末婿馬驎撰并篆額，……人□欽仁書丹。/

蓋聞□者，禮之大體。理天地，法四時，則陰陽順人情，故謂之禮也。□□者，取之陰陽也。喪有四制，取之四時也。其恩厚者，孝莫/大於嚴父，嚴父莫大於祖先。昔成氏始祖按姓譜而攷其源流，蓋出周文王子成伯之後也。及晉郤犨食采於苦，成因以為民。/望出上谷，□□有二。自兹以降，丗有顯人仕齊，名諱載於史冊。厥後子孫枝分派別，各因地以居焉。公諱進，自高祖俱葬于任/城縣兩城村□東，原有碑銘，尚字存焉。次曾祖祔于本縣南數舍之地，墅曰邵莊，丗居祖業人也。於祖宅東南約二百餘步，見/有曾祖塋焉，其林碑碣俱完，實天德三年也。公因兵革，徙之嘉祥南舍餘之地許，有聚落曰来范，視其地廣膏腴沃壤，乃曰："可/以□居于此。"□□子弟以服田力穡，優游自給而終老焉。公欲啓葬事，我高祖葬于兩城，曾祖祔于邵莊。次祖未曾祔林，殗骸/在於淺土，河流淤沒，甞有悽愴之心。其祖林又無穴而可葬，將如之何。與子命良師擇高邃，於所居之西，中山之陰，行山之左，/平坦秀地□□右陽来山，去水中央。求之卜筮，得其吉地，可為出祖塋焉。實至元辛卯，乃商音之通利也。公之曾祖諱定，定生/二子，曰暐曰曈，少甞涉獵經史，有門弟子數人從而師之。暐生三子三女，曰芝曰蘭曰藻。曈生一子二女，曰葆，亦嗣其業。藻娶/□氏，生一子，諱□。娶妻張氏，生三子五女，長曰珎，次曰瓊，次曰珪。父召子曰："先祖即窆有年而識竁之文無以彰前美，無以示/後人，吾心懼焉，敢於子乎！父既克襄大事，何不懇求聞人，以述其墓

碣，礱諸碧琰，用傳不朽，□不韙歟！”乃曰：“有門下婿習儒述/之道，可□□□焉。”於是珪奉父命，踵門告驎：“予家遷葬，願求之文，以紀其實。”驎既奉岳父之命，婿當豈敢有違？謹摭行狀，略論/右而言曰：天地者，生之本；先祖者，類之本。敬天地，尊先祖，此禮之本也。養生者不足以當大事，惟送死可以當大事，斯之三禮/以備矣。惟公德曰賙人之急，賑人之飢，於家盡孝，為國竭忠，鄉里亦無毀譽。公生三子。長曰珎，賦性淳實，内能友于兄弟，外則/美于鄉隣。次曰瓊，□友美愛，衆推為本村社長。次曰珪，纫習儒醫，才略過人，孝父母，敬官長，訪習君子之德，皆從父母失方也。/□婿才淺意踈，恐不能讚祖上之德，乞明人續較兩端，□不敢狂斐。所有宗派，俱名于陰，而系銘曰：/

成氏始祖葬兩城，郡出上谷源流根。宗派子孫枝葉廣，遷居邵莊別厝塋。/碑碣祖業俱然俻，公因兵革波迸寧。徙之嘉祥立農業，數頃桑田家道榮。/再遷出祖居山土，松柏楸梧蘇秀靈。求之卜筮得吉地，窀穸宅兆安祖塋。/後裔蕃昌烍烍旺，為儒習醫續子孫。琬琰礱精刻此記，福兆子孫詒後人。/

大元□至元二十八年歲次辛卯三月二十二日，男成進，孫男成珎、成瓊、成珪立石。/

陰陽人高文謙，石匠張德、聶彬刋。

馬驎撰並篆額，□欽仁書丹，張德、聶彬刋。高 243 釐米，寬 92 釐米。正書 23 行，滿行 48 字。

成氏出祖林記

八十一　元陳廙墓道表

至元三十一年（1294）三月六日

額隸書二行：故奉職陳君墓道表。

故奉職陳君墓道表 /

兄平陽路學校提舉庾撰，孫觀書丹并題額。/

君諱廙，字子安，規措第三子也。以品官子試六部掾，遂中夲科之乙，復補刑部，以廉幹聞。監察御史康錫知之最厚，遇人 / 輒極口稱道。未幾，借補尚書省掾，左司郎中楊叔玉復加薦慰焉。踰年，為近侍局副使烏古孫道元保奏，收充奉職。/ 初，近侍官例用北方貴種，南人不預其選。及南渡之後，稍扵進士或品官子中選其才行著稱者一二人參之。及君以 / 孤蹤遠地得之，聞者莫不驚駭且加歎息。近侍職華要，人所争附，君處之獨澹如也。辛卯冬，奉命視師潼関。未幾，/ 天朝兵破関。時方被疾，舁還陝城。疾平，至六月，廼與同僚抹撚某同奔汴梁。至鄭州之東，遇 / 天兵，以職死焉，壬辰八月三日也。君自纫穎異，凡所為，期扵必成。天資不飲酒，不喜俠邪之游。既涖事，斬斬自持，雖積 / 金至斗，其心不易，時人皆以遠到期之，不幸值運祚已移，遂與俱亡，不獲展盡其才用，惜哉！卒年三十有六，官至敦武 / 校尉。妻郾城蕭氏，開封令文郁之女。無子，女三人。長嫁河津賀氏，二女且纫，從其母居汴，丧亂流離，莫知存歿。四弟膺，/ 篤扵友愛，念念而不置。曁居元戎幕府，以物色尋訪者歷年，俱得扵民間。次適賀氏，蓋以姊亡而繼焉。季適陝郡李氏。/ 辛丑春，方大葬先祖及考妣，感念疇昔爾汝之情，不覺涕下，特為置空壠焉，且令魂魄有所寓也。廼為銘曰：/

子仕父教，事君以忠。策名委質，義當匪躬。于嗟介弟，庶大陳宗。初試郎吏，裦然長雄。/ 厥職斯舉，滅私以公。臺閤交薦，上達宸聰。出入侍衛，夤畏謙冲。期振家世，式張士風。/迺生不辰，運鍾世季。澤淍金源，基構斯墜。開陝視師，啣命奉使。適丁播遷，獨能抗志。/書伏宵行，患難不避。天禄永終，孤忠莫遂。卒遇/天兵，敗無噍類。殺身成仁，舍生取義。身委梁甸，夢到洛城。面上塵土，春風草生。/與才躓命，神胡不平。寃依考妣，速返先塋。寄寓丘壠，情深弟兄。寫之琬琰，永昭令名。/

大元至元三十一年歲次甲午三月辛亥朔初六日丙辰，姪男中憲大夫、海北廣東道肅政廉訪使元凱立石。/

古桐甘泉鎮張琳弟瑞等刋。

陳庾撰，孫觀書丹並篆額，陳元凱立石，張琳、張瑞刋。高176釐米，寬73釐米。正書20行，滿行46字。《三晉石刻大全·運城市臨猗縣卷》第30—31頁刊有拓本及錄文。周峰：《金代陳廙墓道表考釋》，《哈爾濱師範大學學報》2018年第4期，第172—174頁刊有拓本及錄文。

八十二　元鄒氏壙記

至元三十一年（1294）十一月十三日

額正書一行：亡室鄒氏孺人壙記

亡室鄒氏，世居撫州臨川新豊人也。曾大父明、大父思孟、父有信，俱隱/居弗仕。母章氏生亡室，賦性純淑，稟承母訓。扵宋乙卯归于吾家，逾/五年，不幸吾母早世，遂尽孝道，次事吾父甘旨之奉，未甞少怠。扵是為吾弟/元德畢娶，以致妯娌和，子姪衍，家道昗，保合大和。數拾年，皆室自處，裕如也。猶且/生平勤儉，撫孤字幼，敬老憐貧，皆亡室之素志也。至扵教子育/孫，靡不尽善。夫何微疾，竟尔不救。如獲甘寢，故享天年五十有六。生男二人：/長仕顯，娶馬村章氏；次仕茂，娶會源張氏。女一人，福娘，適上禄付梁。男孫/二人，德孫、回孫。女孫一人，郊姑。亡室生扵己亥十月二十七丑時，卒於至元甲午/三月十九越八日己未，帰葬于梅林所居之前山先考墓塋之側，坐/乙向辛，從吉也。嗚呼！天不祚予，傾內失吾良助，為之奈何。姑叙/其大畧，以記歲月，納諸幽壙云。至元三十一年甲午歲十一月十三/日朞服夫鄭元秀記。

鄭元秀撰並書。高59釐米，寬41釐米。正書12行，滿行32字。

亡室鄭氏孺人壙記

八十三　元吴妙珍壙記

元貞元年（1295）十月四日

額篆書三行：吴氏孺人壙記

先妣孺人吴氏諱妙珍，世应撫之金谿水亭村。歸妃 / 先父，父亡，再納同里余居文為續父。先妣平日好善，/ 持家節儉，和鄰睦族，靡無間言。不幸，今秋沾疾沉綿，/ 治療罔効，竟至奄棄。嗚呼痛哉！先妣生於淳祐辛丑 / 四月十四日午時，卒於元貞乙未十月初四日，享年 / 五十有五。淂地于何家原，去家近，坐乙向辛，水歸丑 / 癸，從吉卜也。今以是季十一月初二日壬申，奉柩歸/ 封。男四人：德榮，未婚；德華，娶余氏；德富，娶張氏；德貴，/ 尚幼。德榮，幼抱族子也。女孫一人，辛姑。埜日逼，姑述 / 大槩，納諸壙以紀歲月云。哀子何德榮等泣血拜書。

何德榮撰並書。高 54 釐米，寬 31 釐米。正書 10 行，滿行 20 字。

吴氏孺人壙記

先妣孺人吴氏諱妙珍世爲撫之金谿水亭村歸妣
先父父亡再納同里余君文爲續父先妣平日好善
持家節儉和鄰睦族靡無間言不幸今秋沾疾沉綿
治療罔効竟至奄棄嗚呼痛哉先妣生於淳祐辛丑
四月十四日午時卒於元貞乙未十月初四日享年
五十有五得地于何家原去家近坐乙向辛水歸丑
癸從吉卜也今以是年十一月初二日壬申奉柩歸
封男四人德榮未婚德華娶余氏德富娶張氏德貴
尚幼德榮幼抱族子也女孫一人幸姑墊日通姑述
夫槩納諸壙以紀歲月云哀子何德榮等泣血拜書

八十四　元范祖文墓誌

大德四年（1300）正月二十日

誌蓋正書三行：大元故范文卿墓誌銘。高 35 釐米，寬 34.5 釐米。

大元故范君文卿墓誌銘 /

君諱祖文，字文卿，世為晋之臨汾河曲里人。曾祖諱某，大定 / 中徙於秦。祖諱實，三子，曰重、曰志、曰泰。泰字彦通，君之考也。/ 倜儻豪舉，才武慷慨。恒山公仙為金帥，聞其名，授以銀符，俾 / 總領其事。時兵革擾攘，人人剽敚自給，惟公恤故舊，哀惸獨，/ 粟飢衣寒，全活者甚衆。自士夫及商旅、皁隸，莫不知其名，人方 / 之陳孟公、杜季良云。妣李氏。君昆季二，處仁，乃弟也。君幼業 / 儒，從翰林待制孟駕之遊。性沉静縝密，事不詭隨，長於生理。/ 初，總領公既亡，家無儲蓄。而君攻苦食淡，裁省制節，未嘗妄 / 費，遂致殷厚。喜讀書不求甚解，強記不忘。子從道甫數歲，日 / 課以書，稍不如意，不少假藉。或勸之，乃曰："予雖晚有是兒，亦 / 不可以是姑息也。"以元貞元年十月八日終於家，壽止五十 / 八。君初娶李氏，生子二，女適李誠男居正，蚤世。繼王氏，世亦 / 京兆涇陽名家。慈惠寡言，人莫測其喜愠。撫字諸孤，恩義均 / 一，人至不知長女為李出也。子從道一日廢學，憂形于色，是 / 可尚已。以大德三年十二月三十日終于正寢，壽五十六。從 / 道亦業儒，庶幾不墜舊物者。季女榮哥暨外孫女綿綿竝及 / 笄也。卜以大德四年正月二十日葬于咸寧龍首鄉黃渠之 / 先塋，銘曰：

君之長材，非數可足。人之議之，尺布斗粟。譬之蠅 / 矢，點彼白玉。昔臧文仲，不仁智六。夷攷勳德，炳燿簡牘。立身 / 肅，信道篤。在外之謗讟，又何足為君之玷辱邪！/

濩澤侯均撰并書蓋。

曾福刊。

侯均撰並書並篆蓋，曾福刊。高 46.5 釐米，寬 45.5 釐米。正書 23 行，滿行 24 字。《洛陽新獲墓誌 二〇一五》第 397 頁載有墓誌拓片，無録文。

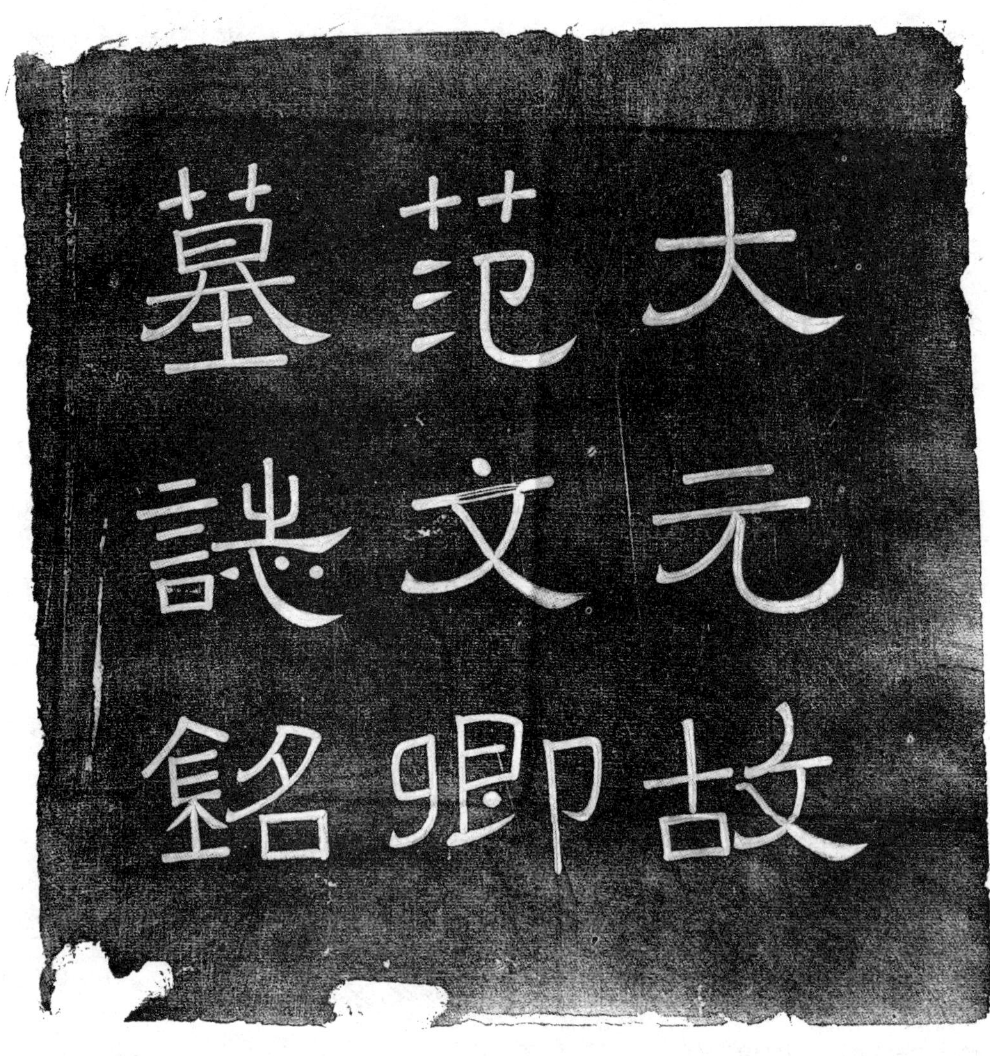

大元故范君文卿墓誌銘
君諱祖文字文卿世為[illegible]之[illegible][illegible]西里人曽祖諱其大定
中從於秦祖諱實三子曰重曰志曰泰々字彥通君之孝也
倜儻豪舉才武慷慨恒山公仙為金帥聞其名授以銀符俾
總領其事時兵革擾攘人々剽敓自給惟公恤故舊哀惸獨
粟飢衣寒全活者甚衆自士夫及商旅皁隸莫不知名人方
之陳孟公杜季良云妣李氏君昆季二處仁乃弟也君幼業
儒從翰林待制孟駕之遊性沉靜縝密事不詭隨長於生理
初總領公既亡家無儲蓄而君攻苦食淡裁省制節未嘗妄
費遂致殷厚喜讀書不求甚解強記不忘子從道甫數歲曰
課以書稍不如意不少假借或勸之乃曰予雖晚有是兒亦
不可以以是姑息也以元貞元年十月八日終於家壽止五十
八君初娶李氏生子二女適李誠男居正蚤世繼王氏[illegible][illegible]
京兆涇陽名家慈惠寡言人莫測其喜慍撫字諸孤恩[illegible]均
一人至不知長女為李出也子從道一日廢學憂形于色[illegible]是
可尚已以大德三年十二月三十日終于正寢壽五十六從
道亦業儒庶幾不墜舊物者李女榮哥暨外孫女綿々[illegible]及
葬也卜以大德四年正月二十日葬于咸寧龍首鄉黃[illegible]之
先塋銘曰君之長材非數可足人之議之尺布斗粟譬之蠅
矢黠彼白玉昔臧文仲不仁智六夷攷勳德炳耀簡牘亘身
肅信道篤在外之謗讟又何足為君之玷辱邪
[illegible]撰并書蓋　[illegible]刊

八十五　元周益壙記

大德九年（1305）十一月三十日

額正書五行：先考周公瑞五宣教壙記

先考姓周氏，諱益，字玄佐。其先沓由金谿策原而徙居鐃安□□/城山。曾大父伯權、大父椿之、父仲顥皆隱德弗耀，母曾氏。公稟□/梗介，與物无忤。謹身節用，動与礼合。先大父生平以詩書自娛，□/事生產作業。公克志幹蠱，立门户，治田圃，井井有條理，而家道是/以裕。涉歷世故，泰然自處。族里手足艱難之際，雖繁冗不辞勞。終/親之丧纔一年而公私交構，氛翳滿前。家事纖悉，不以芥蒂。付得/失如浮雲，而欲退藏扵密。天不憖遺，竟奪其壽，時大德乙巳八月/一日也。嗚呼痛哉！公生扵開慶己未八月初三日丑時，至是，享年/四十有七。妃洪氏，子男五。長居簡，締同里陳氏。次省孫，命继扵叔/父晉。次居敬、居順、居衍。越十一月壬申，奉柩窆于里之烏槎，坐亥/向巽巳，地勢環繞，可以妥靈。孤不天，不能丐銘當沓大手筆。姑状/其实，記歲月而納諸壙云。孤子居簡等泣血拜書。

周居簡撰並書。高 67 釐米，寬 35 釐米。正書 12 行，滿行 25 字。

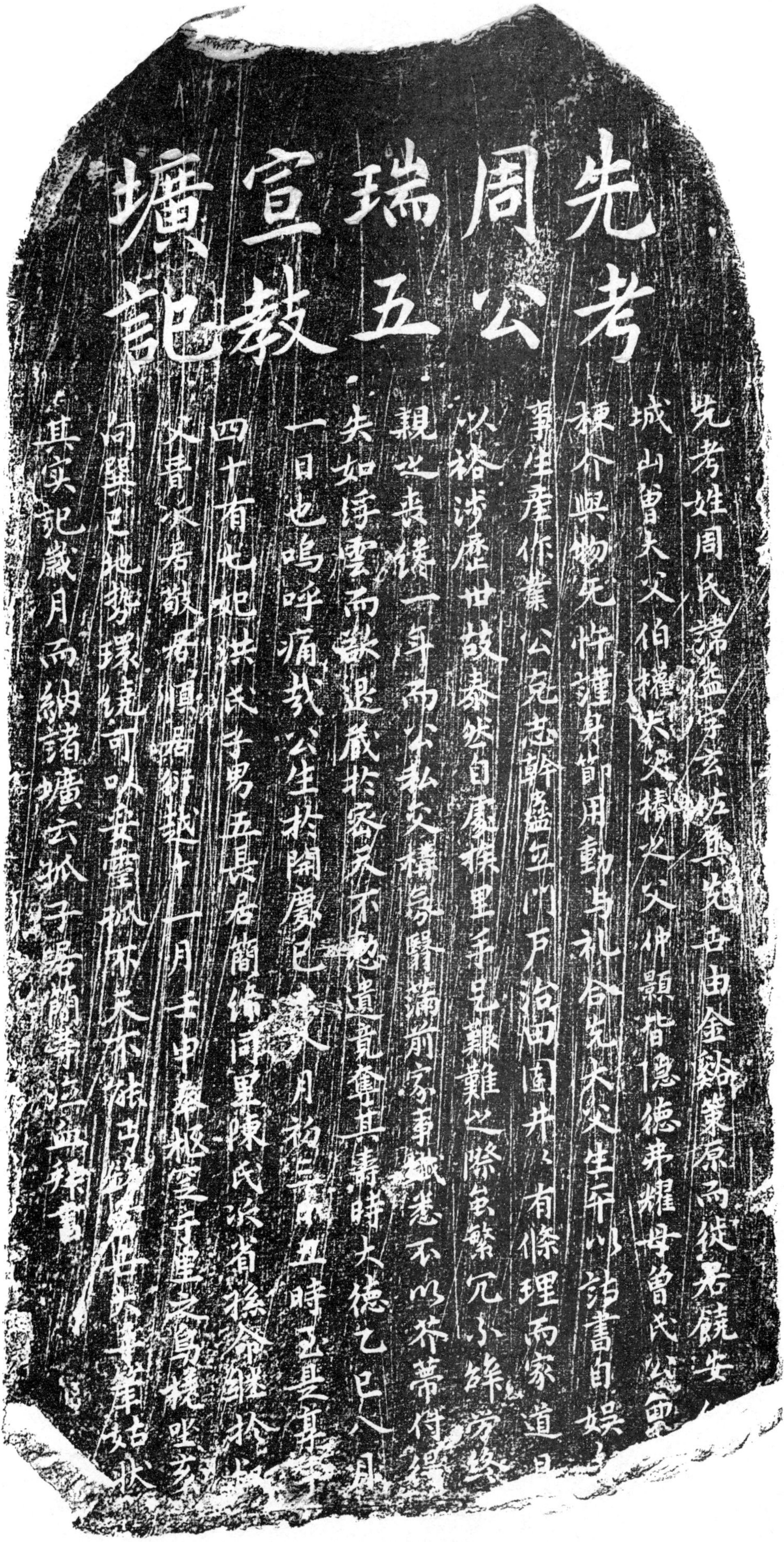

先考周公瑞五宣教壙記

先考姓周氏諱盛字玄佐其先世由金谿兼原而徙居饒安
城山曾大父伯權大父椿之父仲顯皆隱德弗耀母曾氏公命
稟介與物无忤謹身節用動与礼合先大父生平以詩書自娛
事生產作業公克志幹蠱立門戶治田園井井有條理而家道日
以裕涉歷世故泰然自處族里手足艱難之際氣槩冗不緣芳終
親之喪儀一年而不私父精象醫滿前家事悉委不以芥蔕待得
失如浮雲而歛退藏於密天不憖遺竟奪其壽時大德乙巳八月
一日也嗚呼痛哉公生於開慶己未八月初二日五時至是享年
四十有七妣洪氏子男五長居簡偉同里陳氏次省孫命繼於叔
父晉次居敬居順居衍越十一月壬申奉柩窆于里之烏穰坐亥
向既已地勢環繞可以安靈孤不天不能丐銘於世大手筆姑狀
其實記歲月而納諸壙云孤子居簡等泣血拜書

八十六　元陳夢雷壙記

大德十一年（1307）八月二十七日

額篆書五行：先考陳公庚七宣教壙記

父夢雷祖彬，父三俊，世座百歲里之前方。男自小聞 / 族黨前輩言，吾家祖父皆以勤儉為本，生業為先。自 / 世道滄桑，丙子至丙戌，来祖充頭目，應當官司，科泒 / 百出。先伯夢龍早亡，父之叔妷懦不任事，先祖一身 / 備嘗艱苦。自吾父知体例，會書筭，九事經歷，勇於敢 / 為，代身了公家事。私家積弊，協力整頓。由是生理頗 / 裕，外侮莫侵。隣族親朋間以事相託，為謀尽忠，人稱 / 難能。三数年来，淂痰氣疾，九幾醫療而罔效。今年夏 / 閒，喜可勿藥，未幾再作，遽隔幽明。哀哉痛哉！父姓陳 / 氏，生于丙寅年四月廿四日，卒于大德丁未年六月 / 廿六日，享亡壽四十二歲。先娶玉田劉氏，有男天錫，/ 亦娶玉田。先父再娶吳氏，無出。今淂卜附葬于祖妣 / 吳氏墓右，地名塘尾，去家甚近。其山辛戌，来龍坐庚 / 向申，水流巳丙。以是季八月己未日奉葬。孤男天錫 / 犖犖孑立，不能求達者銘。姑摭所聞見直書，纳壙以/ 誌死葬之年月云。葬前二日，孝男陳天錫泣血拜書。

陳天錫撰並書。高 56 釐米，寬 36.5 釐米。正書 16 行，滿行 20 字。

先考陳公承七宣教壙記

父夢雷祖綵父三[illegible]曾居百歲里叟前方男自小聞族黨前輩言吾家[illegible]定皆以勤儉為本生業為先自世道滄桑丙子至丙戌[illegible]祖充頭目應當官司科派百出先伯夢龍早亡父[illegible]扶傷不任事先祖一身備嘗艱苦自吾父知[illegible]書弄丸子經歷勇於敢為代身了公家事私家積弊協力整頓由是生理頗裕外侮莫侵隣族親朋間以事相託為謀盡忠人稱難能三數年來得疫氣疾允幾醫療而罔效今年憂閲壽奇勿藥未幾再作遽隔幽明哀哉痛哉父姓陳氏生于丙寅年四月廿四日卒于大德丁未年六月廿[illegible]日享[illegible]壽四十二歲先妣王田劉氏有男天錫父娶王田毛氏再娶吳氏吳氏乏生今得附葬于祖妣吳氏塋左地名塘尾去家甚近其山辛戌來龍坐寅向申水流巳丙以是年八月己未日奉葬孫男天錫煢煢孑立不能求達者銘姑摭所聞見直書納壙以誌死葬之年月云葬前二日孝男陳天錫泣血拜書

八十七　元萬必聰壙記

延祐五年（1318）十一月三日

額正書三行：萬公榮甫壙記

先考姓萬氏，諱必聰，字榮甫，世居洪之進賢菱塘人。/ 曾祖昭，祖禄，父子清。先考處世温柔，待族以和，處鄉 / 以厚，姻朋徃来，盃酒歡迎。兒女婚畢，方欲享清閑，不 / 幸一疾而逝。嗚呼痛哉！生於戊辰年四月十三日寅 / 時，不幸於延祐丁巳七月二十一日傾世，享年五十 / 歳。娶胡氏。男一人，仲貴。女二：長妙真，納陳應昂為婿；/ 次妙净，適凃一經。孫男章弟，孫女福妹、姑俚。卜以次 / 年十一月初三己未日奉柩葬于汶田祖母壠傍，坐 / 辛向乙，從吉卜也。未能丐銘于當世名筆，姑刻石以 / 記歳月云。孝男仲貴泣血百拜謹書。

万仲貴撰並書。高 57 釐米，寬 30 釐米。正書 10 行，滿行 20 字。

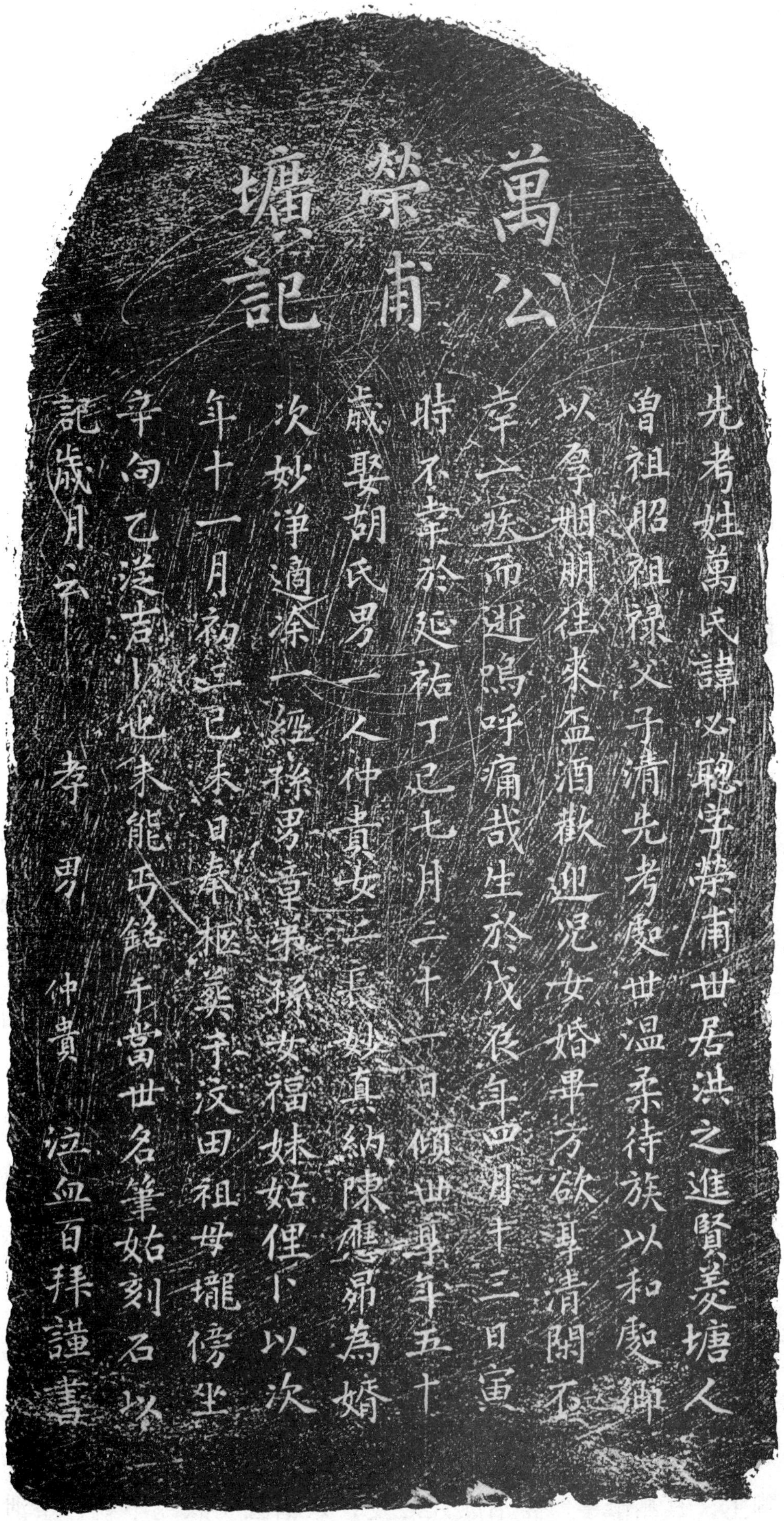

萬公榮甫壙記

先考姓萬氏諱必聰字榮甫世居洪之進賢菱塘人
曾祖昭祖祿父子清先考處世溫柔待族以和處鄉
以孝姻朋往來盃酒歡迎兒女婚畢方欲享清閑不
幸一疾而逝嗚呼痛哉生於戊辰年四月十三日寅
時不幸於延祐丁巳七月二十一日傾世享年五十
歲娶胡氏男一人仲貴女二長妙真納陳應昴為婿
次妙淨適涂一經孫男章孫孫女福妹姑俚卜以次
年十一月初三己未日奉柩葬于汶田祖母壠傍坐
辛向乙從吉兆也未能丐銘于當世名筆姑刻石以
記歲月云　孝男　仲貴　泣血百拜謹書

八十八　元張璧墓誌

至治元年（1321）十一月一日

誌蓋隸書四行：大元故進義校尉盩厔縣尉張君墓誌銘。高 40 釐米，寬 40 釐米。

大元故進義校尉、奉元路盩厔縣尉張君墓誌銘并敘 /

奉訓大夫、前諸色人匠總管王惟忱譔，朝列大夫、四川行省郎中、致仕鄭琬題蓋。/

至治改元，龍集辛酉十月甲辰，盩厔縣尉張君文玉以王事致疾，歿扵寶雞之旅舍。孤 / 克柔、姪和柔聞訃，哭之護柩以歸，卜以其年十一月庚午朔從葬扵咸寧縣洪固鄉鳳 / 棲原先塋之次。前事，託父執苗張二君持府學正王瓚狀来請銘。其故叔東皋老人希 / 賢與予平日交游最厚，且知張氏一家素有義門之稱，不忍為辭，姑紀實而次序之。君 / 諱璧，世為京兆永壽人。大父世忠，潛德弗耀。妣劉氏。考國綱，陝西行省豐備庫使。母王 / 氏，前進士子正之女，淑善和雅，閨門整肅，無鬩牆之色，姻婭相懽，宗族取則焉。二子：長 / 曰式，蚤卒；次即君也。生而警悟，志氣不群。既壯，經紀家事，有幹濟稱。/ 陝西行省闢為宣使，役滿，除三水廵檢，轉芝川、宜禄，俱有能聲。大德九年，遷富平縣尉。/ 前政留獄，不旬月，剖摘盡出□，善發奸伏。邑民潘國寶素循良，頗富實。一旦，被賊人趙 / 僧僧執襄陽偽牒，以偽鈔賊人，指連擒捕急發。潘訴其冤，君疑之，故緩其事以它故。適 / 府於旅邸求得一商所執文據，對辨其印不同，還詰之，賊服其詐。蓋官扵潘宅求財物 / 而不獲者，故讎之，遂處以法。潘既脫，以物為謝，君悉却之，一毫無所受。縣民德之，以為 / 神。延祐二年，再擢行省職官宣使。五年，調進義，改今職。縣乏長官，君權其事，差稅徭役 / 靡不均平。民得聊生，官無廢事。至治改元之夏，妖僧圓明謀為不軌，事泄，竄伏山谷間。/ 躬率壯卒入山搜捕，窮崖窿谷，靡所不至，崎嶇跋涉千百餘里，不獲食者累日，不以為 / 艱，用是成疾。事定還縣，行次寶雞，疾篤而卒，享年五十有二。室人惠氏，淑婉柔懿，勤拎 / 內職，養姑教子，曲盡婦道，綜理家務，一一有倫。君□無反顧之內憂，故得盡力於公務。/ 子男三人，長即克柔，次久久、周家奴。女幼在室。君天姿孝友，倜儻有大志，踈財重義。與 / 人財物交，或有欠縮，無多寡盡釋之，一無所問。父早逝，母在堂無恙，奉甘旨，問温清，日 / 攜子姪嬉戲拎其側，欲親之喜。築園於長樂坡南，亭臺池沼，花卉竹石，四時之致不絶。/ 每辰良景媚，輒駕車奉母，邀親賓，會姻婭，□羊釃酒，游樂其中，以悦慈顔。長安士夫詩 / 文賛美，以為有老萊戲綵之情，潘岳娛親之趣。母年七旬，不期一旦偶爾失明，衆皆有 / 年老不醫之歎。君多方求治，諸藥無效，憂形于色者踰二年。□遇良醫，以金鍼開撥，索 / 塗如舊。鄉人慶賀，皆曰："張君孝感之誠之所致也。"今年八十有六，眠食自若，而君不克 / 送終，輒抱遺恨以卒，是可哀也！雖然□君之才之德，孝拎母，忠拎國，壽踰五旬，以天年 / 而終，亦不為夭。與夫享富貴而遺其親，遇患難而奪其節者，固有間矣。銘曰：/

嗚呼張君，生於義門。□親□□，從仕克勤。踈財重義，寬仁夙著。/ 以貲納交，贏縮不顧。置園長樂，景媚華繁。載游載宴，以悦慈顔。/ 尉安百里，牛刀初試。□伏發□，政聲盈耳。耿谷捕亂，涉水登山。/ 躑躅千里，曾不辭艱。輿櫬以歸，路人悲感。以孝移忠，瞑目何憾。/ 鳳棲南岡，檜栢蒼蒼。先塋之次，爰卜新藏。磨礱貞石，刻此銘誌。昭示子孫，垂千百祀。

奉元路儒學正王瓚書。

王惟忱撰，王瓚書，鄭琬題蓋。高 49.5 釐米，寬 53 釐米。正書 34 行，滿行 33 字。《洛陽新獲墓誌 二〇一五》第 398 頁載有墓誌拓片，無錄文。

大元故進義校尉盩厔縣尉張君墓誌銘

大元故進義校尉□元路盩厔縣尉張君墓誌銘并敘

嘉議大夫前□□□匠總管王惟恍撰　朝列大夫四川行省郎中致仕鄭琬題蓋

八十九　元劉氏壙記

至治二年（1322）正月二十八日

額正書：故劉氏壙記

先妣劉氏世為饒州餘干管力人，早妃吾父。夙著賢 / 行，理家教子，撫育諸孫，以至冠婚，秩秩皆有次第。至 / 元庚寅，迁于撫金谿延福藕塘，因家焉，於今三十有 / 三年矣。正期壽邁期頤，少尽甘吉之奉。不謂天數難 / 逃，竟以疾終，實至治二年壬戌正月十四日也。嗚呼 / 痛哉！生宋庚寅二月二十八巳時，得年九十有三。子 / 二人，長早卒，次子廣，娶方氏、徐氏。女二人，長適 / 方彥超，次適楊自巺。孫仲富、德祥、狗孫。女孫周姑。孫 / 婦周氏、楊氏。曾孫冬俚。將以是月二十八丙申奉柩 / 葬于屋傍，坐向，從吉卜也。謹述大槩，納諸壙云。

高40釐米，寬22釐米。正書10行，滿行20字。

故先妣劉氏世為饒州餘干管力人早妃吾父風著賢
行理家教子撫育諸孫以至冠婚秩之皆有次第至
劉元庚寅遷于撫金谿延福耕塘因家焉於今三十有
三年矣正期壽邁期頤少盡甘旨之奉不謂天數難
氏逃竟以疾終實至治二年壬戌正月十四日也嗚呼
痛哉生宋庚寅二月二十八巳時得年九十有三子
壙二人長　早卒次子廣娶方氏徐氏女二人長適
方彥超次適楊自興孫仲富德祥狗孫女孫周姑孫
記婦周氏楊氏曾孫冬俚將以是月二十八丙申奉柩
葬于屋傍坐　向　從吉卜也謹述大槩納諸壙云

九十　元胡妙倖墓誌

泰定二年（1325）十一月二十七日

額隸書三行：故胡道姑墓誌

道姑氏胡，名妙倖，世居洪進歸仁鄉壹都之汝羅村，千二胡公/之弱息也，母陳氏，三代逸其諱。至元癸未，予因公自淮合肥来，/後遂家焉。歲在乙酉，道姑以賢擇妃，置我甥館。戊子夏，卜居南/隅積善坊。雖在闤闠，禮嚴閨守，恪執女工，克儉克勤，家用日裕。/睦婣親，和鄉黨，內外無間言。丁酉冬，修善食素。壬戌歲，沾末疾，/繼而稍瘳。踰年，藥石罔功，竟不起，時泰定乙丑二月八日也。生/於壬子十月二日，享年七十有四。子一，季壽，娶謝氏。女一，孟福，/適熊震孫。孫女二，賤姑、康妹。慨予飄然數百里外，賴道姑而成/家焉。兒女詵詵，夭歿者半。方期偕老，以待萊衣之奉，何遽舍而/去，嗚呼悲夫！以卒之年十一月二十七日癸酉，卜葬于歸仁五/都之胡塘原。其地坐壬向丙，距家十里而近。謹摭大槩，石刻而/納諸幽，後之人尚哀念之哉！夫葉端信抆淚謹書。

葉端信撰並書。高 56 釐米，寬 30.5 釐米。正書 12 行，滿行 24 字。

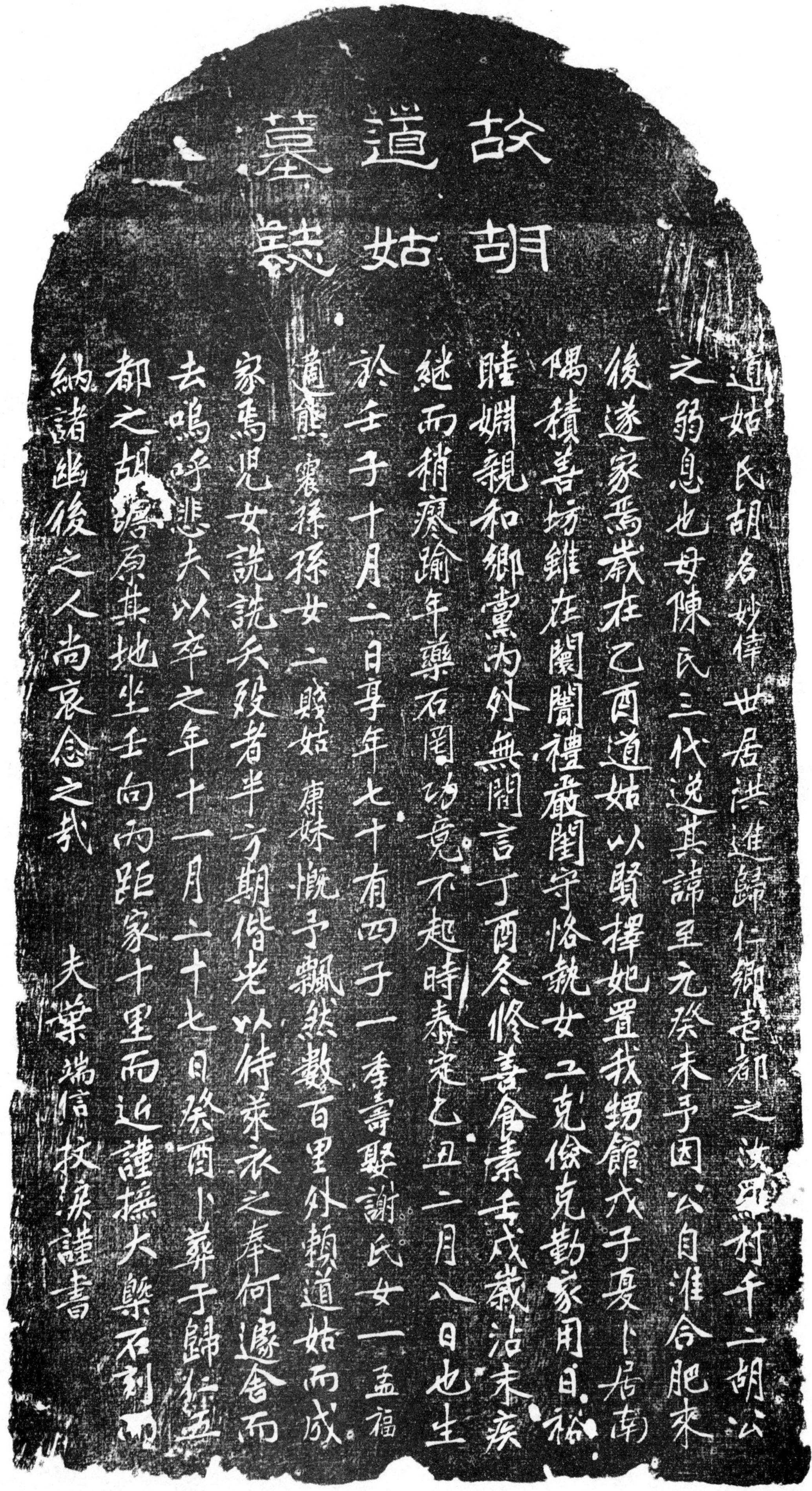

故胡道姑墓誌

道姑氏胡名妙偉世居洪進歸仁鄉𠫭都之汝[illegible]村千二胡公之弱息也母陳氏三代逸其諱至元癸未予因公自淮合肥來後遂家焉歲在乙酉道姑以賢擇妃置我甥館戊子夏卜居南隅積善坊雖在閨闈禮嚴閨守恪執女工克儉克勤家用日裕睦姻親和鄉黨內外無閒言丁酉冬修善食素壬戌歲沾末疾繼而稍瘳踰年藥石罔功竟不起時泰定乙丑二月八日也生於壬子十月二日享年七十有四子一 季壽娶謝氏女一 孟福適熊 褒孫孫女二 賤姑 康妹 慨予飄然數百里外賴道姑而成家焉兒女詵詵矣殁者半方期偕老以侍萊衣之奉何遽舍而去嗚呼悲夫以卒之年十一月二十七日癸酉卜葬于歸仁盂都之胡塘原其地坐壬向丙距家十里而近謹摭大槩石刻[illegible]納諸幽後之人尚哀念之哉

夫葉端信拭淚謹書

九十一　元陳文子壙記

泰定三年（1326）十月十三日

先考七六承事陳公壙記 /

先考諱文子，臨川霊臺望城人也。曾大父五承事，大父四四承 / 事，父元政，俱潛晦。先考為人質樸耿直，待婣族鄉黨一以寬和，/ 勤儉以裕家，經營以植業。撫不肖兄弟，施愛均焉。晚年析業以 / 畀諸子，仍俾各居。既委家務而優游自身，年踰八袠，矍鑠清健。/ 紗巾藜杖，往来墟里。惟事飲酒，適日而已。生平少疾，一日子孫 / 侍側，言咲如常，神爽不昧，奄然而逝。嗚呼痛哉！追念先考起艱 / 難中，晚粗安佚，政期盡菽水之奉，遽至大故，痛哉！生扵故宋淳 / 祐丙午十月己丑日，卒扵大元泰乏丙寅十月癸未日，享年 / 八十有一。先妣許氏，前期十二年卒。子男三人：仕暉、仕明、仕晟。/ 女二人：長適饒太□；次適黃必華。孫男六：永吉、永崇、永寧、永壽、永清；/ 次孫永安者，先一年卒也。孫女三：如玉在室；如月適黃友文；瓊姑。/ 曾孫男七：思恭、思敬、思禮、道生、惠生、觀保、服生。曾孫女三：菊姑、/ 乏姑、三娘。將以是年十一月甲寅日奉柩葬于崇仁潁秀八都 / 地名澮坑，與先妣為雙兆焉。大事屆期，姑述平生大槩及死葬 / 歲月，納諸幽云。泰乏三年歲次丙寅十一月甲寅日，孤哀 / 子陳仕暉、仕明、仕晟泣血謹書。/

里末侯以敬填諱。

陳仕暉、陳仕明、陳仕晟撰並書，侯以敬填諱。高 66 釐米，寬 40 釐米。正書 18 行，滿行 24 字。

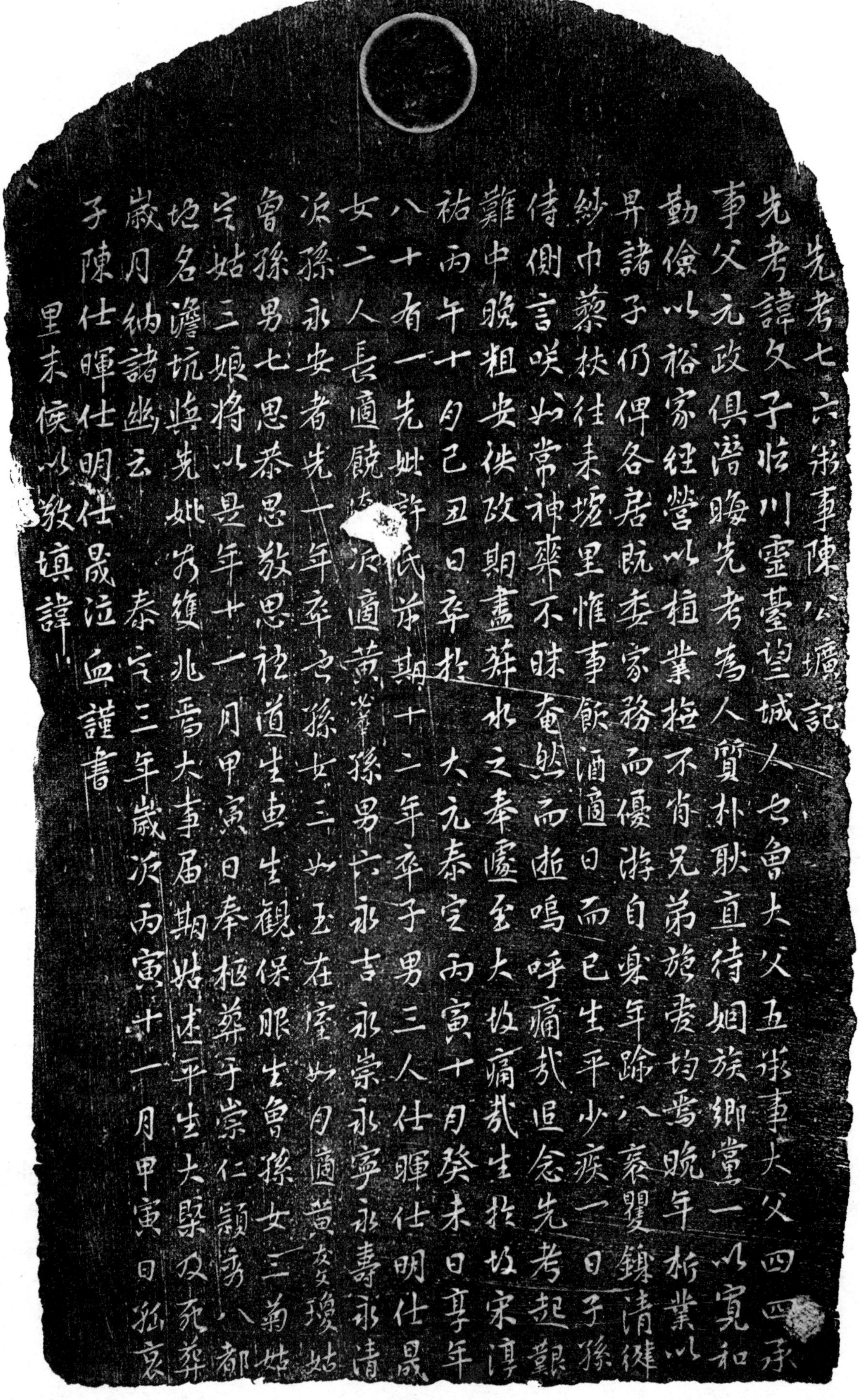

先考七六承事陳公壙記

先考諱文子臨川靈臺望城人也曾大父五承事大父四四承事父元政俱潛晦先考為人質朴耿直待姻族鄉黨一以寬和勤儉以裕家經營以植業拙不肯兄弟旋產均焉晚年析業以畀諸子仍俾各居既委家務而優游自樂年踰八袠矍鑠清健紗巾藜杖往來墟里惟事飲酒適日而已生平少疾一日子孫侍側言咲如常神爽不昧奄然而逝嗚呼痛哉追念先考起艱難中晚粗安佚政期盡菽水之奉遽至大故痛哉生於故宋淳祐丙午十月己丑日卒於大元泰定丙寅十月癸未日享年八十有一先妣許氏先期十二年卒子男三人仕暉仕明仕晟女二人長適饒[illegible]次適黃必華孫男六永吉永崇永寧永壽永清次孫永安者先一年卒孫女三如玉在室如月適黃交瓊姑曾孫男七思恭思敬思禮道生惠生觀保眼生曾孫女三萬姑定姑三娘將以是年十一月甲寅日奉柩葬于崇仁頴秀八都地名澄坑與先妣合墓兆焉大事届期姑述平生大槩及卒葬歲月納諸幽云　泰定三年歲次丙寅十一月甲寅日孤哀子陳仕暉仕明仕晟泣血謹書

里末俟以敎塡諱

九十二　元閭氏墓誌

泰定四年（1327）十月二十八日

額正書兩行：閭氏墓誌

閭氏墓誌

□□□芮城縣□□諭陳克□譔，□□□□在城□□□書，雲澤劉仳題額。/

積德之□□家之道，必本於祖宗。繼續之大，莫不由祖先忠孝勤儉以成立之。成□之始，必本於三親焉。三親者，謂 / 夫婦、昆弟、父子也。父子之親，昆弟之義，夫婦之別，皆成家繼述之道。《揚名章》云："居家理，故治可移於官。是以行成於 / 內，而名立於後世矣。"顯揚祖宗之德之名，必由孝悌忠順而□焉。聖經云："孝悌也者，其為仁之本與。"明道先生謂："孝 / 悌乃是行仁之本，固孝悌必不遠於仁矣。"繼續祖宗之道，孝悌先之也。古之祥覽守柰，宗之筍，眞之樹，於是孝悌義 / 順，垂於後世而著於物也。後世有行之者，如閭門之輩，効而述前古之遺風，元成老之厥德惟常，性質敦篤，切有志 / 操。業□□修其奉□，遂教子弟朝耕夜讀，謹有餘力之學。凢勤務，無不以身先之。時有其貧，執守不渝；時有其饒，節 / 儉不費。以至廩實□充，或遇饑荒而恤鄉里。疾病老弱不能自存者，散之以食，給之以衣。視其宗族，亦如鄉人也。此 / 乃老吾之老，幼吾之幼也。□元成老自成童至於皓首，治家孝嚴，直養之氣而無一毫之挫。仍無惟疾之憂，常有慎 / 終追遠之意。敬神明豈无□□無邪僻好惡之私。順四時□□之道，品高下分地之利，養父母而無終始也。然後禮 / 義之立，人之常情也。夫所□□修厥德，以有子孫，俾旺羅列數班而不紊，兄弟鴈行而不失其序。男娶女妻而不擇 / 其貧賤，亦不求其富貴。或遇喪葬，安其塋域，卜其吉兆，措之有法。苟不慕其奢侈，□其祖之故壘，即數輩陵

祇所享/久矣。甚哉！其智擇仁□善鄰之所居，以此置恒產，有恒心。□謂惟士者為能人之秉彝，好是懿德。嗟夫！元成老獨能/則物之理，而不待求物而與之，應事之所以當然也。天命靡所不常，而稟其本然之性，混然全無一毫人欲之私，慎行/餘也。其後有年，遘疾卧而鑿節歎曰："禍因惡積，福緣善慶，則可三復斯語。"遂命子三人，曰玉，曰珎，曰義。時義任解鹽/管民百户，破券盡焚，從僕為良。不□日，其疾果免。竊見後輩子孫□□源淵福門，郁彬善用。清專務耕讀，素居隱處。未/甞屬之於仕，惟清有聰敏之資，通書數。有司□求，薦爲治鹽之職，從而幹辦一□。既而退省，孝養如故。猶聞元成老/之妻杜氏，事舅姑惟孝，以御眾子之婦，侍養恒如一日乎。閨門之內，謹有禮法。雖迫切之務，女不言之於外，男不言/言之於內。如四時之致祭，男女別其兩階，相授以篚，各習執事，以共罇俎，躬織爨而脩其鮮潔。夏蚕繅，秋紡績，而不失/□賦役。雖婦享中饋，獻齊家之禮。社而賦事，蒸而獻功。甚則婦功加□於男事。嗟！古之家教，先擇諸母，使為子師。乃/□以為□，慎終如始也。□□有西□士夫張仲華等，幾属予而為其誌。予雖微識，不能細罄言而述之。恍兾其後貽/之以辭爾，故以書之，不免區區吐草茅之說，以待賢者，更諸□誌。/

大元泰定四年歲次丁卯孟冬二十有八日，晉寧路解州芮城縣□□鄉□村孫男閻濟等立石。/

隰州蒲縣李恩刋。

陳克□譔，劉佖題額，李恩刋。高 154 釐米，寬 72 釐米。正書 24 行，滿行 44 字。

九十三　元熊淑端墓誌

天曆二年（1329）九月二十八日

先妣熊氏，諱淑端，世居撫崇仁西里。曾祖實、祖愈、父憶。生/而天性端重，克相先人，躬行婦道，閨門雍睦。九主中饋，治/家事，靡不詳盡，內助居多。夫何嬰戚于天，惟先妣孀居自/守，教子若孫，恩意弥篤。年踰九表，視聽不衰。介將謂天錫/康寧，奉淑水百年之養。而春暉未報，永棄諸孤。嗚呼痛哉！/先妣生於宋淳祐己亥六月十四日酉，卒於元天曆戊辰/十月十五日未，享年九十有一。男三人：介其長也，娶潘氏；/次茂娶謝，繼劉；幼鼎孫，命為介嗣，娶吳，繼程。女二人：長惠/娘，適胡，胡歿，適丁；次細娘，適謝，先二年卒。孫四人：允德、允/元、允誠、同生。女孫觀姑，適趙。曾孫九人：郭佑、仙佑、王佑、趙/佑、聖佑、閔佑、泰生、祖壽、普佑。曾女孫：仙妹、滿娘。以次年己/巳九月二十八日壬午，祔葬于長安鄉一都黃枝坑，坐癸/向丁，相距先人之墓咫尺也。襄事日嚴，未克乞銘于大手/筆，姑識歲月，納諸幽云。孤哀子董介、茂泣血謹書。

董介、董茂撰並書。高65釐米，寬36釐米。正書14行，滿行22字。

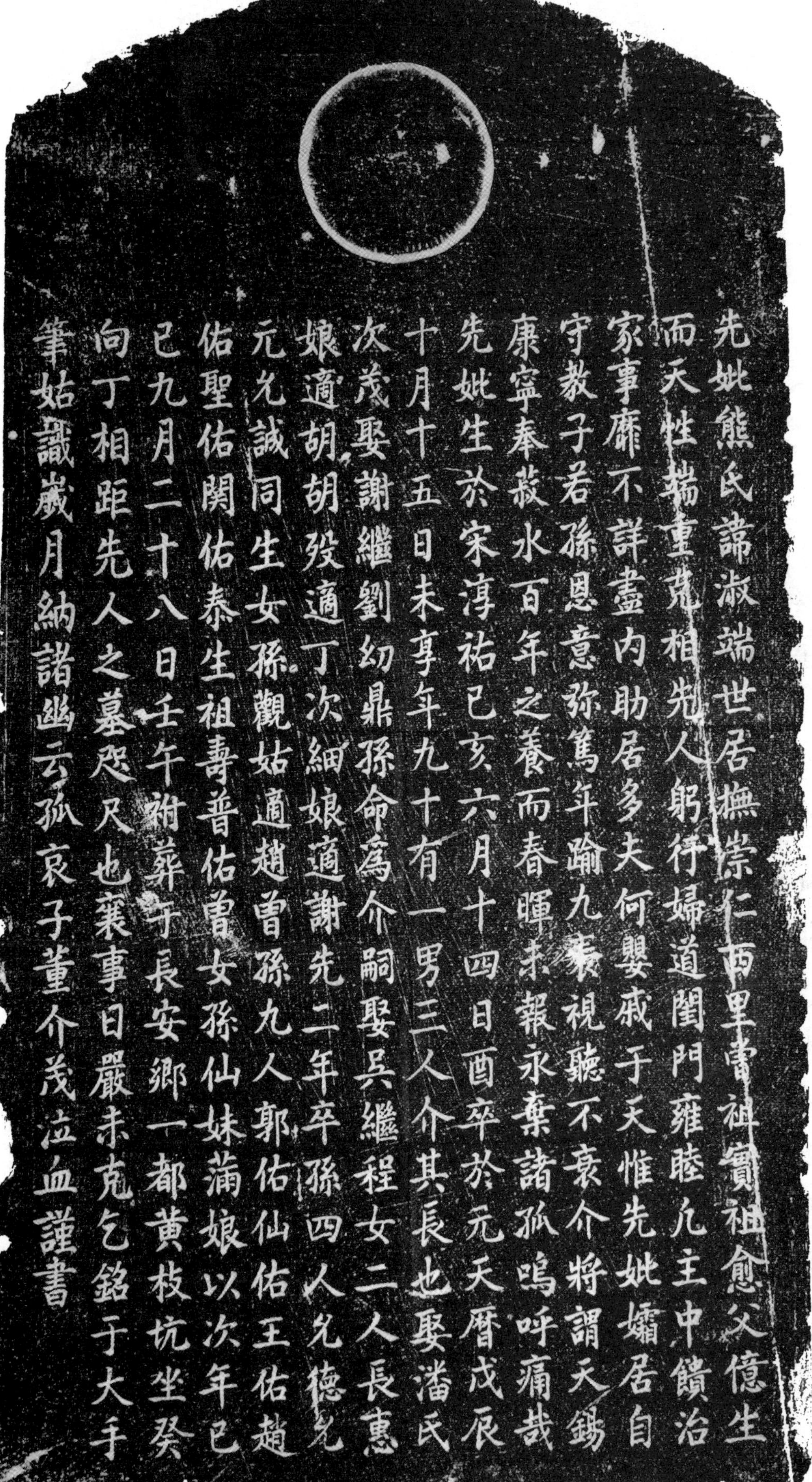

先妣熊氏諱淑端世居撫崇仁西里曾祖寶祖愈父億生
而天性端重克相先人躬行婦道閨門雍睦凡主中饋治
家事靡不詳盡內助居多夫何嬰戚于天惟先妣孀居自
守教子若孫恩意彌篤年踰九袠視聽不衰介將謂天錫
康寧奉菽水百年之養而春暉未報永棄諸孤嗚呼痛哉
先妣生於宋淳祐己亥六月十四日酉卒於元天曆戊辰
十月十五日未享年九十有一男三人介其長也娶潘氏
次茂娶謝繼劉幼鼎孫命爲介嗣娶吳繼程女二人長惠
娘適胡胡歿適丁次細娘適謝先二年卒孫四人允德允
元允誠同生女孫觀姑適趙曾孫九人郭佑仙佑王佑趙
佑聖佑閔佑泰生祖壽普佑曾女孫仙妹蒲娘以次年己
巳九月二十八日壬午祔葬于長安鄉一都黃枝坑坐癸
向丁相距先人之墓咫尺也襄事日嚴未克乞銘于大手
筆姑識歲月納諸幽云孤哀子董介茂泣血謹書

九十四　元湯柔則壙記

天曆二年（1329）十二月十四日

余母湯氏壙记

孝男余瑞。/

先妣姓湯氏，諱柔則，世居撫金邑之帶溪。曾祖、祖俱晦跡。父子華讀書能文，人尊之曰月林先/生。先妣生儒家，素闲禮法。纫侍先君，甞語不肖曰："汝母宋庚午来帰，事舅姑孝，处娣姒族姻和。丙子，/先庐燬于寇，轉徙无寧歲。吾歷涉險阻，匡救于外。汝母鞠育纫稚，調持于內，式克至扵今日。嗚呼！尚忍言哉！"/先業日替，故庐荒榛。僑居于外氏者，十有六年。至至元壬辰，復返故址，草刱如椽以居，家貧食硯。吾母儉勤/相助，粗致小康。先君性素剛，事小嬰懷，輒怒詈。必尽意弥縫，意解乃止。姻朋至，亦黽勉有亡，以供饌膳。有五女，/皆隨力分遣，各宜其家。性多记憶，灯前膝下，谈时事之兴廢，族里之死徙，皆歷歷如指诸掌。乙夘，先君卒，/率不肖經紀丧葬，无違礼。晚年，稍自適，益清健。早莫誦佛經，虽忙不輟，故有求即應。丁卯春初度，從吴/氏女来迎養，飲食语笑如平常。夙有心氣疾，居月餘，疾復作，亟命帰，病劇却藥，才一日而逝。嗚呼痛哉！/生宋癸丑二月，卒丁夘四月十五，享年七十有五。子一人。祝天恩、周景順、周遠翁、吴慶熙、章朝貴，其倩也。孫二，/先妣孫姪也，命為後，次□奴。孫女三，曾孫女二。今以己巳十二月丙申，忍死奉柩葬于祖妣之墓側，去/家尺只，其地坐乾向巽，不肖孤□□兒不能丐銘于當世之大手筆，謹摭歲月，以納諸壙云。/

天曆二年十二月日，孝男泣血拜書。

余瑞撰並書。高69釐米，寬33.5釐米。正書13行，滿行36字。

余母湯氏壙記　孝男徐瑞

先妣姓湯氏諱柔則世居撫金邑之帶溪曾祖祖俱晦跡父子華讀書能文公尊之曰月林先

生先妣生儒家素閑禮法紡績侍先君嘗語不肖曰汝母宋庚午來歸事舅姑孝處娣姒族姻和丙子

先廬燬于寇轉徙无寧歲吾歷淺[illegible]但匡救于外汝母鞠育幼稚調持于內式克至於今日嗚呼尚忍言哉

先業日替故廬荒榛僑居于外氏者十有六年至元壬辰復返故址草剏安椽以居家多負食硯吾母儉勤

相助粗致小康先君性素剛子小嬰懷轗軻詈汝尽意弥縫意解乃止姻朋至亦黽勉有亡以供饌膳有五女

皆隨分遣各宜其家性多記憶灯前膝下談時事之異處族里之死徙皆歷歷如指諸掌乙卯先君卒

率不肖經紀喪葬先遵禮晚年稍自適益清健早莫誦佛經專於不輟故有求即應丁卯春初度[illegible]矣

氏女未迎養飲食語笑如平常夙有心氣疾居月餘疾復作及[illegible]歸病劇卻藥才一日而逝嗚呼痛哉

生宋癸丑二月卒丁卯四月十五享年七十有五子一人祝天恩周景順周遠翁吳慶熙章朝貴其婿也孫二

先妣孫姪也命為後汝礪奴孫女三曾孫女一今以己巳十二月丙申丑孤奉柩葬于祖妣之墓側去

家尺只其地坐乾向巽不肖孤[illegible]夐不能乃銘于當世之大手筆謹摭歲月以納諸壙云

天曆二年十二月　日孝男泣血拜書

九十五　元宋淑智壙記

至順三年（1332）九月二十五日

額篆書四行：先室孺人宋氏壙記

室人宋氏諱淑智，派出新淦棖鄉，遠祖移居喻斜川，竹軒 / 翁曾女孫道晋弱息女，行居六。生于至元乙未九月初五 / 日丑時。皇慶癸丑，孺人方笄，奉親命，配予以舘貳室。孺人 / 賦性慈善。事親謹，睦族和，御下寬，治身約。霜機月績，無廢 / 女功，內政秩然。使予安處十有六禩，無家慮者，皆婦力也。/ 致和己巳春，遽嬰微疾，屋仄難安，避居本里至道壇。藥褁 / 禱祈，靡所不舉，天不永年。是歲六月十九未時歿，享壽三 / 十有五。男一人，元寶，方九歲。一如生時所托，女兄是依。夫 / 也忍死謹卜，至順壬申九月二十五壬辰，奉柩安厝于新 / 淦州斷金鄉五十二都地名罕坑，作申山寅向。未能乞銘，/ 姑紀歲月以識。嗚呼痛哉！朞服夫張奎抆淚謹誌。/

婣末承務郎、贛州路瑞金縣縣尹趙思順題盖并填諱。

張奎撰並書，趙思順篆額並填諱。高 59 釐米，寬 31 釐米。正書 12 行，滿行 22 字。

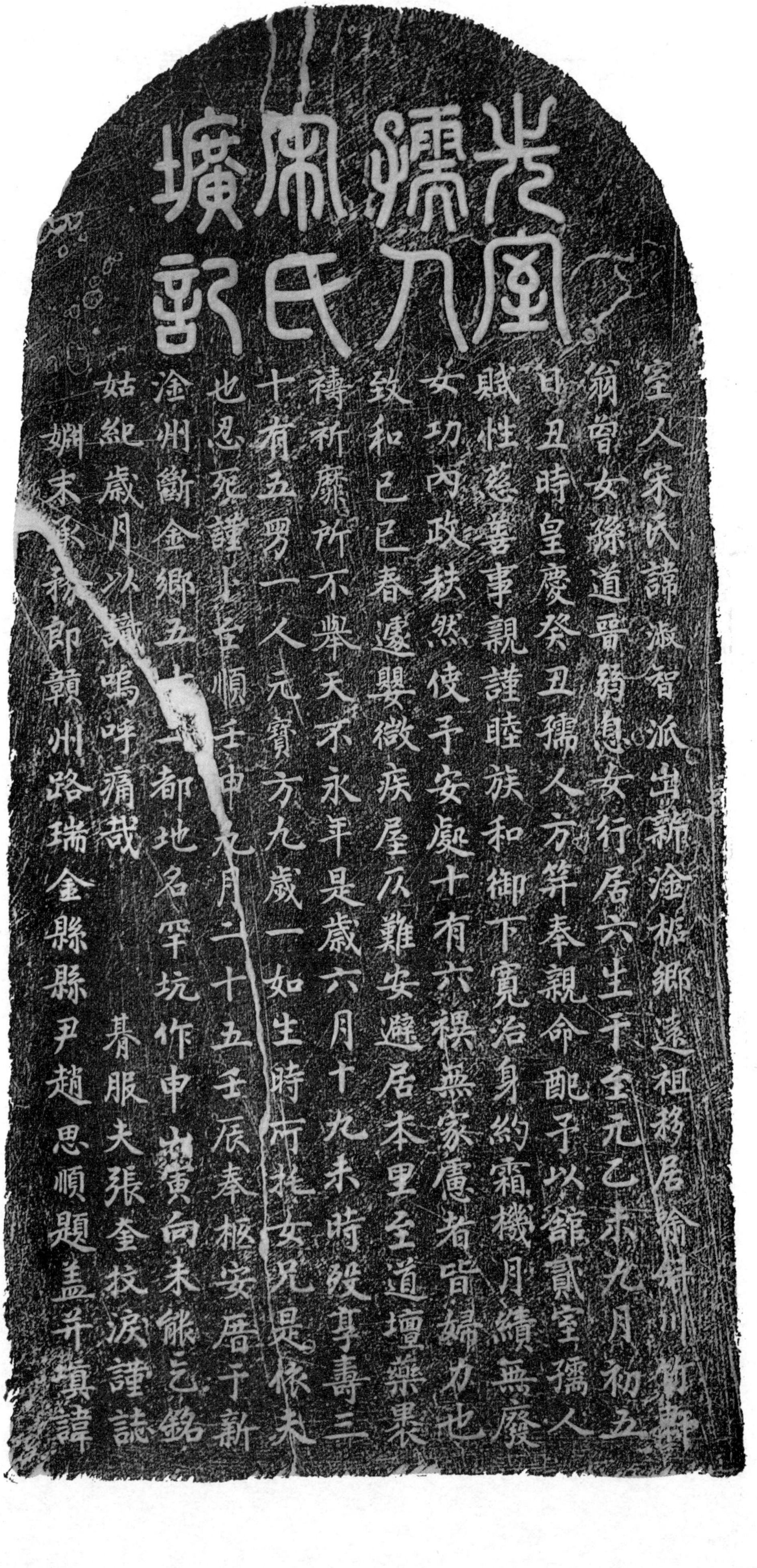
先室孺人宋氏壙記
室人宋氏諱淑智派出新淦板鄉遠祖移居
翁曾女孫道晉爵息女行居六生于至元乙未九月初五
日丑時皇慶癸丑孺人方笄奉親命配予以爲貳室孺人
賦性慈善事親謹睦族和御下寬治身約霜機月績無廢
女功內政秩然使予安處十有六禩無家慮者皆婦力也
致和已巳春遘嬰微疾屢及難安避居本里至道壇禳祟
禱祈靡所不舉天不永年是歲六月十九未時歿享壽三
十有五男一人元寶方九歲一如生時所托女兒是依未
也忽死謹卜至順壬申九月二十五壬辰奉柩安厝于新
淦州斷金鄉五十一都地名罕坑作申山寅向未能乞銘
姑紀歲月以識嗚呼痛哉　朞服夫張奎拭淚謹誌
姻末承務郎贛州路瑞金縣縣尹趙思順題蓋并填諱

九十六　元鄧謙妻王氏壙記

後至元五年（1339）五月二十七日

亡室王氏壙記 /

亡室姓王氏，父祖舜，母吴氏，世居撫崇仁禮 / 賢鄉之松城崗。以延祐辛酉十二月二十五 / 日子時生，後至元丁丑六月歸于我。資性貞 / 順，服勤婦功。余家上有重慶，中有諸叔父母，/ 下有群從。余室奉事，曲盡禮意，尊卑無間言。/ 己夘二月朔，生女閏姑。踰月，余室感瘡疾。疾 / 甚，福藥竟無効，以四月二十六日午時傾逝，/ 享年才十九。既卒，一家哀慟，姻黨無不惋惜。/ 芳年淑質，竟以微疾而終，豈非命耶。以是年 / 五月二十七日乙酉，葬于長安鄉會昌里麗/ 源之山，坐辛向乙之兆。謹述歲月，納諸幽云。/ 前事朞服夫鄧謙謹誌。

鄧謙撰並書。高 64 釐米，寬 39.5 釐米。正書 13 行，滿行 17 字。

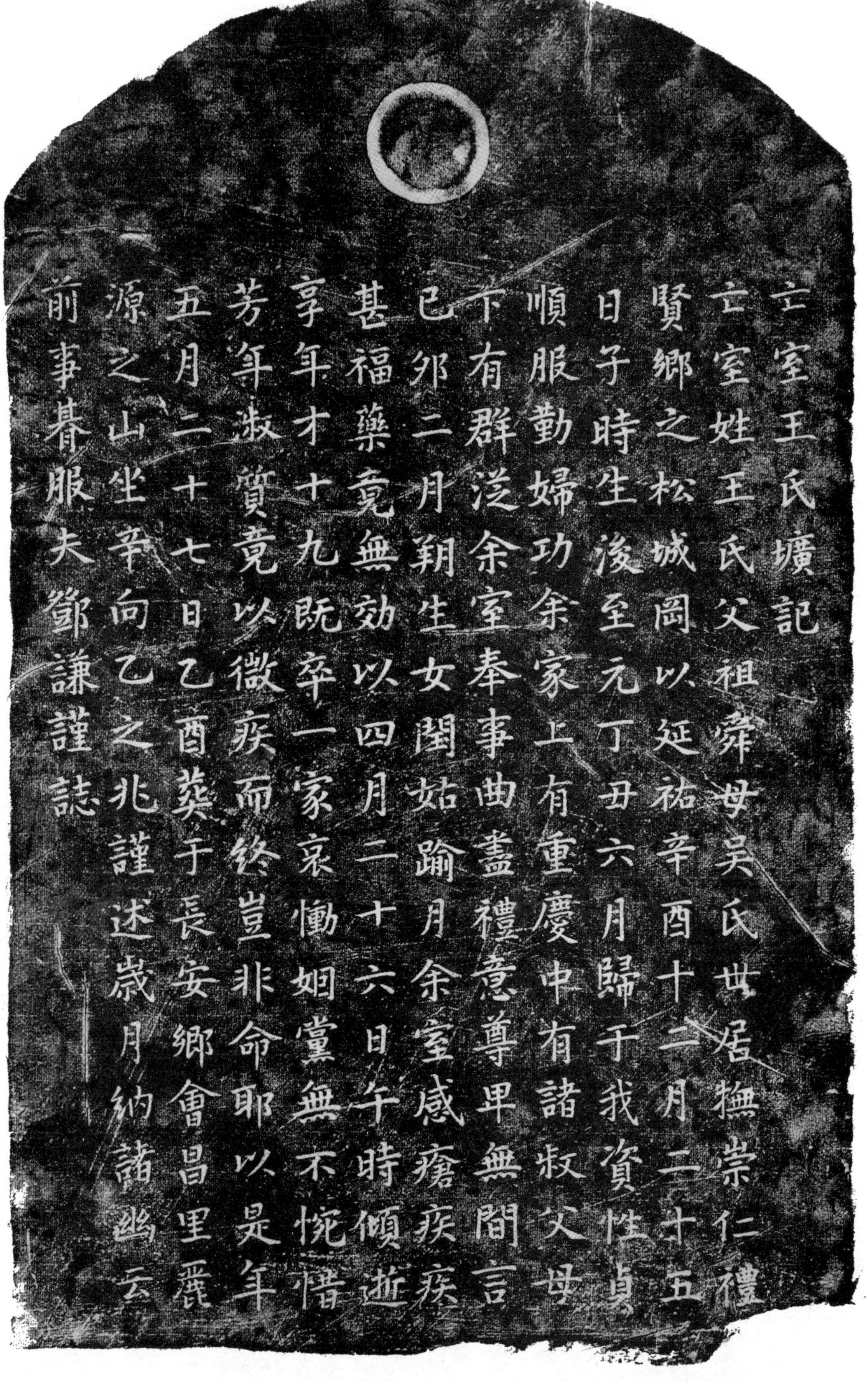

亡室王氏壙記

亡室姓王氏父祖舜母吴氏世居撫崇仁禮賢鄉之松城岡以延祐辛酉十二月二十五日子時生後至元丁丑六月歸于我資性貞順服勤婦功余家上有重慶中有諸叔父母下有群從余室奉事曲盡禮意尊卑無間言己卯二月朔生女閏姑踰月余室感瘡疾疾甚福藥竟無効以四月二十六日午時傾逝享年才十九既卒一家哀慟姻黨無不惋惜芳年淑質竟以微疾而終豈非命耶以是年五月二十七日乙酉葬于長安鄉會昌里麗源之山坐辛向乙之兆謹述歲月納諸幽云

前事朞服夫鄧謙謹誌

九十七　元易子清壙記

後至元五年（1339）八月六日

額正書四行：易公萬五承事壙記

夫主姓易，諱子清，世居撫州安寧烏槎人也。/ 平生我桑布田，農業為家。接親憐而和睦，處 / 家勤儉。公生於前丁卯年正月初三日卯時，/ 享年七十三歲，豈期一疾而頓返泉鄉。嗚呼 / 痛哉！不幸於己卯年八月初二夜身故。公娶 / 妻官氏，生男一人，士聰。娶潘氏，生男一人。孝 / 妹義，男祖光，孫婦嵇氏。女一人，出適東觀周。/ 卜於是年八月初六日壬辰，葬於域頭，坐乾 / 向巽，其地山青水秀。葬不書塍，是為盜葬，遂 / 記歲月云耳。孝妻官氏書。

官氏撰並書。高 47 釐米，寬 26.5 釐米。正書 10 行，滿行 17 字。

易公萬五承事壙記

夫主姓易諱子清世居撫州安寧烏樣人也平生哉業布田農業為家接親隣而和睦處家勤儉公生於前丁卯年正月初三日卯時享年七十三歲豈期一疾而頹返泉鄉嗚呼痛哉不幸於己卯年一月初五夜身故公娶妻宮氏生男一人聰娶畬氏生男一人孝妹一男祖光孫婦彭氏女一人出適東觀周下於是年八月初六壬辰葬於城頭坐乾向巽其地山青水秀至不書睦是為盜云之遂記歲月云耳

孝妻宮氏 書

九十八　元王德璋壙記

至正元年（1341）十一月二十四日

額篆書三行：故長女王氏劉一娘墓

故長女王氏壙記銘 /

長女姓王氏，諱德璋，撫州臨川安寧東江人也。曾祖 / 廣壽，仕至京山簿尉。祖貢元芳孫。父守德，母陳氏。吾 / 女幼而聰慧，長事女工。有幽閑貞静之操，奉父母無 / 違。年及笄，出適龍岡進賢之流芳里為劉伯章妻。事 / 姑盡其孝養，事夫盡其敬順。持家以勤儉為意，撫幼/ 以慈愛為心。及三載，歸寧于我家，竟以免身而夭逝。/ 嗚呼痛哉！生於延祐丁巳七月十六日申時，歿以至 / 正辛巳八月二十又八日。卜是年十一月廿有四日 / 丁酉，葬于樟坑原亥山巳向，家庢相望。嗚呼！吾女生 / 而穎悟過人，胡不幸而早世。父莫承其養，夫莫獲其 /助。哀哉！魂其有靈，陰克相之。窀穸屆期，不能乞銘於 / 名公。謹述大槩，納諸幽壙，以紀歲月云。尔父守德撰。

王守德撰並書。高 66 釐米，寬 34 釐米。正書 13 行，滿行 20 字。

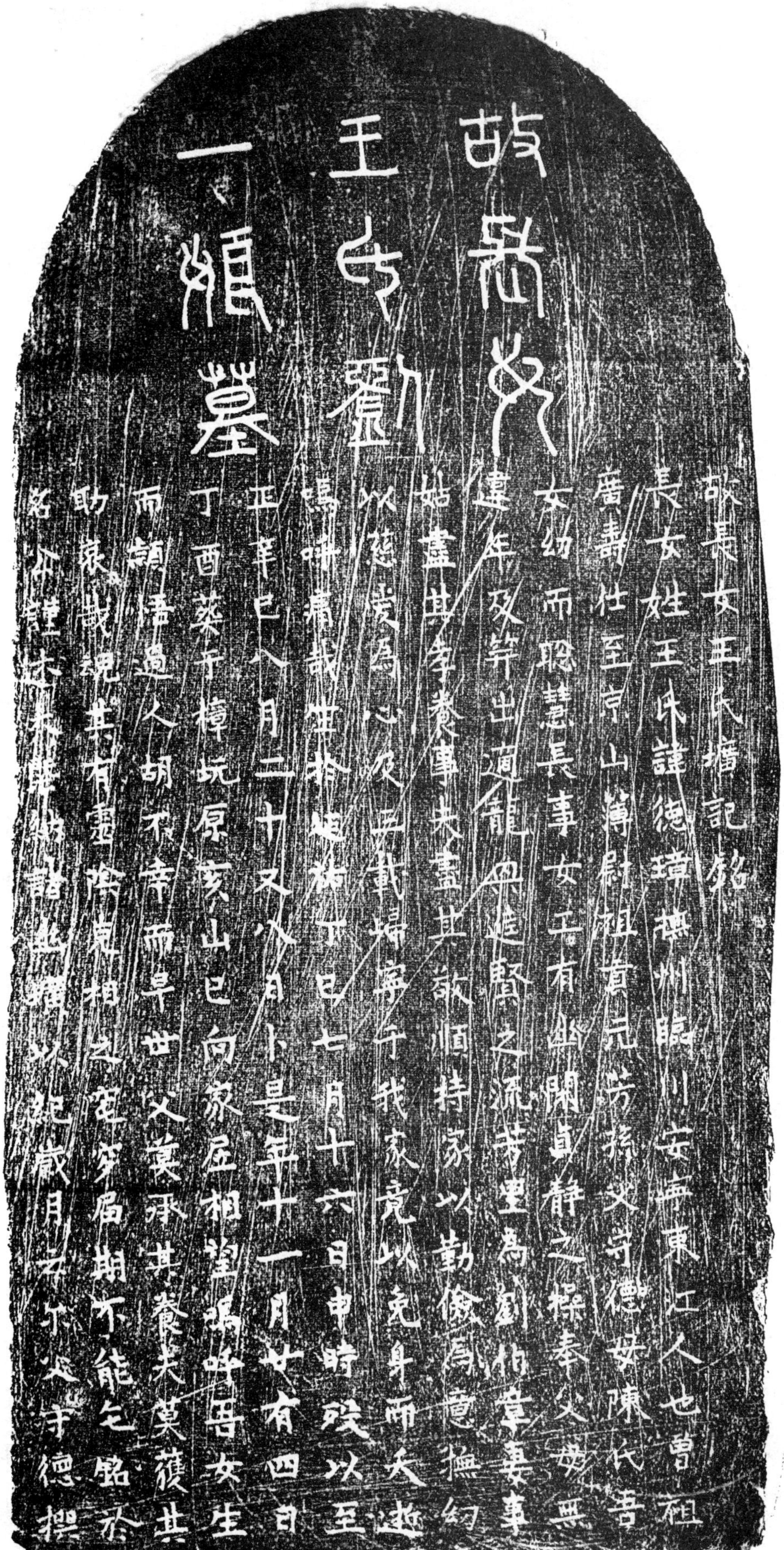

故幼女王氏劉一娘墓

故長女王氏壙記銘

長女姓王氏諱德璋撫州臨川安崇東江人也曾祖

廣壽仕至京山簿尉祖宜元芳孫父守德母陳氏吾

女幼而聰慧長事女工有幽閑貞靜之操奉父母無

違年及笄出適龍興進賢之流芳里爲劉仲章妻事

姑盡其孝養事夫盡其敬順持家以勤儉爲意撫幼

以慈愛爲心及五載婦道于我家竟以免身而夭逝

嗚呼痛哉生於延祐丁巳七月十六日申時殁以至

正辛巳八月二十又八日卜是年十一月廿有四日

丁酉葬于樟坑原亥山巳向家屋相望嗚呼吾女生

而穎悟過人胡不幸而早世父莫承其養夫莫獲其

助哀哉覘其有壼除寬柏之窀穸届期不能乞銘於

名公鍾志本末陳納諸幽壙以紀歲月云父守德撰

九十九　元韓立墓誌

至正元年（1341）十一月三十日

誌蓋篆書三行：大元故孝友韓君墓誌。高37釐米，寬38釐米。

大元故孝友韓君墓誌銘

前獲嘉縣儒學教諭史籽撰并書。/

上谷韓惟訥卜日，将葬其先人于平城里之大茔，號泣扵其宗親/曰："孰能哀我者，為我述先人之行，以銘其墟。"從兄臨漳令汝揖曰："/艸氏昔嘗受學扵密齋史先生，□其霑丐。今其子籽與艸氏早仝/研席，相友善，知其行為詳，曷往速焉?"既承命，義不敢辞，謹考其家/譜而誌之曰：諱琇，追封南陽郡伯者，君王父也。諱天祐，贈開州尹/者，君之考也，追封南陽郡君陳氏者，君之妣也。君諱立，字士禮，資/慷慨，有幹局。未弱冠而孤，即有成人之度。時諸兄□貴顯，亟勉之/仕，辞以母老，不願也。后既分異，廼分命童僕務生產作業，無幾何，/屋潤十倍扵初。遇良辰美景，揮金以讌親友，必盡歡廼已。有里生/朱克昌者，君怜其有心計而未展其用，以楮幣万緡俾商販□營。/其生歲久不能償，朱亦尋歿，廼焚其券扵靈座。叅知政事王公，郡/巨族也，公患其先茔将不能容昭穆之序，君有田二十畝環其茔，/願為廣之，而力辞其直。聞里有貧病者，輒賙貲為湯藥之費，賴之/以活者甚眾，人以為古義士風。由是貲侵衰而名益振。然篤扵/天倫，克盡其道。長兄朝列公弘每歸自官所，居闲食貧，君日供甘/美之外，一切費用躬為料理，故其家竟不至扵失所，樂名教者尚/之。禮部尚書、泂溪王公為文以紀其實，題曰"孝友"，敦化詩序，賢士/大夫歌詠成軸，今藏扵家。又能禮通儒以教其子，學業有成，继登/仕版。初娶趙氏，大都路宣課副提舉世偉之女，早卒。継室賈氏，大/都路宣課提舉德明之女。別娶蔣氏。男三人：長即惟訥，獲嘉縣教/諭；仲惟學；季

惟誠。二女，皆在室。嗚呼！君嬰痼疾數十年，年止五十/六。以至正改元十一月廿五日終，窆用是月三十日癸卯。其銘曰：/

南陽諸孫，玉立詵詵。俱享貴壽，為時名臣。立也其季，市隐終身。/在天倫中，以孝友聞。風人歌詠，光照鄉鄰。蘊兹懿行，垂裕嗣人。/逝也可哀，名則不泯。千年□日，壽考方珉。

史耔撰並書。高57釐米，寬56釐米。正書26行，滿行25字。

大元故孝友薛君墓誌銘　前□嘉縣儒學教諭□籽撰并書
士容薛惟訥卜日將塟其先人于平城里之□□□□於其宗親
曰孰能□哉者為余述先人之行以銘其墟從兄臨□今汝□曰
薛氏昔嘗受學於容齋史先生□其需焉今其子□□□氏早全
研席相友善知其行為詳曷往□焉既承命義不敢□諱考其家
譜而誌之曰諱琇追封南陽郡伯者君之□也諱天祐贈開州尹
者君之考也追封南陽郡君陳氏者君之□□□□學士禮資
慷慨有幹局未弱冠而孤即有成人之度□□□□□□□勉之
仕辭以母老不願也後既分異遷□□□□□□□□無幾何
□閣大德於初遇良辰美景揮金以識銘交□□□惟遷□有□生
朱克昌者君憐其有心計而未展其用以□□□□綜伊尚數□營
其生歲久不能償朱亦尋歿遷焚其券於□□知政事□之郡
巨族也公患其先塋將不能容胎穆之序買田二□□擇其塋
頗為廣之而力辭其直閭里有貧病者輒□貲為湯藥之費賴之
以活者甚衆人以為有古義士風由是貲復衰而名益振於篤於
天倫克盡其道長兄朝列公卯每歸自官所居湖食貧君日供甘
美之□一切費用躬為料理故其家竟不至於失所榮名教者尚
之禮部尚書□溪王公為文以紀其實題曰孝友敦化詩序賢士
大夫歌詠成軸今藏於家又能從道備以教其子學業有成继登
仕版初娶趙氏大都路宣課副提舉世偉之女早卒継室賈氏大
都路宣課提舉德明之女別娶蔣氏男三人長即惟訥從嘉縣教
□仲惟學季惟誠二女皆在室為蔣君娶痼疾數十年年止五十
以至正改元十一月廿五日終是月三十日癸卯其銘曰
南陽諸孫玉立詵詵俱享貴□強名臣亞其季市隱終身
在天倫中以孝友聞風人歌詠□□無鄉鄰藹然懿行出俗嗣今
逝也可哀念則不□□□□□□考方珉

一百　元姚氏壙記

至正元年（1341）十二月十八日

額正書四行：先妣姚氏孺人壙記

□母姚氏壙記 /

姚氏世譜，遠不可究。臨川長壽清井，姚氏孺人自出也。父文先。/ 母生於宋咸淳癸酉八月，從姆訓，篤志組衽。年長，配尔先君仁 / 顕。閑有家夆，動有礼事尊章，處妯娌，悃內外秩然。大德戊戌，始 / 卜迁長林下市，今宅是也。訓子以書，持家以儉。仁顕来往武昌 / 間，数年甚適。不幸於己酉，仁顕卒。孺人扶二孤既長及婚，家道 / 雍睦。不数年，諸孫森然，少慰目前。胡何天不假年，卒於己卯十 / 二月初二，享年六十有七，諸孤以年不永為憾。至正辛巳十二 / 月十八辛酉，奉柩葬於秋塘枯，坐乙向辛。男二：長舜明，娶文氏；/ 次舜俞，娶黃氏。孫男四：生孫娶趙氏；驟孫娶徐氏；馬孫娶李氏；/ 轉孫。孫女二：長適西塘黃；次適□山李延女孫。摭其实，納 / 諸壙云。/

眷黃瓊撰併書，孤哀子舜明、舜俞泣血立。

黃瓊撰並書。高 55 釐米，寬 31 釐米。正書 13 行，滿行 24 字。

先妣姚氏孺人墓誌

先妣姚氏壙記

姚氏世譜遠不可究臨川長壽清井姚氏孺人自出也父文先
母生於宋咸淳癸酉八月從姆訓篤志組紝年長配尔先君仁
顯閨有家奉勤有礼事尊章娛娣姒姻内外秩然大德友太始
卜遷長林予市今宅是也訓予以書持家以儉仁顯未仕武昌
間數年甚適不幸於己酉仁顯卒孺人扶二孤既長及婿家道
雍睦不數年諸孫森然少慰目前胡何天不假年卒於己卯十
二月初二享年六十有七諸孤以年不永爲憾至正辛巳十二
月十八辛酉奉柩葬於秋塘枯坐乙向辛男二長舜明娶文氏
次舜俞娶黄氏孫男四生孫娶趙氏聰孫娶徐氏馬孫娶李氏
轉孫孫女二長適西塘黄次適□李延女孫　摭其實納
諸壙云

眷□黄□□□書　孤哀子舜明　舜俞　泣血立

百一　元黃宗信墓誌

至正六年（1346）十二月十二日

額篆書四行：宗信居士黃公墓誌

先考黃公宗信居士名表皆宗信，世居信州貴溪之南鄉龍虎 / 山宜陽市，父子仁，母鄒氏。公天性仁厚，與人交接，和氣藹然。事 / 長撫幼，睦親善鄰，各尽其道。生於太平之世，處于安静之邦。平 / 居無事，唯飲酒自樂。足無百里之勞，身無一朝之患。癸未莫春，/ 醉後忽沾微疾，遂至大故，欲養不待。嗚呼痛哉！公生於前至元 / 戊寅十月四日酉時，卒於至正癸未三月八日未時，享年六十 / 有六。取王氏。子男一人，名留，取楊氏。孫男二人，長名慶德，幼名 / 極丑。女一人，名閏姑。越四年丙戌十二月十二日乙酉，奉柩壅 / 于里之下鐃嶺，坐甲向庚，從吉兆也。不肖孤不能求銘于當吉 / 之大手筆，姑述其槩，以紀歲月云。孝男留百拜謹誌。

黃留撰並書。高 60 釐米，寬 29 釐米。正書 10 行，滿行 19 字。

宗信居士黄公墓誌

先考黄公宗信居士名表皆宗信世居信州貴溪之南鄉龍虎山宜陽市父子仁母鄒氏公天性仁厚與人交接和氣藹然事長撫幼睦親善鄰各盡其道生於太平之世処于安靜之邦平居無事唯飲酒自樂足無百里之勞身無一朝之患癸未暮春醉後忽沾微疾遂至大故欲養不待嗚呼痛哉公生於前至元戊寅十月四日酉時卒於至正癸未三月八日未時享年六十有六取王氏子男一人名留取楊氏孫男二人長名慶德幼名極丑女一人名閏姑越四年丙戌十二月十二日乙酉奉柩塟于里之下饒嶺坐甲向庚從吉兆也不肖孤不能求銘于當古之大手筆姑述其槩以紀歲月云　孝男　留　百拜謹誌

百二　元鍾文聡墓誌

至正八年（1348）十一月十日

先考鍾公千八承事墓誌/

父諱文聡，世居撫州城南二十五里鋪鍾家嶺路西也。曾/大父、祖父成隱德弗耀。吾父涉世艱難，處家勤儉。教子訓/孫，寬仁且厚；待親迎客，恭謹且和。里中人咸以善稱焉。父/娶長寧鄉裹洲蕭氏，先二十秊卒。生男茂英，娶本里潘、撫/城劉。生女：四娘，適潘；五娘，適李，早世。孫男囬生。孫女囬妹、/酉姑，俱幼。父生於前至元壬申九月十一夜丑時，卒於至/正戊子九月廿六日申時。就以是秊十一月初十日壬寅/奉柩葬本里薛家塘馬家山祖壠之傍，坐辛向乙，山環水/遶，惟雲妥之。姑述大槩，以記歲月云。/

孤哀子鍾茂英泣血書。

鍾茂英撰並書。高60釐米，寬31釐米。正書11行，滿行22字。

先考鍾公千八承事墓誌

父諱文聡世居撫州城南二十五里鋪鍾家嶺路西也曾

大父祖父成潛德弗耀吾父涉世艱難勉家勤儉教子訓

孫寬仁且厚待親迎客恭謹且和里中人咸以善稱焉父

娶長亭鄉襄洲蕭氏先二十年卒生男茂英娶本里潘撫

城劉生女四娘適潘五娘適李早世孫男田生孫女田妹

酉姑俱幼父生於前至元壬申九月十一夜丑時卒於至

正戊子九月廿六日申時就以是年十一月初十日壬寅

奉柩葬本里薛家塘馬家山祖壠之傍生辛向乙山環[illegible]

遶惟雲爰之姑述大槩以記歲月云

孤哀子鍾茂英泣血書

百三　元黃猷妻張氏墓誌

至正二十五年（1365）四月八日

額正書一行：故祖妣孺人張氏墓誌

祖妣石□張門□□□□。早妃先祖，孝事公/姑，和待□□。□□□□□□斯世業，相與儆/戒於□鳴間。居無何，生理日饒，闢土地，創宅區，/月異而歲不同。先祖嘗咄咄書空曰："賢哉！內/助殆天畀乎！"以□□之機，撫育三子，孫枝/亦纍纍有焉。延師作成，未始少懈。予/父諱猷，克邁乃訓，克勤于家。中叔斐然，/季叔自然，俱為時彥。不幸，中叔先亡，命/弟為之後。越二期，祖以病逝。又二期，祖妣以/風疾，不下榻者十有八祼。祖妣生於甲申/十月二十日，卒於乙巳三月初四日，得年/八十有二。以是年四月初八日窆于溪之北，/其地行龍曰壬，坐乾面巽。拘於陰陽家之說，/已迫就土之期。諸孤不敢乞銘於他，敢次其/行事以紀其大槩。聊識其歲月，庸藏幽/壙。歲在乙巳四月佛誕良日，家孫黃元巽謹述。/因為之銘曰：/

誰謂不福，兒孫滿前。/誰謂不壽，八十二年。/虽云未富，郭外有田。/虽云未貴，後裔綿綿。

黃元巽撰並書。高 31.5 釐米，寬 30.5 釐米。正書 21 行，滿行 17 字。

故祖妣孺人張氏墓誌

祖妣[illegible]先祖[illegible]事公
姑和[illegible]世業相與儆
戒於[illegible]門[illegible]日[illegible]開土地創宅區
用環而歲不同先祖[illegible]出書空曰覺哉内
助務[illegible]子[illegible]之後撫育三子孫枝
亦累累有焉叕師化成未始少懈予
又薛[illegible]欽克遵乃訓克勤于家申叔斐然
季叔白燕俱爲時彥不幸申叔先亡命
弟爲之後越二期祖考病逝又二期祖妣以
風疾不下榻者十有八稞祖妣生於甲申
十月二十[illegible]卒於乙巳三月初四日得年
八十有二以是年四月初八日窆于溪之北
其地行龍回坐乾面巽拘於陰陽家之說
已迫就土之期諸孫不敢乞銘於他敢次其
行事以紀其大槩聊識其歲月庸藏幽
壙歲在乙巳四月佛誕良日冢孫貴[illegible]謹述
因爲之銘曰

誰謂不福　見孫滿前
誰謂不壽　八十二年
無忝未富　郁有田[illegible]
無忝未貴　後裔綿綿

參考文獻

1. 胡戟《珍稀墓誌百品》，西安：陝西師範大學出版社，2016年。
2. 文紅武《三晉石刻大全·運城市臨猗縣卷》，太原：三晉出版社，2017年。
3. 郭茂育、劉繼保《宋代墓誌輯釋》，鄭州：中州古籍出版社，2016年。
4. 齊運通、楊建鋒《洛陽新獲墓誌·二〇一五》，北京：中華書局，2017年。
5. 紹興市檔案局（館）、會稽金石博物館《宋代墓誌》，杭州：西泠印社，2018年。
6. 何新所《新出宋代墓誌碑刻輯録》（北宋卷），北京：文物出版社，2019年。